看懂禪機 中

呂冬倪——著

All that
WE ARE
is the
RESULT
of what
WE
HAVE
THOUGHT.
The MIND is EVERYTHING.

前言

當我完成這本《看懂禪機》時，再回首我出版的第一本《看懂心經》，時光已經飛逝二年了。

再次感謝鼓勵我的讀者們，有你們的支持，讓《看懂心經》有再版的機會。我不是什麼高僧大德，也不是什麼法師大師，我只是一位喜歡研究佛法的路人甲，會出版《看懂心經》，純粹只是個偶然的機緣。

我只是希望把我這二十八年來，研究佛法的心得，和有緣人分享，或許能夠幫助有興趣學佛的同修們，給他們一些見解和看法，希望有助於他們對佛法的解惑和學習。

記得有位朋友問我，看完《看懂心經》之後，他才知道唯有透過「靜坐禪定」的練習，才能夠讓第七識「末那識」停止作用。一旦第七識「末那識」停止作用，我們的思想活動就停止，「妄想執著」當然就不存在。這時候，「自性佛」就顯現出來。

但是，要用什麼方法才能夠讓第七識「末那識」停止作用呢？書中並沒有說明方法。

我這位朋友真的很認真的看完《看懂心經》，而且也準確地提出一個重點：要如何讓第七識「末那識」停止作用呢？我並不是留一手不寫出方法，而是準備在我寫的第二本書《看懂禪機》裡，再詳細說明。

《看懂心經》的首要重點，是要介紹「唯識學」，認識第七識「末那識」的作用。透過「唯識學」

的學習，才能夠明白釋迦牟尼佛到底在說什麼？

釋迦牟尼佛告訴我們，眾生都有「自性（佛性）」，但是都被自己的「妄想執著」所蒙蔽；「妄想執著」是我們第七識「末那識」的產物；而要去除「妄想執著」，只有一個方法，就是透過「靜坐禪定」的修習，讓第七識「末那識」停止作用，「自性（佛性）」自然顯現。

這本《看懂禪機》，是《看懂心經》的續集，它的首要重點，正是說明用什麼方法？來讓第七識「末那識」停止作用。答案是：修道要從第六識「意識」下手。

讓第七識「末那識」停止作用的方法是：透過「靜坐禪定」的修習，停止自己第六識「意識」的分析判斷功能，讓第六識「意識」無法傳遞分析判斷的結果，給第七識「末那識」做決定，第七識「末那識」就會停止作用，「自性」自然顯現。

我花了二年的時間才完成《看懂禪機》，當我完稿時，我才發現一個大問題：寫太多。《看懂心經》這本書，大約寫了十六萬八千多字；而《看懂禪機》的初稿，居然有六十四萬多字，我把《五燈會元》的原文部分全部刪除，其它部分精簡再精簡，也還有五十七萬七千多字。

天啊！這麼多字，一本書怎麼裝的下？經過詢問「白象出版社」，建議我可以分成三本書，以「套書」的方式來出版。這就是為什麼，《看懂禪機》是以「套書（三本書）」方式來發行的原因。

但是，很可惜，我把「量子力學證明三界唯心萬法唯識」這個單元刪除了，我打算把這個單元移到將來寫《看懂宗教》這本書裡。另外，原本預計有「禪機懶人包」這個單元，也一併刪除。因為，字數實在太多，容納不下。

最後，再一次感謝各位有緣讀者的鼓勵與支持。這套「套書」出版以後，我將繼續撰寫下一本書

《看懂證道歌》。

我建議讀者們看完《看懂心經》和《看懂禪機》之後，每天要安排至少三十分鐘來練習「靜坐禪定」，否則一切都只是紙上談兵。而練習「靜坐禪定」，必須要有一本「禪修參考書」，來做為良師良伴。

修習「靜坐禪定」的「禪修參考書」很多，常見的有「三祖僧璨」所著述的《信心銘》，「牛頭法融」所著述的《心銘》，以及「永嘉玄覺」所著述的《證道歌》。

我最推薦「永嘉玄覺」所著述的《證道歌》，因為《證道歌》的內容淺顯易懂。所以，我將出版《看懂證道歌》，來做為有心修習「靜坐禪定」者的禪修良伴。

最後，讀者們可以掃描本書背面的QR Code，或者上網瀏覽我設立的《看懂系列叢書網頁》，可以獲得更多的資訊，網址如下：https://www.kandonbook.com/

呂冬倪

二零二一年三月寫於 澳洲・布里斯本・家中

導讀

我花了二年的時間完成《看懂禪機》，初稿有六十四萬多字，我精簡再精簡，也還有五十七萬七千多字（最後定稿時，有五十四萬九千多字。）。所以，只好把《看懂禪機》分成上、中、下三集，也剛好以三大部分來詮釋「禪機」。

以下簡單說明這三大部分的重點和內容，讓讀者們在最短的時間內，知道自己可以學習到什麼「禪學知識」。

•《看懂禪機》上集重點導讀：

（一）第一單元 「看懂禪機」的五十個問答

透過問答的方式，解釋說明「禪、定、禪定、禪機、佛法修行、見性成佛、妄想執著、唯識學、四禪八定、禪定口訣、入流亡所、禪宗的起源、古印度瑜伽、不立文字、教外別傳、禪宗經典、唯識熏習」等等，禪學的基本常識。

（二）第二單元 禪宗的特殊傳法儀式

「禪宗」有二個很特殊的傳法儀式，一個是「以僧伽黎圍之」，另一個是「付法傳衣」。這二個特殊的傳法儀式，就從釋迦牟尼佛傳法給「印度禪宗」第一代祖師大迦葉尊者的時候開始。「一貫道」的點道傳法儀式，就是源自於這二個特殊的傳法儀式。另外，釋迦牟尼佛傳「法衣」給大迦葉尊者，這件「法衣」，不是菩提達摩在中國所傳的「法衣」。

第三單元 禪宗的法脈傳承

要學習禪法，一定要知道「禪宗法脈傳承的歷史」。要了解禪法，一定要知道三十三代祖的生平事蹟和「傳承心法的詩偈」。「傳承心法的詩偈」是禪宗歷代祖師，一生修習禪法的心得報告。我們可以從歷代祖師，流傳下來的傳法詩偈中，學習到歷代祖師最原始的禪法心要。

•《看懂禪機》中集重點導讀：

從第四單元到第十四單元，重點介紹「禪宗」十一個宗派的源由，包括「牛頭宗、荷澤宗、洪州宗、石頭宗、溈仰宗、臨濟宗、曹洞宗、雲門宗、法眼宗、黃龍派、楊岐派」等，還有各宗派創始祖師的「生平、事蹟、典故、著作、興衰、禪機對話、接引方法、傳承弟子、法脈傳承、禪法的核心思想」等等。

•《看懂禪機》下集重點導讀：

從第十五單元到第二十一單元，重點介紹中國禪宗六代祖師傳法教學時，所使用的經典。初祖達摩祖師和二祖慧可傳授《楞伽經》、三祖僧璨傳授《信心銘》、四祖道信傳授《入道安心要方便門》、五祖弘忍傳授《最上乘論》、六祖惠能傳授《金剛經》等。另外，介紹《六祖壇經》、永嘉禪師著作的《證道歌》和普明禪師著作的《牧牛圖頌》等，學習禪法很棒的經典和著作。

另外，建議讀者們在閱讀這三本書的時候，只看你看得懂的部分，看不懂的部分，請先跳過去。等你以後佛學基礎更紮實的時候，再回過頭來閱讀學習看不懂的部分。

尤其是佛經原文的部分，請跳過去，只看白話翻譯的部分。這些佛經原文的功能，是方便查閱原文的出處。因為，雖然我已經盡可能的用白話文翻譯解釋做說明，但是因為每個人學佛的根機不同，每位讀者看得懂的部分也不同。

有個學佛的觀念，要和各位讀者們分享。佛經裡所謂的「上根、中根、下根」，三種學佛的根機層次，並不是以「聰明智慧」來定義區別，而是以學佛者「精進學習」的程度來區分。

就好像是小學畢業後，才能夠上中學；中學畢業後，才能夠上大學；大學畢業後，才能夠上碩士班；碩士班畢業後，才能夠上博士班一樣。

「下根學佛者」有初級的佛學基礎之後，再「精進學習」中級佛法，成為「中根學佛者」；「中根學佛者」再「精進學習」高級佛法，才能成為「上根學佛者」。

所以，各位讀者們要知道，沒有人可以在沒有「精進學習」高級佛法的情況下，天生就是「上根學佛者」。

有一種人，剛接觸到佛法，就深信不疑，馬上就跳級到「中根學佛者」，甚至是「上根學佛者」。這是因為他在前世的時候，已經「精進學習」過中級佛法或者高級佛法。當時「精進學習」的記憶，儲存在第八識「阿賴耶識」裡，隨著他的「中陰身」投胎轉世到這一世，繼續「精進學習」佛法。

在《金剛般若波羅蜜經》裡，須菩提問佛說：「世尊！頗有眾生，得聞如是言說章句，生實信不？」，佛告訴須菩提說：「莫作是說。如來滅後，後五百歲，有持戒修福者，於此章句能生信心，以此為實，當知是人不於一佛二佛三四五佛而種善根已於無量千萬佛所種諸善根，聞是章句，乃至一念生淨信者。」

可見，你想成為「中根學佛者」或是「上根學佛者」，都必須「精進學習」佛法。像我也不是天生就會看懂佛經，了解佛法。我也是「精進學習」了二十八年的佛經和佛法，才能夠出書和大家分享學佛心得，所以大家一起加油「精進學習」佛法吧！共勉之！

目錄

目錄

目錄

目錄

禪宗法脈傳承圖

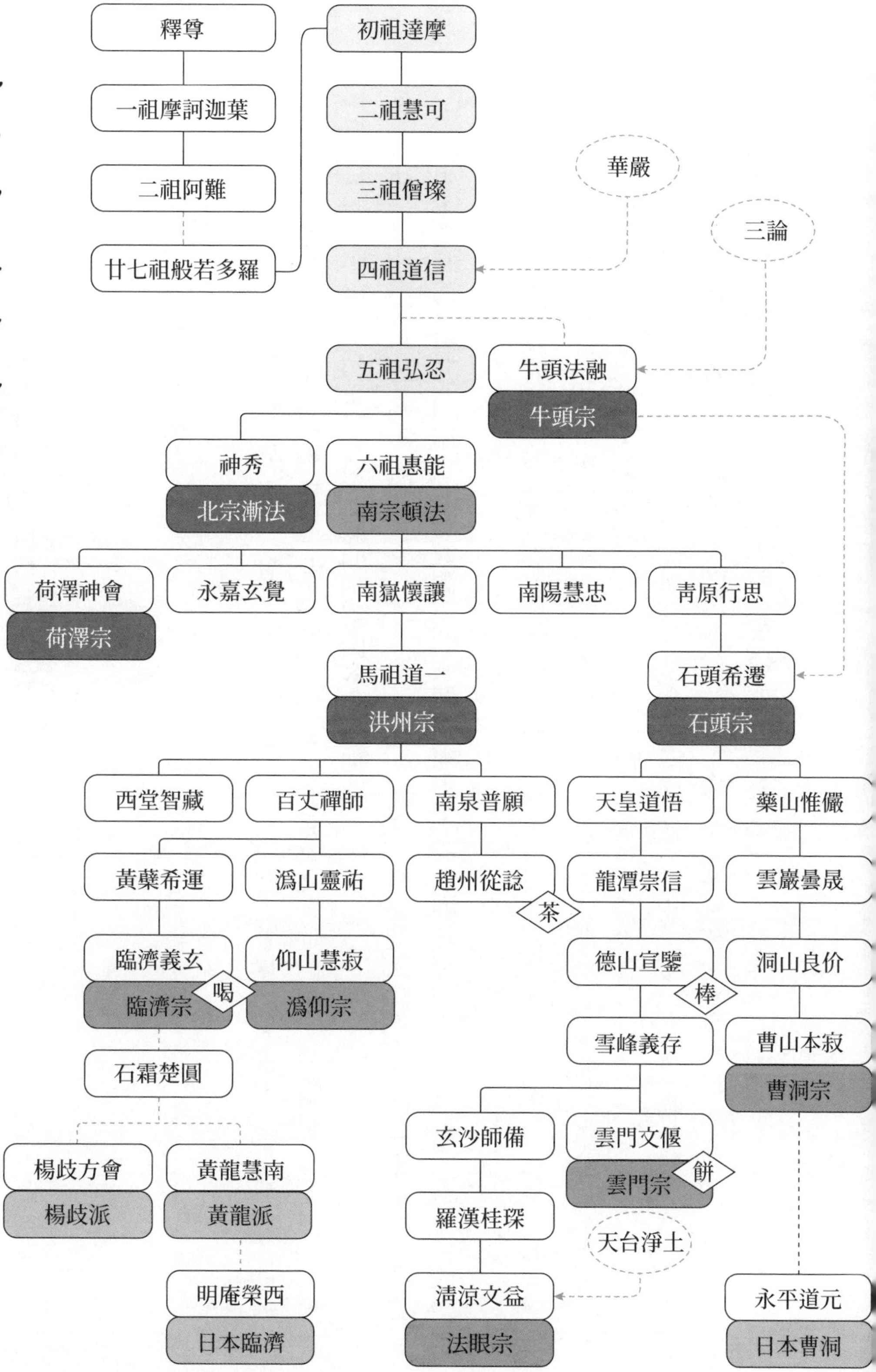
釋尊
一祖摩訶迦葉
二祖阿難
廿七祖般若多羅
初祖達摩
二祖慧可
三祖僧璨
四祖道信
華嚴
三論
五祖弘忍
牛頭法融
牛頭宗
神秀
北宗漸法
六祖惠能
南宗頓法
荷澤神會
荷澤宗
永嘉玄覺
南嶽懷讓
南陽慧忠
青原行思
馬祖道一
洪州宗
石頭希遷
石頭宗
西堂智藏
百丈禪師
南泉普願
天皇道悟
藥山惟儼
黃檗希運
潙山靈祐
趙州從諗
茶
龍潭崇信
雲巖曇晟
臨濟義玄
仰山慧寂
德山宣鑒
洞山良价
臨濟宗
喝
潙仰宗
棒
雪峰義存
曹山本寂
曹洞宗
石霜楚圓
玄沙師備
雲門文偃
雲門宗
餅
楊岐方會
楊岐派
黃龍慧南
黃龍派
羅漢桂琛
天台淨土
明庵榮西
日本臨濟
清涼文益
法眼宗
永平道元
日本曹洞

第四單元 旁出「牛頭宗」

一、「牛頭宗」簡介

「牛頭宗」是中國禪宗的派別之一，初祖「牛頭法融」有「東夏之達摩」的稱號。因為牛頭法融於金陵（今江蘇南京）的牛頭山「幽棲寺」北岩的石室，長期修習禪法，他的弟子也都傳法於牛頭山，所以後世稱為「牛頭宗」，和正統五祖弘忍的「東山宗」對稱。

牛頭法融最初跟隨「三論宗」的「炅（ㄍㄨㄟˋ）法師」出家，後來進入江寧牛頭山「幽棲寺」北岩的石室枯坐，感應百鳥銜花的瑞相。唐貞觀年間，四祖道信聞之，前往傳法，於是法席大盛，自成一派，此為禪宗旁出分派的開始。

「三論宗」是中國隋唐時代的佛教宗派，祖庭為西安「草堂寺」。因為是依據印度「龍樹」的《中論》、《十二門論》和「提婆」的《百論》等三部論典創宗而得名。後來，秦代的「鳩摩羅什」傳譯《三論》，盛倡「龍樹、提婆」之學，為創立「三論宗」奠定了理論基礎。

後來，南朝劉宋時期，「僧朗」將鳩摩羅什、僧肇的學說傳入江南。僧朗弟子「僧詮」，僧詮門人「法朗」，數代相傳，教義漸趨成熟。法朗門人「吉藏」集合「鳩摩羅什、僧肇、僧詮、法朗」等人的「三論學說」，創立「三論宗」。吉藏下有「慧遠法師、碩法師」等，弘揚「三論宗」。但是，流行不久，「三論宗」即漸趨衰微。

「牛頭宗」與正統「禪宗」幾乎是同時開始發展，在初唐至中唐之間極為盛行。但是，因為教義與正統「禪宗」接近，被正統「禪宗」所融合，最後傳承斷絕。

二、牛頭法融的生平

《五燈會元》卷第二翻譯：

四祖大醫禪師旁出法嗣第一世

牛頭山法融禪師者

「牛頭法融」禪師，俗姓韋，潤州延陵人（今江蘇鎮江市）。十九歲時，便學通「經、史、子、集」四部。

「經史」是指分類法，泛指中國古代典籍，是古代中國人將古籍按照內容區分的四大部類。「經（經書）」是指儒家經典著作；「史（史書）」即正史；「子（宗教）」是指先秦百家著作；「集（文集）」即詩詞彙編。

不久，牛頭法融開始閱讀《大般若經》，明白通曉「般若真空」的要旨。突然有一天，牛頭法融感嘆的說道：「儒家和道家的『世典（『譜書』的別稱，記載家族世系的簿冊，自黃帝開始，不過當時『譜書』僅限於帝王諸侯的記錄而已，直到秦朝，才有私人『譜書』的出現。）』不是窮盡到完全明白的法門，『般若智慧』了知真如，才是真正的觀法，才是超脫六道輪迴，濟世的導航。」。

於是牛頭法融隱居在茅山，投靠「三論宗」僧「炅（ㄍㄨㄟˋ）法師」剃度落髮，並跟從他學習「般若三論（《中論》、《百論》、《十二門論》）」。

後來，牛頭法融離開茅山，在牛頭山（今南京市中華門外）「幽棲寺」北岩下的一個石室中專習禪定。他的禪定功夫很好，有百鳥銜花來供養他。

唐貞觀年間，禪宗四祖道信遙望金陵一帶的氣象，發現那兒紫氣繚繞，知道必定有奇異之人士在那裡修行，於是親自前往尋訪。

有一天，四祖道信來到「幽棲寺」，問寺院裡的僧人說：「此寺院有道人嗎？」

那位僧人回答道：「出家人哪個不是道人？」

四祖道信反問道：「那麼哪個是道人呢？」

那位僧人無言以對。

這時，有另外一位僧人說道：「離這裡十多里路的深山裡面，有個叫『懶融』的禪師，終日坐禪，見到有人來，既不會起來接待，也不合掌行禮。莫非他是個道人嗎？」

四祖道信聽了，於是入山，只見「懶融」禪師（牛頭法融）正在打坐，神情自若，目不他顧。

四祖道信問道：「在此做什麼？」

牛頭法融答道：「觀心。」

四祖道信又問道：「觀心的是什麼人？心是什麼東西？」

牛頭法融一下子被問的無言以對，便站起來向四祖道信作禮說道：「大德隱居在何處？」

四祖道信答道：「貧道居無定所，也許在東邊，也許西邊。」

牛頭法融問道：「您認識道信禪師嗎？」
四祖道信反問道：「為什麼問他？」
牛頭法融答道：「我仰慕這位大德很久了，希望能有機會前往禮拜參訪。」
四祖道信說道：「貧道就是道信禪師。」
牛頭法融問道：「為何來到此地？」
四祖道信答道：「特別來探訪，還有沒有宴遊（宴飲遊樂）與休息的處所？」
牛頭法融指了指屋後，說道：「有一個小草庵。」
牛頭法融就引導四祖道信來到小草庵前面。
四祖道信發現小草庵的四周圍繞著虎狼之類，就舉起兩手掩面，做出害怕的樣子。
牛頭法融問道：「您還有『這箇（恐怖心、執著心）』在？」
四祖道信反問道：「『這箇』是什麼？」
牛頭法融沉默無語，過了一會兒，四祖道信在牛頭法融打坐的石頭上，寫了一個「佛」字。牛頭法融見了，心裡恐懼害怕，不敢上坐。
四祖道信問道：「您還有『這箇（恐怖心、執著心）』在？」
牛頭法融不明白其中的妙旨，於是向四祖道信頂禮，並請他宣說法要。
四祖道信說道：「百千種法門，都同樣歸於『方寸（指心，心處胸中方寸間。）』之間。像恒河沙數那麼多的奇妙功德，其實都在『心性（心的本性，又稱為『自性』，心為萬法之源。）』，一切的『戒律法門』、『禪定法門』、『智慧法門』和『神通變化』，全部本來具備，不離開你的心。一切的煩惱業障，本來都是『空寂（遠離諸法相的寂靜狀態）』。一切的因果，都如同夢幻一樣。沒有『三界（眾生所居的欲界、色界、無色界。）』可以跳出，沒有『菩提（能夠斷絕世間煩惱而成就涅槃的智慧）』可以求得。

人與『非人（指非人類的『天龍八部』，即天、龍、夜叉、阿修羅、迦樓羅、乾闥婆、緊那羅、摩羅迦。為守護佛法而有大力的諸神。以及夜叉、惡鬼、修羅、地獄等。一般又作為『鬼、神』的通稱。）』，『性相（指體性與相狀。不變而絕對的真實本體，或事物的自體，稱為『性』；差別變化的現象的相狀，稱為『相』。）』平等。佛道本是空虛，必須『絕棄思慮』，才能夠感悟到。

如此的法門，你現在已經得到，更無短少，和佛有什麼不同呢？更沒有別個法門，你只要讓你的心，聽其自然，不加干涉自由自在，不要作『觀行（觀心的行法，即觀心修行，鑒照自心以明了本性。）』，也不要作『澄心（使心情清靜）』，不要生起貪欲心與嗔恚心，不要存有憂慮，讓『心識』廣大沒有牽掛。讓『心識』隨意而為，不受拘束，肆意橫行，無所顧忌。不作一切善行，不作一切惡行。行住坐臥，一舉一動，目光所及，機緣湊巧，快樂無憂慮，所以稱為『佛』。」

牛頭法融問道：「心既然全部本來具備。哪一個是佛？哪一個是心？」

四祖道信說道：「離開了心，不要談佛；談佛，不能離開心；心即是佛，佛即是心。」

牛頭法融問道：「既然不允許作『觀行』，不觀照染淨、善惡等二邊的分別。那麼請問，當境界起來的時候，如何用心『對治（『對』即敵對；『治』即攻治，即以無漏智對治煩惱。）』？」

四祖道信說道：「外境的因緣沒有好和醜，好和醜起源於心的分別。心若不強制分別取名相，妄想的意念從何而生起？妄想的意念既然不生起，無論什麼事情，『真心（真實心、本性）』完全都知道。

你只要順從心意，而毫無阻礙，沒有『對治』，就是稱為恆常存在，永不生滅變易的『法身（佛的自性真如淨法界）』，沒有變化差異。

我接獲三祖僧璨大師的『頓教法門』，現在授予給你。你現在仔細的聽我所說的話。你只要居留在這座山，往後一定會有五人到達此地，繼承你的禪法教化。」

四祖道信將三祖僧璨的頓教法門，傳給牛頭法融禪師之後，隨即返回了黃梅雙峰山，再也沒有出來過。從此以後，牛頭法融的法席大盛，學者雲集。

三、牛頭法融著述《心銘》

牛頭法融與正統菩提達摩的禪法，沒有直接的關連，而是學於茅山的「三論宗」學者「炅（ㄍㄨㄟˋ）法師」，屬於「三論宗」系的習禪者。

牛頭法融的核心理論與「五祖弘忍」的「東山宗」的「坐禪觀心」法門不相同，卻與「玄學」的思想風格關係甚深。

「玄學」是盛於魏晉南北朝的哲學思潮，本來以解釋「三玄」（《老子》、《莊子》和《周易》）為主，後來發展成討論和解釋其他道家、儒家經典的清談風氣。

《景德傳燈錄》收錄了牛頭法融著述的《心銘》，這是一篇非常有價值的修行指南，記載牛頭法融的核心理論。《心銘》跟三祖僧璨著述的《信心銘》有異曲同工之妙，只不過它比《信心銘》要冗長些，可能是這個原因，所以它被後人所忽視。

《心銘》全一篇，唐初牛頭法融所撰，全稱《牛頭山初祖法融禪師心銘》。收錄於大正藏第五十一冊《景德傳燈錄》卷三十，《心銘》的中心思想為「般若思想」。

《景德傳燈錄》卷第三十原文：

牛頭山初祖法融禪師心銘

心性不生何須知見。本無一法誰論熏鍊。往返無端追尋不見。一切莫作明寂自現。前際如空知處迷宗。分明照境隨照冥蒙。一心有滯諸法不通。去來自爾胡假推窮。生無生相生照一同。欲得心淨無心用功。縱橫無照最為微妙。知法無知無知知要。將心守靜猶未離病。生死忘懷即是本性。至理無詮非解非纏。靈通應物常在目前。目前無物無物宛然。不勞智鑒體自虛玄。念起念滅前後無別。後念不生前念自絕。三世無物無心無佛。眾生無心依無心出。分別凡聖煩惱轉盛。計校乖常求真背正。雙泯對治湛然明淨。不須功巧守嬰兒行。惺惺了知見網轉彌。寂寂無見暗室不移。惺惺無妄寂寂明亮。萬象常真森羅一相。去來坐立一切莫執。決定無方誰為出入。無合無散不遲不疾。明寂自然不可言及。心無異心不斷貪淫。性空自離任運浮沈。非清非濁非淺非深。本來非古見在非今。見在無住見在本心。本來不存本來即今。菩提本有不須用守。煩惱本無不須用除。靈知自照萬法歸如。無歸無受絕觀忘守。四德不生三身本有。六根對境分別非識。一心無妄萬緣調直。心性本齊同居不攜。無生順物隨處幽棲。覺由不覺即覺無覺。得失兩邊誰論好惡。一切有為本無造作。知心不心無病無藥。迷時捨事悟罷非異。本無可取今何用棄。謂有魔興言空象備。莫滅凡情唯教息意。意無心滅心無行絕。不用證空自然明徹。滅盡生死冥心入理。開目見相心隨境起。心處無境境處無心。將心滅境彼此由侵。心寂境如不遣不拘。境隨心滅心隨境無。兩處不生寂靜虛明。菩提影現心水常清。德性如愚不立親疏。寵辱不變不擇所居。諸緣頓息一切不憶。永日如夜永夜如日。外似頑嚚內心虛真。對境不動有力大人。無人無見無見常現。通達一切未嘗不遍。思惟轉昏汩亂精魂。將心止動轉止轉奔。萬法無所唯有一門。不入不出非靜非暄。聲聞緣覺智不能論。實無一物妙智獨存。本際虛冲非心所窮。正覺無覺真空不空。三世諸佛皆乘此宗。此宗豪末沙界含容。一切莫顧安心無處。無處安心虛明自露。寂靜不生放曠縱橫。所作無滯去住皆平。慧日寂寂定光明明。照無相苑朗涅槃城。諸緣忘畢詮神定質。不起法座安眠虛室。樂道恬然優遊真實。無為無得依無自出。四等六度同一乘路。心若不生法無差互。知生無生現前常住。智者方知非言詮悟。

《景德傳燈錄》卷第三十翻譯：

牛頭山初祖法融禪師心銘

(1)「心性不生何須知見。」

「心性」是心的本性，又稱為「自性」。我們的「自性」本質是清淨無垢，不生不滅，本來就俱足宇宙萬法的知識。何必需要「知見（依自己的思慮分別而建立的見解）」，去追求世間的知識呢？

(2)「本無一法誰論熏鍊。往返無端追尋不見。一切莫作明寂自現。」

「一法」意思是「一事、一物」，是對萬法而言；「熏鍊」是用火煙燻炙，使物質去除雜質，變得精純或堅硬，比喻努力追求佛法；「無端」是沒有起點和終點。

萬法本來就不存在，有誰能夠議論追求萬法。就好像在沒有起點和終點的路上，來回追尋萬法，終究不見萬法的蹤影。其實，只要一切都不去追求，光明寂靜的「自性」自然顯現。只要停止自己第六識「意識」的分析判斷功能，讓第七識「末那識」停止作用，「自性」自然顯現。

(3)「前際如空知處迷宗。分明照境隨照冥蒙。」

「前際」是「三際」的第一個，「際」是前後交接的時候。「三際」是指前際（指過去）、中際（指現在）、後際（指未來）。「三際」就是指過去、現在、未來，我們的心念如流水一般，現在起第一個念頭（中際），一下便過去了（前際），而第二個念頭還沒有生起（後際）。「前際如空」是說，你先前的第一個念頭已經過去了，不再存在了，是「空」。

「知處」是你的心念，也就是第七識「末那識」；「踪」是足跡，「迷踪」是迷失。「知處迷踪」是說，你的心念執著在「三際」（過去、現在、未來），那是妄想執著。因為，我們的心念如流水一般，根本分不出過去、現在、未來，都是自己的第七識「末那識」生出來的，自己的「自性」是「空」，一直就是清清淨淨，沒有時間的觀念。

禪定的功夫，就是在練習「三際托空」。當第一個念頭過去，第二個念頭沒來的時候，你輕輕的不加以「作意（使心警覺，以引起活動的精神作用。）」，把前念和後念擋住，不讓新的念頭生起，這當中就是「空」。「托空」是把前後相續的心念切斷，成為「無心」的狀態。

(4)「分明照境隨照冥蒙。」

「分明照境」是說，開悟的人雖然無心，遇到外境，卻依然會發揮作用。

「冥蒙」是矇昧無知，「隨照冥蒙」是說，雖然開悟的人無心，依然會發揮作用，但是事情一結束，心裡就什麼也不留下。就像照鏡子一樣，你站在鏡子前面，鏡中就有你的形象；你一離開鏡子，鏡中就不見你的形象。

開悟的人「事來則應，事去則靜。」，一般人生氣，事後不會忘記，會執著憤怒一段時間；開悟的人生氣，事後就忘記，就會忘掉他們的憤怒，心裡什麼也不留下。

開悟的人「無心」，就像暴風雨來了，風雨急驟而猛烈；暴風雨走了，太陽就出現，晴空萬里，萬里無雲，萬物又再度生機蓬勃。

開悟的人「無心」，心中不存在時間和空間的念頭，所以對於發生的任何事情，都可以放下不執著，不留下任何痕跡。

開悟的人「無心」，但是心中並不是一片空白，而是依然明白事情。心是清清楚楚的，並且隨時放下沒有執著。

(5)「一心有滯諸法不通。」

初學禪修者，必須要專注於某個東西，來集中他們的「心識」。「禪定靜坐」的功夫就是集中「心識」的方法，有個東西能夠讓「心識」執著，把「心識」集中在一點。這雖然是一種執著，卻是初階禪修者，必要的修行方法。

「禪定靜坐」的原理，是要停止自己第六識「意識」的分析判斷功能，讓第七識「末那識」停止作用，「自性」自然顯現。

「禪定靜坐」的初階目的，是要停止自己第六識「意識」的分析判斷功能，達到「一心有滯」的境界。「滯」是停留、靜止，「一心有滯」就是「一心不亂」。

但是，當你達到「一心不亂」的境界時，只是「禪定靜坐」的初階目的。在禪定中，只要這個「一心」有「滯」，也就是「心識」依然停留在「一心」，感覺還有這個「一心」存在的狀態，「諸法」就不通。「諸法」是指一切有為、無為等萬法，指一切現象界的諸法，包含心（精神）、色（物質）上的一切萬法。

「諸法不通」，是因為當「心識」停留在「一心」的狀態時，當下你還有個「自我」的存在感，這是「我執」。

「我執」是執著於認為「有身體的我」，是「真實的我」。實際上，眾生的身體，是「五蘊（色、受、想、行、識）」的假和合，因為第七識「末那識」產生的「妄想執著」，認為具有主宰作用的「這個身體」，是真實的存在，而產生「我」和「我所（『為我所有』的觀念，以『這個身體』為真我，認為『這個身體』以外的東西都是『為我所有』。）」等的妄想分別，就稱為「我執」。

初學禪修者，必須繼續用功，直到停止自己第六識「意識」的分析判斷功能，超越「一心」，達到「無心」的狀態，這時候的「心識」，沒有停留在任何東西上，在這種沒有「妄想執著」狀態下，才能夠與諸法相應。

(6)「去來自爾胡假推窮。」

初學禪修者，能夠達到「一心不亂」的境界時，當下是「心識」停留在某件東西上，這代表「心識」仍然有執著，仍然在「細微動心」，還是處於「有心」的狀態。當「心識」不動時，「不動心」就沒有執著，就不會停留在任何東西上。

有些禪修者胡亂假設，推研窮究，認為「不動心」就像死人、石頭或木頭一樣，什麼都不動。其實不是這樣，真正「不動心」的人，依然「去來自如」。

所謂「無心」，是說在開悟者的心中，內心是靜止的，而念頭、感情、分析、判斷、語言、文字等，這些來來去去的現象，都是心外之物，與開悟者完全沒有關係。

所以，開悟者在渡化眾生時，依然會思考、說話。但是，為了因應眾生的需要，依然會表現出喜、怒、哀、樂的情緒，而這些表象都只是為了教化眾生的表演，心中並沒有生起這些情緒。

(7)「生無生相生照一同。」

「生」是指「心識」的生起；「相」是指狀態；「照」是知曉，指對客體的認識。「心識」的生起，由於是源自於「自性」，所以沒有生滅的狀態。「心識」的生起和對客體的認識，是同時產生的。

(8)「欲得心淨無心用功。」

想要得到「靜心」，就必須以「無心」來用功。要達到「無心」的狀態，只有一個方法，就是停止自己第六識「意識」的分析判斷功能，讓第七識「末那識」停止作用，這才是真正的「靜心」。「心識」不會分析判斷，才是「無心」的意義。「心識」一直在想如何「無心」，卻是處於「有心」的狀態。

(9)「縱橫無照最為微妙。」

「縱橫」是雜錯眾多，指無窮盡的妄想執著。「照」是知曉，指對客體的認識。禪坐修定時，心中會出現無窮盡的念頭，此時要對念頭視而不見，不要對念頭有任何執著，只是靜靜的看著念頭的到來，然後默默的目送念頭的離去。這是禪坐修定的秘訣，最為微妙。

(10)「知法無知無知知要。」

「知」是識見、學問，要能夠知道萬法，必須處於「無知」的狀態，因為「無知」是「無所不知」，「無知」是「真知」的關鍵、重點。擁有「般若智慧」時，才是真正的知道，「人類知識」是有限的，而「般若智慧」是無限的。「無知」是不生起分別心，來分析判斷現象事物，並不是只認知有形相事物的外表；而是以「無相」的真諦，「緣起性空」的本質，來做為認知的對象，所以「無所不知」。

(11)「將心守靜猶未離病。」

「靜坐」不等於「參禪」，只是將「心識」護守到清靜的狀態，還沒有離開煩惱的病。因為如果只只是「靜坐」的安靜，沒有停止自己第六識「意識」的分析判斷功能，讓第七識「末那識」停止作用，一旦有干擾發生，馬上就會受到影響而「心識」生起波動，依然會有貪瞋癡等煩惱的出現。

(12)「生死忘懷即是本性。」

靜坐時，忘記自己身體的問題，不掛礙生死，就是要放下對身體的執著。修習禪定，要有「大死一番」的決心，即使粉身碎骨，也在所不惜，把生死置於度外。忘記生死這件事，專心禪坐，「久坐必有禪」，只要長期堅持禪坐，最後必定有成果，最終會有「見性」的一刻。

(13)「至理無詮非解非纏。」

「詮」是解釋、評說事理，至高無上的真理，是不能用文字和觀念來說明解釋的。開悟的心，既不會覺得被煩惱束縛，也不會覺得到解脫。

(14)「靈通應物常在目前。」

開悟的人有精神上的感應能力，遇到事情不必去推理或思考，他的「自性」自然會生出「般若智慧」，來應付解決眼前問題。

(15)「目前無物無物宛然。」

「宛然」是彷彿、好像，修習禪定功夫時，當你專心一念，對周遭的事情，會視而不見、聽而不聞，好像周遭的事情都不在了；當你專心到接近「一念不亂」的境界時，你又會察覺到周遭的事情，但是卻沒有分別、執著的心。你對周遭的事情，會清清楚楚，卻不為所動。

(16)「不勞智鑒體自虛玄。」

「勞」是辛勤、努力做事；「鑑」是審察、觀察。開悟的修行人，不依賴知識或觀察，而是依賴「般若智慧」。「體」是指「般若智慧」；「自」是本來；「虛玄」是深妙虛無的哲理，「般若智慧」本來就是深妙虛無的。「般若智慧」本來就存在的，但是我們不能夠執著和追求「般若智慧」。我們無法聽到、看到或摸到「般若智慧」，但是我們能夠聽到、看到和摸到每一件東西，卻都是「般若智慧」的功用。「般若智慧」就好像是「空氣」一樣，雖然我們看不見、聽不到，摸不到「空氣」，我們卻是真實的生活在「空氣」中。

(17)「念起念滅前後無別。」

修習禪定時，會不斷的生起「念頭」，而且一念起一念滅，「舊念頭」一去，「新念頭」接踵而來。「念頭」就像河川的流水一樣，川流不息，前後的流水看起來沒有分別，「念頭」也一樣。

(18)「後念不生前念自絕。」

後面的「念頭」不生起，前面的「念頭」會自然斷滅消失。如果把心定住在一個「念頭」上，久而久之，就不會覺知到那個「念頭」的存在。如果一個「念頭」生起，而沒有其他「念頭」隨之而來，時間一久，那麼第一個「念頭」就會消失。

(19)「三世無物無心無佛。」

過去的念頭、現在的念頭和未來的念頭，這三世的念頭，其實都是虛無不存在。當前念消失，下一念還未生起時，這就是所謂「無念」的狀態。「無念」的境界，是無心、無悟、無煩惱，甚至無佛。當煩惱來時，或者追求開悟時，就會產生念頭。這是第六識「意識」在執行分析判斷的功能，再把結果傳遞給第七識「末那識」做決定。當沒有「念頭」時，也就是所謂的「無心」，這就是所謂的「開悟」。

(20)「眾生無心依無心出。」

「眾生心」和「佛心」一樣，原本都是「無心」，兩者的差別在於「佛心」沒有煩惱。因此，我們先把「煩惱心」定住成一個「心念」，再把這個「心念」轉變進入「無心」的狀態。一旦到了「無心」的境界，「自性佛」就顯現在前。

(21)「分別凡聖煩惱轉盛。」

禪修者不可以有「凡夫」和「聖人」的分別心，時常評斷自己是不是已經修行達到聖人的境界，這樣做會產生更多的煩惱。禪修者應該把修行的重點放在「過程」，而不是「結果」。「見性成佛」是修行的目標，但是在修行時，就要把這個目標放在一旁，只管修行。

(22)「計校乖常求真背正。」

「計校」就是「計較」，意思是「爭辯、爭論、比較、分別」。「乖」是性情怪異，「乖常」就是反常。禪修者在修行的過程中，會受到很多因素的影響，比如自己的身體狀況有問題，以及心理的情緒低落。修行的過程，不會是穩定的進步，而是像波浪一樣，有起有落。所以，不要去比較自己禪定的功力，進步或退步多少。去做分別比較，就離開了正道，就違反禪修的方法，只要「只管打坐」，「久坐必有禪」。「求真背正」，說的就是，為了追求開悟時，去做分別比較，反而背離正道更遠。

(23)「雙泯對治湛然明淨。」

「雙泯對治」是兩個佛學的名相，「雙泯」和「對治」。

「雙泯」是指「能所雙泯」，「泯」是消除、消滅。「能所」即「能」與「所」的並稱，某一動作的主體，稱為「能」，其動作的客體（對象），稱為「所」。例如能看見「物品」的「眼睛」，稱為「能見」；被「眼睛」所看見的「物品」，稱為「所見」。

「對治」原意為否定、遮遣，在佛教則指以「道」來斷除「煩惱」。在「對治」中，「道」是「能對治」，「煩惱」是「所對治」。

「雙泯對治」就是把「對治」裡的「道」和「煩惱」都消滅，把「能對治」和「所對治」都消除。「能所雙泯」是修習禪定非常重要的階段，「能」就是「禪法、佛法」，「所」就是「煩惱、妄想執著」。修習禪定是用「禪法、佛法」來消除「煩惱、妄想執著」，但是禪定到「無心」的境界時，不但「煩惱、妄想執著」不見了，連「禪法、佛法」也沒有了。

假如修習禪定到「煩惱、妄想執著」不見了，你感受到自己的內心很寧靜，但是「心識」中還存在有「禪法、佛法」的「念頭」，那還是「有心」的狀態，心中依然有「禪法、佛法」的那個「念頭」，這不是「無心」的境界。「無心」的境界是同樣的寧靜，但是其中沒有任何「念頭」。

一般人是把「能」和「所」分開的，如能來到「能所雙泯」的境界，你會覺得幫助眾生，是你本來就應該做的事情，你不會有「善有善報」的念頭；即使被你所幫助的眾生傷害，你也不會有「好心沒好報」的念頭。

《金剛般若波羅蜜經》中說：「菩薩於法，應無所住，行於布施。」，不執著於布施，就是「能所雙泯」的表現。

但是，「能所雙泯」絕對不是什麼事情都不去做，什麼事情都不知道。而是布施的時候，內心處於

「布施者」、「接受布施者」和「布施的物品」三者都是空，這又稱為「三輪體空」。

「湛然」是安靜、清明、瑩澈的樣子，「明淨」是明朗而清淨。「湛然明淨」就是：如果禪定能夠做到「雙泯對治」，清明瑩澈的「自性」，就明朗而清淨的現前。

(24)「不須功巧守嬰兒行。」

不需要功夫技巧，只要遵行嬰兒的行為舉止就可以了。這裡出現「守嬰兒行」這四個字，許多學佛者都會覺得很奇怪。因為，佛經並沒有提到過「嬰兒」這兩個字，這和禪修有什麼關係呢？

原來，「印度佛教」傳到中國之後，和中國本土的「儒家」和「道家」融合之後，「印度佛教」變成混合「儒家」和「道家」的新「中國佛教」。「中國佛教」的修行方法，有「儒家」和「道家」的元素，尤其是「道家」。因為，老莊的思想，非常接近佛家的教義。

「嬰兒」是最被「老子」所欣賞和推崇的狀態，回復到「嬰兒」的狀態，可以看做是「老子」修行的榜樣。

老子《道德經》第十章原文：「專氣致柔，能嬰兒乎？」

老子《道德經》第十章翻譯：「把精神集中專一，聚結精氣，以達到柔和溫順的狀態，能修行到像嬰兒的無欲狀態嗎？」

「專」，是專一的意思，指精神集中。「氣」是指「腎氣」，這後天的「腎氣」來自於「先天一炁」。「先天一炁」是指生天生地生人生萬物的原始之炁，是構成天地萬物的基本素質，這和佛家講的「自性真如」，非常類似。「致柔」就是身體的各部位都柔軟。

「專氣致柔」就是把生命之氣集中起來，達到心氣專一，充實飽滿，最後達到像嬰兒一般的柔和。

老子進一步說明，「嬰兒」的狀態，為什麼是修行人要學習的對象。

含德之厚，比於赤子。蜂蠆虺蛇不螫，猛獸不據，攫鳥不搏。骨弱筋柔而握固，未知牝牡之合而全作，精之至也。終日號而不嗄，和之至也。知和曰常，知常曰明，益生曰祥，心使氣曰強。物壯則老，謂之不道，不道早已。

老子《道德經》第五十五章原文：

老子《道德經》第五十五章原文翻譯：

懷著厚實的「德性（自然至誠的本性）」，就好比「赤子（初生的嬰兒）」一般。他不會去冒犯萬物，所以蜜蜂、蠆（ㄔㄞˋ，一種毒蟲，形狀似蠍而尾部較長。）、蠍、虺（ㄏㄨㄟˇ）蛇都不會螫刺他，猛獸不會抓他，鷹鷲不會用爪攻擊捕捉他。

嬰兒雖然骨頭還不夠堅強，筋（韌帶）還很柔弱，雙手卻可以握得很緊。嬰兒雖然還不懂得男女交合之事，但是他的小生殖器卻經常勃起（翹起來），這是因為他的陰陽二氣非常的精純。嬰兒整天都在大哭，嗓子卻不會哭的沙啞，因為他的陰陽二氣非常調和。懂得陰陽調和的道理，就稱為「常」，就是找到生命的源頭，不生不死，永遠常在。懂得「常」的道理，就稱為「明」，能夠明白事理。縱慾貪生就會遭殃，稱為「不祥」。慾念主使精氣，就叫做「逞強」。事物過於壯盛，就會衰老，這就叫做「不合於道」。不遵守「道」，就會很快的死亡。

這裡要補充「握固」的解釋。「握固」源出於《道德經》中的「骨弱筋柔而握固」，「握固」是指剛出生的小嬰兒，都是這麼一直握住小拳頭。「握固」也是「守嬰兒行」的重點之一，因為「握固」是道家的練功養生法，是道家修行者，養生修煉中常用的一種手式。

「握固」修練法，是出自於晉朝著名的道士「葛洪」，在其著作《抱朴子》上倡導「握固守一」的養生修練法。

《抱朴子》地真篇原文：

人能守一，一亦守人。所以白刃無所措其銳，百害無所容其凶，居敗能成，在危獨安也。若在鬼廟之中，山林之下，大疫之地，塚墓之閒，虎狼之藪，蛇蝮之處，守一不怠，眾惡遠迸。若忽偶忘守一，而為百鬼所害。或臥而魘者，即出中庭視輔星，握固守一，鬼即去矣。

在北宋道士「張君房」所編著的《雲笈七籤》裡，也提到「握固」的方法和功用。

《雲笈七籤》卷三十二雜修攝部一原文：

是以為道務實其精。從夜半到日中為生氣，從日中後至夜半為死氣，當以生氣時正偃臥，瞑目握固握固者，如嬰兒手捲手以四指押大母指也，閉氣不息，於心中數至二百，乃口吐氣出之。日增息，如此身神具，五臟安。能閉氣至二百五十息，華蓋明。華蓋明則耳目聰明，舉身無病，邪不忓人也。

《雲笈七籤》卷三十二雜修攝部一原文：

按經云：拘魂門，制魄戶，名曰握固，與魂魄安門戶也。此固精明目，留年還魄之法，若能終日握之，邪氣百毒不得入握固法：屈大拇指於四小指下，手已之，積習不止，即眼中亦不復開。

「握固」能安神定志，鍛煉肝氣，延年益壽。「握固」的方法是將「大拇指」放在「無名指」的指根處，然後四指相握，把「大拇指」藏在中間。

(25)「惺惺了知見網轉彌。」

不要想用你的聰明伶俐，去通徹明白佛法的知識。佛法是修行的說明書，當你明白修行的方法，就要放下佛法，忘掉佛法，只要專心去實踐修行。「見網轉彌」是說，第六識「意識」分析判斷後的見解，就像網子一樣，越執著見解，就越束縛住自己；越是執著佛法，越難得到解脫。

(26)「寂寂無見暗室不移。惺惺無妄寂寂明亮。」

「寂寂」是寂靜無人聲，比喻「禪定」的「止」，即停止，停心止妄，降伏煩惱，亦即止息一切想念與思慮，而心歸於專注一境的狀態。「惺惺」是清醒，比喻「般若智慧」的作用，能夠觀察妄惑，達到覺悟，亦即不向外求而深自內省，使內心趨向於真理的觀察。

「寂寂」和「惺惺」是比喻「止觀」，「止」是止息一切外境與妄念，而貫注於特定的對象；「觀」是止息時，同時生起「正智慧」以觀察此一對象。「止觀」就是抑制心裡的妄想，使心識保持平靜、安定，再集中心識去觀察和思維。

「寂寂無見，暗室不移。」是說，「禪定」時，停心止妄，降伏煩惱，就好像是在暗室裡不動一樣。「惺惺無妄，寂寂明亮。」是說，「禪定」時，「心識」是覺醒而無妄念，寂靜而又明亮。

「禪定」時，用一顆寂靜的心，來觀察我們的「妄念」，但是只觀察「妄念」而不去做分析思考。禪修者只是清楚的覺知到「妄念」紛擾的現象，「心識」卻依然不為所動。

一個開悟者，清楚的知道自己在做的事情，以及周遭所發生的事情，但是沒有散亂的心念，也不被周圍發生的事情所影響。開悟者的「心」，沒有攀附在那件事情上面，「心」沒有隨著那件事情而去，「心」如如不動。事來「心」則應，事去「心」則靜。開悟者的「心」就像一面鏡子一樣，清楚的映現在眼前的事物，當事物離開之後，鏡子又是空的，不見事物的蹤跡。

(27)「萬象常真森羅一相。」

「萬象」是一切景象，「常真」是指如來真空常寂的涅槃之境，「森羅」是紛然羅列，「一相」是指平等無差別的真如相。

宇宙間的一切景象，都是虛妄的，既不永恆，也不真實。只有自己的「自性」是既永恆，又真實。雖然，宇宙間的各種現象，繁多而整齊的排列在眼前。但是，宇宙萬物的真象，實際上是平等無差別的。

(28)「去來坐立一切莫執。」

不管坐著站著，我們隨時都會生出念頭，心裡念頭的去來，其實是一種生滅現象。執著念頭的去來，就會產生煩惱，所以不要執著一切的念頭。

(29)「決定無方誰為出入。」

「決定」是指一定不變，比喻「佛法」，只有「佛法」能讓眾生離苦得樂；「無方」是說佛普渡眾生，所立的教法，遍滿十方，沒有際限，也沒有一定的方法；「出入」是說進出「佛門」。

「佛法」沒有一定的方法，「佛門」既沒有形狀，也沒有位置，卻是無限的寬廣。只要能夠修習禪定到達「無心」的狀態，「佛門」就會突然消失，原來並沒有什麼門可以出入的。

(30)「無合無散不遲不疾。」

「無合」是指沒有空間；「無散」是指沒有時間；「不遲不疾」是指開悟所要花費的時間，不慢也不快。

我們的「自性、真心」是沒有空間，沒有時間，也沒有內外的分別。「自性、真心」到處都是，也到處都不是。我們會有空間、時間和內外的分別心，是我們的第六識「意識」的分析判斷功能在作用，一但停止第六識「意識」的分析判斷功能，就是「無心」的狀態。既然是「無心」，就沒有空間、時間和內外的分別心，「自性、真心」遍佈真空宇宙。

許多禪修者心裡會想，自己會不會開悟？什麼時候會開悟？有沒有足夠的時間開悟。其實，「開悟」只是「瞬間的事」。修習禪法是生生世世的事情，只管禪修，不要去想「開悟」這件事，因為這個念頭就是妄想，是「開悟」的障礙。「開悟」時，沒有時間、空間，也沒有過去與未來。所以，禪修者只管打坐，久坐必有禪。

(31)「明寂自然不可言及。心無異心不斷貪淫。」

「明」即灼照透視，意指破除愚癡的闇昧，而悟達真理的神聖智慧，也就是「般若智慧」；「寂」是把「心識」凝住在一處，遠離第七識「末那識」所生起的妄想執著的安靜狀態，也就是「沒有煩惱」；「自然」是指不假任何造作的力量而自然而然、本然如是存在的狀態。「明寂」是說，本來就自然存在。

「般若智慧」和「寂靜」本來就存在，「菩提」和「煩惱」從來不分開，原本就沒有所謂「去除煩惱」和「開悟」這二件事。

(32)「性空自離任運浮沈。非清非濁非淺非深。」

「性空」是指諸法為空，其體性為空；「任運」是指非用造作以成就事業，亦即隨順諸法的自然而運作，不假人的造作，也就是聽任命運的安排。

諸法的體性為空，只要沒有執著，就沒有煩惱，自然就離開煩惱。既然知道法性本空，就不需要去追求開悟或者逃避煩惱。禪修者不要去注意自己的妄念，聽任命運的安排，隨順「心識」去浮沉，讓煩

開悟者的心，不是清氣（陽氣），也不是濁氣（陰氣）；不是淺薄，也不是深邃。煩惱來，讓煩惱去。

(33)「本來非古見在非今。見在無住見在本心。本來不存本來即今。」

「見在」是現今存在、存有；「本心（自性、真如）」不是在古代曾經存在，也不是現在才存在。事實上，「本心（自性、真如）」沒有開始，也沒有結束，從古到今，隨時都存在，當下就是。「本心（自性、真如）」不是用自己的第六識「意識」就可以看見，而是要停止第六識「意識」分析判斷的功能，讓第七識「末那識」停止作用，「本心（自性、真如）」才會自然顯現。「本心（自性、真如）」是當下存在，但是處於「無住」的狀態。「無住」是指心識不執著於一定的對象，不失去它自由無礙的作用。「本心（自性、真如）」沒有根源，從古到今，在每個時刻，它都是當下存在。

(34)「菩提本有不須用守。煩惱本無不須用除。」

「菩提」是梵語bodhi的音譯，意譯為「覺、智、知、道」。意思是斷絕世間煩惱而成就涅槃的智慧。「菩提」有三種層次，即「佛、緣覺、聲聞」各自於其興成正果，所得到的覺智。在這三種「菩提」中，以「佛菩提」最為無上究竟，又稱為「阿耨多羅三藐三菩提」，意譯作「無上正等正覺」。「菩提」本來就有，不需要用心來守護。「煩惱」本來就沒有，不需要用心來滅除。

(35)「靈知自照萬法歸如。無歸無受絕觀忘守。」

「靈知」是指「本心（自性、真如）」靈妙無念的真知；「如」是指「真如」，指遍布於宇宙中真實的本體，為一切萬有之根源。又翻譯作「如如、如實、法界、法性、實際、實相、如來藏、法身、佛性、自性清淨身、一心、不思議界」。

「靈知」自己一直在照耀「萬法（諸法、萬物、所有的現象）」，「萬法」都依附「真如（本心、自性）」。雖然說「萬法歸如」，實際上是「無歸無受」，沒有依附也沒有感受。因為，禪修的最高境界是「絕觀忘守」。

初期禪修的方法是「觀」和「守」，「觀」是觀想、察看、審視，「守」是保護、保持。「觀」是觀萬法都是因緣合和而成，「守」是守護一心，不讓第六識「意識」的分析判斷功能有作用。

但是，到了禪修的最高境界，就要「絕觀忘守」，因為已經停止了第六識「意識」的作用。「心識」既然沒有分析判斷的功能，當然就沒有「觀」和「守」，這二個動作。

(36)「四德不生三身本有。六根對境分別非識。」

「四德」是指如來法身所具有的四德，即：

①常：如來法身其體常住，永遠不變不遷。

②樂：如來法身永離眾苦，住於涅槃寂滅的大樂。

③我：如來法身自在無礙，為遠離有我、無我二妄執的大我。

④淨：如來法身離垢無染，湛然清淨。

「三身」是佛的三種身，即「法身、報身、應身」，「身」是聚集的意思，聚集「理法、智法、功德法」而成身：

①「理法」的聚集，稱為「法身」。

②「智法」的聚集，稱為「報身」。

③「功德法」的聚，集稱為「應身」。

開悟的人會發現「四德（常、樂、我、淨）」不生，「三身（法身、報身、應身）」本來就有，他的「六根（眼、耳、鼻、舌、身、意）」對著外境時，因為已經停止自己第六識「意識」的分析判斷功能，所以不產生分別對待心。

(37)「一心無妄萬緣調直。」

禪修的的過程，是從「散亂心」到集中「一心」，然後再從「一心」到「無心」。「無心」沒有妄想執著，以「無心」看萬緣（世俗的一切因緣），都是「調直（直率）」的反應，沒有分別對待心。

(38)「心性本齊同居不携。」

「心」是指第八識「阿賴耶識」，是諸法產生得根本體，能夠蓄積種子而能生起現行的意念；「性」是指萬法本來具足的「自性」，沒有分別對待，受外界影響，也不會改變本質。

「心」和「性」的本質是平等無二的，本來是一致的，共同在一起。兩者合在一起，就稱為「心性」，是心的「本性」，又稱為「自性」。

(39)「無生順物隨處幽棲。」

「無生」是指諸法的實相無生滅，所有存在的諸法無實體，是空，故無生滅變化可言；「順物」是指隨順萬物；「幽棲」是幽僻的棲止之處。

開悟者徹悟「無生」，達到無念、無執著、無煩惱的境界，他隨順萬物，認知萬物的因緣合和，緣起緣滅，而不去干擾。

開悟者達到無心的境界，他不需要隱居在幽僻的深山，可以在任何地方，都保持著無念、無執著、無煩惱的狀態。

(40)「覺由不覺即覺無覺。」

「覺」的原意是「睡醒」，佛法比喻作「醒悟、感悟、覺悟」。「無明」的昏暗如同睡眠，當「般若智慧」一生起，則明朗了知，就好像是從睡眠中醒來一樣。

「不覺」是指不覺悟「無明」，不具有了然萬有真相的「般若智慧」；「無覺」是沒有「覺悟」的悟境。

「覺悟」是從「不覺悟」開悟後而得，既然「覺悟」了，「悟境」就不存在。不要有「我覺悟了」的念頭，因為那是「妄念」，不是「悟境」。

(41)「得失兩邊誰論好惡。一切有為本無造作。」

「得到」和「失去」這兩者，有誰會去辯論喜好或憎惡呢？凡人都喜歡「得到」，憎惡「失去」。世間所有的現象（萬法），本來就沒「造作（做作）」。有好壞、美醜、高低和對錯的看法，都是凡人的第六識「意識」分析判斷後的結果。

(42)「知心不心無病無藥。迷時捨事悟罷非異。」

「心」是「心識」，指執取具有思量的作用者。禪修者知道「心識」執著的作用，就要修行達到「無心」的境界。沒有生病，就不需要吃藥，能夠「無心」，就不需要修行。迷惑時，認為世間萬物的種種分別差異是「合事（符合事理）」，等到開悟了，就會改變看法，原來萬法平等，沒有差異。

(43)「本無可取今何用棄。謂有魔興言空象備。」

「象」是法令、法律，比喻佛法；「備」是設施，比喻有用處的事物。

有人評論出現許多不同種類的「魔」，其實「魔」只有二種，一種是「心魔」，來自你的執著妄想心，是你的「心」創造出來的「魔」；另一種是「天魔」，只有大修行者，才會招來天魔的騷擾。

有人說「佛法」的文字，是空無的，沒有用。但是，對禪修的初學者而言，「佛法」是釋迦牟尼佛的教導眾生學佛的修行方法，對我們來說，「佛法」是真實存在的，而且是很重要的修行秘笈。因此，「佛法」雖然是空無的，依然大有用處。

(44)「莫滅凡情唯教息意。」

「凡情」是指凡人的「念頭」，亦即一般人心理上，發於自然的意念，或者因外界事物刺激所引發的心理狀態。

修習禪定時，心裡不要有想滅除「念頭」的想法，因為用「念頭」來滅除「念頭」，那是不可能的事情。唯一的方法就是，學習停止自己第六識「意識」的分析判斷功能，讓第七識「末那識」停止作用。

(45)「意無心滅心無行絕。」

在大乘「唯識宗」，「意」指第七識「末那識」，「心」指第八識「阿賴耶識」。「行」是造作，指一切行為依照「無明」所造的善惡業，是「十二因緣（無明、行、識、名色、六處、觸、受、愛、取、有、生、老死）」中的第二項因緣。「行」能夠招感現世果報的過去世三業（身業、口業、意業），亦即人的一切身心活動。

只要停止自己第六識「意識」的分析判斷功能，讓第七識「末那識」停止作用，第八識「阿賴耶識」就滅除了，然後轉識成智，第八識「阿賴耶識」轉變為清淨智，稱為「大圓鏡智」，此時「自性」

自然顯現。

「心（第八識「阿賴耶識」）」一旦空無，「十二因緣」中的第二項因緣「行」，就斷絕停止。

(46)「不用證空自然明徹。」

「空」意譯為「空無、空虛、空寂、空淨、非有」。一切存在的事物中，都沒有自體、實體、真我。「空」可以分成二大類別，為「人空」與「法空」兩者。「人空」意思是，人類自己沒有實體或自我的存在；「法空」則是說，一切事物的存在，都是由因緣而產生，所以也沒有實體的存在。

不用去證實「空」的存在，「空」不是需要被發現或體驗，「空」是當下的，無所不在。當「心」處於無心、無執著的心時，「心」是澄明的狀態，自然明白、瞭解「空」的境界。

(47)「滅盡生死冥心入理。」

「生死」是指心識、念頭的生死（生滅），前念一消失，後念立即生起，念頭時時刻刻生滅不停。

「冥心」是指遠離心識、念頭；「理」是指真理，「理」具有「隨緣、不變」二個特性，即隨緣變化萬象森羅的萬法，但是「理」的性質卻常住不變。因為絕對性的「理」，超越凡夫的相對知識，所以無法用言語文字來表達。

修習禪定要想滅盡生滅不停的念頭，就必須要遠離「心識、念頭」，也就是停止自己第六識「意識」的分析判斷功能，讓第七識「末那識」停止作用，才能夠進入「真理」的境界。

(48)「開目見相心隨境起。」

原本我們第六識的「意識心」不存在，但是會被外界的環境所引導而生起。當你的眼睛看著某件東西時，第六識的「意識心」也就隨著生起。如果不用眼睛觀看，第六識的「意識心」就不會生起，其他

「耳朵、鼻子、舌頭、身體」的感覺器官也一樣。換句話說，如果沒有第六識的「意識心」和外界的環境互動，外界的環境也就不存在，所以說「三界唯心，萬法唯識」。

(49)「心處無境境處無心。將心滅境彼此由侵。」

「無心」指離妄念的「真心」，並不是沒有「心識」，而是遠離凡聖、善惡、美醜、高低、大小等分別情識，處於不執著、不滯礙的自由境界。

修習禪定，進入「禪定」的境界時，「心識」處於「無境（無真實之境）」的狀態。實際上，「外境（世界上的一切現象）」都是「心識」所變現，「心識」之外沒有獨立的客觀存在。

「外境」的存在，是由「無心（離妄念的『真心』）」所變現。當「真心」被「妄念」汙染，執著「外境」時，「外境」才存在。想要用「心識」來滅除「外境」，就要放任因被「妄念」汙染，而產生的「外境」，也就是所謂的「念頭」來侵犯。「念頭」不要被「外境」吸引，也不要去抗拒「念頭」，不要和「念頭」作對，任由「念頭」隨意來去，你只是靜靜的看著它，沒有分析判斷的心念。

(50)「心寂境如不遣不拘。」

「如」是真如，即指遍布於宇宙中真實的本體；為一切萬有的根源。又稱作「如如、如實、法界、法性、實相、如來藏、法身、佛性、自性佛」。

「心識」寂靜到達「真如」的妙境，常住一相，等同虛空，不遷不變，無滅無生，既不排遣「念頭」，也不拘禁「念頭」。如果「心識」不動，「遣、拘」的「念頭」就不會生起。

(51)「境隨心滅心隨境無。」

「境」是境界，意思是感覺作用的區域。即「心識」與「感覺器官」所感覺或思惟的對象。引起眼、耳、鼻、舌、身、意「六根」的感覺思惟作用的對象，即色、聲、香、味、觸、法等「六境」，因為能汙染人心，所以又稱為「六塵」。

修習禪定時，「心識」和「境界」會歷經三個階段的改變。在第一個階段「心隨境轉」，在第二個階段「境隨心轉」，在第三個階段「境隨心滅，心隨境無。」。

第一個階段「心隨境轉」：當我們的「心識」被現象、景色或或聲音所影響時，是「心隨境轉」。我們心情的好壞，隨著環境的變化而變化。

第二個階段「境隨心轉」：當我們所處的環境，隨著「心識」的轉變而轉變時，是「境隨心轉」。利用數息、觀想、安那般那守意法（呼吸守意法，以『心識』繫緣在『入出息』上。）等方法，把注意力集中在特定物上。久而久之，「心識」的力量會變強，會忽略環境的變化，「心識」不再受「環境」的影響，「環境」反而被「心識」所控制，「心識」能夠影響環境。

第三個階段「境隨心滅，心隨境無。」：當我們的「心識」止息時，也就是自己第六識「意識」的分析判斷功能停止時，第七識「末那識」跟著停止作用。這時候，「心」滅「境」也滅；「境」消失時，「心」也跟著消失。

(52)「兩處不生寂靜虛明。」
「心」和「境」都不生起時，就是寧靜和空明（清澈明亮），煩惱消失，「般若智慧」現前。

(53)「菩提影現心水常清。」
「菩提」是梵語bodhi的音譯，意譯為「覺、智、知、道」，是斷絕世間煩惱而成就涅槃的智慧；「心水」是用水比喻「心識」，心中湧現萬象「念頭」，進而動搖「心識」。

修習禪定時，「心識」和「境界」到了第三個階段「境隨心滅，心隨境無。」，就會「兩處不生寂靜虛明」。這時候，「菩提」的影子就會顯現出來，「心識」如水一般，原本湧現萬象「念頭」，轉變為時常清淨明澈。

(54)「德性如愚不立親疏。」

「德性」是道德品性，指人的自然至誠之性。得道的人，因為超出常人不被理解，他的「德性」常被人看作是愚鈍的。得道的人，心中沒有分別心，視一切法平等無二，不分別高低、優劣、遠近，不分別親近、不親近的對象。

(55)「寵辱不變不擇所居。」

禪修者遇到「得寵」或「受辱」都不動心，將得失心置之於度外。禪修者不選擇一定要處在什麼樣的居住環境，能夠隨遇而安，處於各種環境都能安心自在。

(56)「諸緣頓息一切不憶。」

「諸緣」是指「六塵」，就是我們眼睛所看到的景像（色塵）、耳朵所聽到的聲音（聲塵）、鼻子聞到的香味和臭味（香塵）、舌頭嘗到的酸甜苦辣味（味塵）、身體所摸到的軟硬冷熱觸感（觸塵），以及意根（第七識「末那識」）所接觸到的感覺感受，譬如漂亮或醜惡等（法塵）。「六塵」都是「心識」攀緣的「心所（與心相應而同時存在，為種種複雜的精神作用。）」。

開悟時，第六識「意識」與外在現象的關聯全部斷絕，與萬物的「諸緣」全部切斷，一切都不想念、思念，也就是「無念」的狀態，煩惱頓時消失。

(57)「永日如夜永夜如日。」

修習禪定時，有時候會覺得自己的禪定境界很好，但是如果能夠把一整天，都當做是最黑暗的夜晚，禪定的功夫會更好；相反的，有時候覺得自己的禪定境界很不好，那就應該把一整天，都當成充滿了光明和喜悅，禪定的功夫就會進步。

不要讓「心識」被痛苦或歡樂所綁架動搖，不要為困難的情況感到沮喪，也不要為良好的情況感到喜悅。我們的內心要保持平衡，不讓我們的「心識」被外境左右動搖。

(58)「外似頑嚚內心虛真。」

「頑嚚（一ㄣˊ）」是愚蠢而頑固。「大智若愚」的開悟者，外表看似愚蠢而頑固，其實卻是一個內心無念真切的徹悟者。

(59)「對境不動有力大人。」

「力」是指修習力；「大人」是指聲聞、緣覺、菩薩等聖者。對著境界，不為所動，才是真正強而有力的聖者。

(60)「無人無見無見常現。」

「無人」是指沒有客觀的現實；「無見」是指沒有主觀的現實；「無見常現」是指開悟的心。對開悟者來說，沒有客觀（他人）的現實，也沒有主觀（自我）的現實。所有外界的「現象」依然存在，雖然沒有「自我」和「他人」互動，卻能夠完全覺知外界的「現象」和「他人」的動作，每件事依然被如實、清楚的察覺，但是沒有「自我」來執著於外界的「現象」和「他人」。

(61)「通達一切未嘗不遍。」

「未嘗」是不曾；「遍」是布滿，到處都是，沒有一處遺漏的。到達「無人無見」的境界時，依然存在著清清楚楚、明明白白的覺知，而且會通達一切，不曾遺漏，完全了解宇宙萬物的一切現象。

(62)「思惟轉昏汨亂精魂。」

「思維」意思是思慮考量；「汨（ㄇㄧˋ）」意思是亂；「精魂」意思是精神心思、精神魂魄。修習禪定時，生起思慮考量的念頭，會擾亂我們的精神心思。

(63)「將心止動轉止轉奔。萬法無所唯有一門。」

「無所」，「所」是量詞，指一切都包括。修習禪定時，不要想用你的「心識」，去停止你的起心動念。因為這樣做，是生起一個「念頭」來停止這個「念頭」，這個生起的「念頭」，本身就是一個「念頭」。想用「念頭」來止息煩惱和妄念，只會變得更加混亂。

諸法無所不包，但是修行人只能選擇一個法門，專心去修行，堅持下去。如果不斷的變換修行方法，就無法深入任何一個方法的核心而得到成果。

(64)「不入不出非靜非喧。」

「喧」應做「喧」字，是大聲說話，如「喧嘩」、「喧鬧」。禪修時，不要逃避妄念或痛苦，不要追求禪定或開悟，不要去追求任何東西，就只停留在你修行的方法上，比如呼吸、數息、觀想等。

禪修時，不要在意外境是安靜或是喧嘩的環境，外境的現象本身無法干擾你，而是你的「心識」被外境的現象所動搖。

(65)「聲聞緣覺智不能論。」

「聲聞」是指聽聞佛陀的聲教而證悟的出家弟子，但是在大乘佛教中，特指透過「四聖諦」尋求個人開悟的人，目標是成為「阿羅漢」。

「緣覺」是指獨自悟道的修行者，即沒有聽聞佛法，無師獨悟，了悟「十二因緣」，性樂寂靜而不事說法教化的聖者。他們的開悟比「聲聞」或「阿羅漢」更高，但是還沒有到達佛的徹悟。

「聲聞」和「緣覺」是小乘的修行者，他們的智慧不能夠和大乘「菩薩」的智慧相提並論。因為，「小乘」強調修行的目標是「自我解脫」，而「大乘」強調的是「普渡眾生」。

(66)「實無一物妙智獨存。」

我們的「自性真如」，實際上不存在，只有奇妙的「般若智慧」獨自存在。對眾生來說，「自性真如」的「存在」和「不存在」是一種「相對性」的觀念，是自己的第六識「意識」分析判斷功能，所產生的一種「妄想執著」。「自性真如」的「般若智慧」本來就獨自存在，是一種「絕對性」的境界。

眾生所想像的「自性真如」是一種幻象，就好像看到廟裡的佛像，就以為有佛在佛像裡。這是眾生所想像的幻象，實際上佛無所不在，沒有時空限制。

(67)「本際虛冲非心所窮。」

「本際」意思是根本究竟的邊際，即絕對平等的理體，指真理的根源、萬物的根本，又稱作「真際、實際、真如、涅槃」。「虛冲」是虛靜淡泊；「窮」是詳細追究。

「自性真如」是真理的根源，祂是虛靜淡泊的，不是眾生第六識「意識」所能夠分析判斷和詳細追究。

(68)「正覺無覺真空不空。」

「正覺」意指真正的覺悟。即「無上等正覺、三藐三菩提」的略稱。意思是證悟一切諸法的真正覺智，即如來的實智，所以成佛又稱「成正覺」。

「覺」是梵語 bodhi的意譯，音譯「菩提」，即證悟涅槃妙理的智慧；「真空」是「真如」的理體遠離一切迷情所見的相，杜絕「有、空」的相對。「空」是一切存在的事物中，都沒有「自體、實體、實我」等，都是「因緣合和」而成，亦即事物的真相是虛幻不實。

真正的「覺悟」，實際上並沒有「覺悟」這件事，「真空」實際上並沒有「空」這種狀態。「覺悟」和「真空」都是眾生第六識「意識」分析判斷的「妄想執著」。

(69)「三世諸佛皆乘此宗。」

「三世諸佛」是統稱全宇宙中的諸佛，即過去、現在、未來等三世的眾多諸佛；「乘」是順應；「此宗」是這個主旨、原則。三世諸佛都是順應這個主旨、原則。

(70)「此宗豪末沙界含容。」

「此宗」是這個主旨、原則；「毫末」是比喻極細微的部分；「沙界」意思是恆河沙數的世界，即指無量無數的佛世界；「含容」是包容受納。這個主旨、原則，其中極微小的部分，都能夠包容受納像恆河沙數一樣多的世界。

(71)「一切莫顧安心無處。無處安心虛明自露。」

「末顧」，「末」是最後的，「顧」是回首、回頭看；「安心」，「安」是平穩、安全、舒適的狀況。由於修道的體驗或對教法的理解，而將心安住在一處，並達到安定不動的境界；「無處」是到處都有；「虛明」是空明、清澈明亮。

不要回顧、關心、留戀、執著過去一切所發生的事情。只要能夠「安心」，把第六識「意識」的分析判斷功能停止，讓第七識「末那識」停止作用，「自性」自然顯現。

修習禪定時，剛開始不知道要把心安在何處，沒有地方可以安住。一旦進入禪定的境界，沒有任何妄念，就會忘記自己的身體，忘記時間和空間，這時候到處都可以安心，「自性」頓時顯現，空明、清澈明亮的「般若智慧」也自然生起顯露。

(72)「寂靜不生放曠縱橫。所作無滯去住皆平。」

開悟後，「心識」寂靜到不生起念頭時，就會從「妄想執著」的煩惱中，解脫釋放出來。當「心識」不起念頭，擺脫所有的執著時，就不會有障礙，來去自如。

(73)「慧日寂寂定光明明。照無相苑朗涅槃城。」

「慧日」是以日光比喻佛的智慧普照眾生，能破除無明生死癡闇；「寂寂」是寂靜無人聲；「定光」，「定」是令「心識」專注於一對象，而達於不散亂的精神作用。「定光」是指「心識」凝然寂靜時，散發出「智慧光」的狀態；「明明」是明察至極，指在禪定中能夠覺知萬法。

「照無相苑」，「照」是映射；「無相」是無形相，指一切諸法無自性，本性為空，無形相可得；「苑」是畜養禽獸或種植草木果蔬的地方。

「朗涅槃城」，「朗」是明亮；「涅槃」是指滅盡煩惱，達到覺悟的境界；「城」是古時環繞京師或圍繞某一區域以供防守的大圍牆。

佛的智慧有如太陽，寂靜的普照世間。禪定時，會散發出「智慧光」，能夠覺知萬法。佛的智慧有如太陽，照射「無相苑」，照射諸法無自性，本性為空，無形相可得。禪定時，會散發出「智慧光」，明亮「涅槃城」，能夠滅盡煩惱，達到覺悟的境界。

(74)「諸緣忘畢詮神定質。不起法座安眠虛室。」

「諸緣忘畢」，「諸緣」是總稱一切現象世界的因緣，色、香等百般的世間相，總是被我的「心識」所攀緣者；「畢」是全部。

「詮神定質」，「詮」是真理，「神」是玄妙的；「定質」是固定不變的性質。

「法座」是一般說法或禪定時所用的座位；「虛室」是不特意裝飾的居室。

把一切現象世界的因緣全部忘記不執著，玄妙的真理，有固定不變的性質。修習禪定，要有不修成禪定，發誓不離座的決心，不執著於居室的環境，不用特意裝飾，在簡陋的居室，也能夠安穩熟睡。

(75)「樂道恬然優遊真實。無為無得依無自出。」

「恬然」是安然自得的樣子；「優游」是閒暇自得的樣子；「無」是指「無心」，指離妄念的真心。並不是說沒有「心識」，而是遠離凡聖、粗妙、善惡、美醜、大小等的分別情識，處於不執著、不滯礙的自由境界。

喜歡修習禪道的人，生活安然自得，自由自在，無拘無束，真確實在而不虛假。禪修者在日常生活中，隨緣渡化眾生，不刻意不做作，沒有得到名聲成就的念頭。依照「無心」的修行，「般若智慧」就自然出現。

(76)「四等六度同一乘路。心若不生法無差互。」

「四等」是指「四無量心」，四種廣大的利他心。即為令無量眾生離苦得樂，而起的慈、悲、喜、捨四種心。從心而言，平等緣於一切，故稱「四等、四等心」。若從所緣之境而言，其所緣之眾生無量，故稱「四無量」。

「六度」即「六波羅蜜多」，「波羅蜜多」意譯作「度」，為到彼岸的意思。是大乘佛教中菩薩欲成佛道所實踐之六種德目，分別為：布施、持戒、忍辱、精進、禪定、智慧。

「四無量心（慈、悲、喜、捨）」是小乘的修行方式，「六度（布施、持戒、忍辱、精進、禪定、智慧）」是大乘的修行方式。小乘和大乘都是佛家的一部分，對開悟者來說，所有的修行法門都是一樣的，都是同一路的。心若不生起念頭，任何修行法門都沒有差別。

(77)「知生無生現前常住。智者方知非言詮悟。」

「無生」又稱為「無起」，意思是諸法的實相無生滅，與「無生滅」或「無生無滅」同義。所有存在的諸法無實體，是空，故「無生」滅變化可言。

開悟的人在日常生活中，「心識」仍然會發揮作用，他完全覺知周圍所發生的一切事情，也能夠清楚的分辨彼此，但卻不再執著於自我，不再被外在環境所動搖或煩惱，只維持不動的智慧心。

開悟者的「心識」，就像平靜的水面一樣，任何東西現前，都能夠清楚的映照，卻仍然維持不受干擾。開悟的境界，只有開悟的智者才知道，沒辦法用語言文字來解釋。

四、牛頭法融的門下弟子

「牛頭禪」的後人，都承認四祖道信傳法給牛頭法融，又有「六代祖師相傳」的說法。這六代祖師，一說為：「法融、智岩、慧方、法持、智威、慧忠」；另一說為：「法融、智岩、法持、智威、玄素、法欽」。

這「六代祖師」出生於同一個地域（江左），又都傳法於同一個區域（牛頭山），思想上又有相似之處，所以後來成為公認的禪宗旁支一派。

「慧忠」門下有「佛窟惟則」，「佛窟惟則」下有「雲居普智」，「智威」門下有「玄素」，「玄素」門下有「道欽」，都是一代的碩德大師。

「道欽」甚受「唐代宗」的歸仰，蒙賜「國一禪師」的法號。「道欽」門下有「鳥窠道林」，以與「白居易」的問答語句而馳名禪林。

「牛頭宗」於唐代盛極一時，然至宋代以後則衰竭不振。

一、「荷澤宗」簡介

「荷澤宗」為曹溪禪（南宗）中的北派，開始於「荷澤神會」，他是六祖惠能的弟子，承繼曹溪六祖惠能的法脈，又被尊為「禪宗七祖」。

在唐朝時期，有一場很有名的戰役，叫做「安史之亂」，是由胡族人「安祿山」連同「史思明」在天寶十四年所發動。朝廷派「郭子儀」平反安祿山，但是軍費不足。當時，荷澤神會不忍蒼生遭受刀兵劫難，大力奔走疾呼，協助朝廷籌備軍費，最後幫助郭子儀打敗了安祿山。暴亂平息之後，唐肅宗感念荷澤神會為國為民的慈悲精神，於是詔請他入宮接受供養。唐肅宗還特地為荷澤神會建造了「荷澤寺」，讓他在那裡弘法，因此他就被稱為「荷澤神會」，他的宗派也被稱為「荷澤宗」。

雖然荷澤神會是六祖惠能的法嗣弟子，但是他的地位不被南宗各派所承認，因為「荷澤宗」在北方的洛陽一帶傳布，因此又被「石頭宗」和「洪州宗」稱為「北宗」。

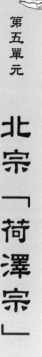

唐玄宗開元二十年，荷澤神會在滑臺（今河南滑縣）的「大雲寺」開「無遮大會」，辯倒「神秀」系統的「北宗」，建立「曹溪宗」的正統地位。

「無遮大會」就是指佛教每五年舉行一次的布施僧俗的大齋法會，在法會中，各地的僧侶聚集在一起辯論佛法。「無遮」是指寬容一切，解脫諸惡，不分貴賤、僧俗、智愚、善惡，一律平等看待。

荷澤神會在「無遮大會」裡，斥責「北宗神秀」一門「師承是傍，法門是漸。」」，確立「南宗惠能」系的正統傳承與宗旨。荷澤神會又著述「顯宗記」，定調南北頓漸兩門，即以「南宗惠能」為「頓宗」，「北宗神秀」為「漸教」，「南頓北漸」名由是而起，於是「南宗」日盛而「北宗」大衰。

因為「荷澤宗」在荷澤神會之後並沒有傑出的禪師，又因為當時中國北方的戰亂，後來由「磁州法如」傳到「圭峰宗密」之後，「荷澤宗」就逐漸沒落。

後來，「青原行思」與「南嶽懷讓」所傳出的法系「石頭宗」和「洪州宗」，被認為才是曹溪禪門的正統法系，而荷澤神會的法脈，最後被忽略不彰。

二、「荷澤神會」的生平

《景德傳燈錄》第五卷翻譯：

西京（今陝西省省會西安）的「荷澤神會」禪師，襄陽（湖北襄陽）人，俗姓高，十四歲時出家做沙彌（對年齡不足二十歲，或其他未受具足戒的初級出家男子的稱呼）。

荷澤神會拜見六祖惠能，六祖惠能說：「善知識不遠千里而來，實在是很辛苦。但是學了這麼多的佛學知識，是否認識自己本來的真面目（自性）呢？假始悟到自己的本性，就真正開悟了。不妨把你所學所悟的心得，試著說出來，讓我聽聽看。」

荷澤神會回答說：「我以無所住為我本來的面目，而我能見的這個心就是主人。」

六祖惠能說：「你沒有自己的心得，只是把《金剛經》裡面的經文『應無所住，而生其心』拿來再講一遍，而不是從你的『自性』流露出來，這叫做『取次語』。」說完，便拿起禪杖打荷澤神會。

荷澤神會挨打時，心裡默想說：「大善知識經歷劫難很難遇見，今天既然得以遇見，難道還珍惜身體和性命嗎？」從此服侍在六祖惠能身旁。

有一天，六祖惠能告訴眾弟子說：「我有一樣東西，無頭無尾，無名無字，無背無面，你們知道是什麼嗎？」

荷澤神會出來回答說：「是諸佛的本原，我神會的佛性。」

六祖惠能說：「已經向你說這樣東西是無名無字，你還說是諸佛的本源佛性。」

荷澤神會一聽完就領悟了，就禮拜六祖惠能而退下。

三、《六祖壇經》「頓漸第八」記載有關「荷澤神會」的事蹟

在《六祖壇經》中，有二段經文記載有關六祖惠能和荷澤神會的事蹟，第一段記載在「頓漸第八」。

《六祖大師法寶壇經》頓漸第八翻譯：

有一個未成年的小孩子，名字叫做「神會」，是湖北襄陽高氏的兒子，年齡十三歲，從江陵當陽山「神秀大師」的「玉泉寺」遠來參禮六祖惠能。

六祖惠能說：「善知識不遠千里而來，實在是很辛苦。但是學了這麼多的佛學知識，是否認識自己

本來的真面目（自性）呢？假始悟到自己的本性，就真正開悟了。不妨把你所學所悟的心得，試著說出來，讓我聽聽看。」

荷澤神會回答說：「我以無所住為我本來的面目，而我能見的這個心就是主人。」

六祖惠能說：「你沒有自己的心得，只是把《金剛經》裡面的經文『應無所住，而生其心』拿來再講一遍，而不是從你的『自性』流露出來，這叫做『取次語』。」

荷澤神會問說：「和尚您坐禪時，是見還是不見？」

六祖惠能就拿起禪杖打他三下，說：「我打你，你痛不痛啊？」

荷澤神會回答說：「也是痛，也是不痛。」

六祖惠能接著說：「我坐禪的時候，也是見，也是不見。」

荷澤神會問說：「什麼是『見』？什麼是『不見』呢？」

六祖惠能回答說：「我的所見，是常見自己心裡的過失，不見他人的是非好壞，所以叫做『亦見亦不見』。你說你『亦痛亦不痛』，是如何解釋呢？你若不痛，就和木頭、石頭一樣；你若痛，就和凡夫一樣，一痛就生起煩惱瞋恨。你先前所說的『見』和『不見』，這是執著『有』、『無』兩邊的邪見。『痛』和『不痛』，是『生滅法』。你尚且不認識你自己的『自性』，卻膽敢來捉弄人和人辯論。」

「生滅法」是指「生起」與「滅盡」，意思是「有生必有滅」。由「因緣和合（即一切條件滿足時）」而成立的「一切法（即有為法）」，因為有「變移的性質（無常）」，所以必定有生滅；假如離開因緣而「永久不變（常住）」的「一切存在（即無為法）」，就稱為「無生無滅（不生不滅）」。

荷澤神會一聽完教誨，知道自己所講的道理不究竟，所以就叩頭頂禮，認錯謝罪。

六祖惠能又說：「假使你心裡不明白，不能見性的話，你應該向善知識請教修行的方法。假設你開悟了，就能夠見自己的本性，應該依法修行。你現在自迷不知道自己的本心，卻來問我『見』與『不見』？我見性不見性，我自己知道，怎麼可以代替你迷惑呢？假如你自己見性了，你也代替不了我的迷惑。你為何不自己知道，自己見不見性，居然問我見不見性，我見不見性和你有什麼關係呢？」

荷澤神會再次禮拜百餘拜，請求六祖惠能原諒他的過錯。

荷澤神會就此留下來寺院裡擔任勤務、勞力等事務，擔任六祖惠能的侍者，不離開左右，成為六祖惠能門下的弟子。

有一天，六祖惠能告訴眾弟子說：「我有一樣東西，無頭無尾，無名無字，無背無面，你們知道是什麼嗎？」

荷澤神會出來回答說：「是諸佛的本原，我神會的佛性。」

六祖惠能說：「已經向你說這樣東西是無名無字，你還說是諸佛的本源佛性。」你將來若是有一個『茆蓋頭（自己有一個立足處，有一個茅篷可住。）』，你也不過是成就一個『知解宗（以多知多解為宗者）』的人而已。」

四、《六祖壇經》「付囑第十」記載有關「荷澤神會」的事蹟

在《六祖壇經》中，第二段記載有關六祖惠能和荷澤神會的事蹟，在《六祖壇經》「付囑第十」。

《六祖大師法寶壇經》付囑第十翻譯：

七月一日，六祖惠能召集所有的弟子說：「我到八月就要離開這個世間了，你們如果有什麼疑問，必須趁早發問，我會為你們解答，消除你們心中的疑惑。我去世以後，就沒有人教導你們了。」法海等人聽完這句話，都傷心的流淚悲泣，只有荷澤神會表情不動，也沒有流淚哭泣。

六祖惠能說：「神會小法師，卻能懂得『善』和『不善』心識的作用，不被毀謗或讚譽所動搖，不生起悲哀或快樂的情緒，其他人都做不到這一點。多年來在山中到底修得什麼道？你們現在悲傷涕泣，是在為誰擔憂呢？好像是憂慮我不知道往生後去哪裡，我自己知道我要去哪裡。我如果不知道自己的去處，就不會預先告訴你們。你們會悲傷涕泣，大概是因為不知道我的去處。如果知道我要去哪裡，就不應該悲傷涕泣。『法性（真如；實相；一切現象的本質）』本來就沒有生滅去來。」

可見荷澤神會是一位非常聰明的沙彌，而且在六祖惠能圓寂的時候，他已修行到了「毀譽不動，哀樂不生」的境界，已經是六祖惠能門下弟子中的佼佼者了。

五、「荷澤神會」的核心思想

荷澤神會的核心理論是「無念為宗，無作為本。」

在《景德傳燈錄》卷第二十八，荷澤神會進一步說明「無作」是什麼？

《景德傳燈錄》卷第二十八原文：

一切在心邪正由己。不思一物即是自心。非智所知。更無別行悟入此者。真三摩提法無去來前後際斷。故知無念為最上乘。曠徹清虛頓開寶藏。心非生滅性絕推遷。自淨則境慮不生。無作乃攀緣自息。

《景德傳燈錄》卷第二十八翻譯：

一切的想法都是「心識」的作用，「邪念」和「正念」都是由自己做主決定。不思慮任何一物，就是「自心（自性）」，「自心（自性）」不是用凡人的智慧所能了解知道的，更沒有別種方法可以覺悟「自心（自性）」。

真正的「三摩提」法門，是無去無來，無前無後，截斷「前際（過去）」與「後際（未來）」相對立的見解。所以，可以得知「無念」才是最上乘的修行法門。

「無念」是「心識」寬廣空闊，去除雜念，達到清淨虛無的境界，就會突然打開「自性寶藏」。「自心（自性）」沒有生滅，「自性」是絕對性的，不會推移變遷。自己能夠清淨，那麼外境和思慮就不會生起，「無作」就是攀取緣慮的作用，自然息滅。

所謂「無念」就是「無妄念、沒有妄念、捨離心念、一念不起」，指意識沒有存在世俗的憶想分別。

所謂「無作」就是「無因緣的造作」，指心無造作物的念頭，心不執著於某一對象的作用，心不追隨外境而多變。

眾生的妄想，緣取於三界諸法，這是一切煩惱的根源。我們凡夫，只要動一個心念，就會生起妄想，就會攀緣諸法；妄想既然有所攀緣，那麼善惡已分；既然已分善惡，那麼憎愛之心並起。

所以荷澤神會的禪法，就是教導我們要「無念無作」，意思是：

(1)排除一切雜念，使心神平靜。

(2)遠離「昏沈」，「昏沈」是使身心沈迷、昏昧、沈鬱、鈍感，而喪失進取、積極活動的精神作用。

(3)遠離「掉舉」，「掉舉」是心浮動不安的精神作用。

(4)時常將心定於一處，而不散亂的狀態。

另外，荷澤神會強調「無作」是最上乘的修行禪法。

《景德傳燈錄》卷第二十八原文：

自性如空本來無相。既達此理誰怖誰憂。天地不能變其體。心歸法界萬象一如。遠離思量智同法性。千經萬論只是明心。既不立心即體真理都無所得。告諸學眾無外馳求。若最上乘應當無作。

《景德傳燈錄》卷第二十八翻譯：

「自性」如同真空，本來沒有形相，既然通曉這個道理，難道還會恐怖和憂懼嗎？

天地都不能改變「自性」的本質，「自性」依附於「法界（指意識所攀緣對象的所有事物）」，一切景象都是「一如（平等無差別）」。

遠離思慮考量，「智（智慧；即對一切事物的道理，能夠斷定是非、正邪，而有所取捨的心靈作用。）」等同於「法性（指諸法之真實體性，亦即宇宙一切現象所具有之真實不變的本性。）」。

所有佛經的經藏和論藏，都只是在解釋什麼是「自性」。既然不將心安住，立即去實行真理，最後都將一無所得。

告訴眾弟子，不可向外追逐找尋「自性」。假如問我最上乘的禪法是什麼？應該就是「無作（排除一切雜念，使心神平靜。）」。

荷澤神會的禪法重點是「無作即是無念」，所以荷澤神會的禪法，也被後人稱為「無念禪」。

六、「荷澤神會」著述《顯宗記》

荷澤神會著有《顯宗記》一卷，全稱《荷澤大師顯宗記》，收錄在《景德傳燈錄》卷三十和《全唐文》卷九一六。本書主要敘述南宗頓悟的宗旨，並且論述傳衣缽在禪宗傳承中的重要性。內容大體以《金剛般若波蘿蜜經》的「般若空智」和「應無所住而生其心」為中心點，並承繼後秦「僧肇」的《般若無知論》和《涅般無名論》，以及六祖惠能《六祖壇經》中《定慧第四》的思想。

《景德傳燈錄》卷第三十原文：

荷澤大師顯宗記

無念為宗無作為本。真空為體妙有為用。夫真如無念非想念而能知實相。無生豈色心而能見。無念念者即念真如。無生生者即生實相。無住而住常住涅槃。無行而行即超彼岸。如如不動動用無窮。念念無求求本無念。菩提無得淨五眼而了三身。般若無知運六通而弘四智。是知即定無定。即慧無慧。即行無行。性等虛空體同法界。六度自茲圓滿。道品於是無虧。是知我法體空有無雙泯。心本無作道常無念。無念無思無求無得。不彼不此不去不來。體悟三明心通八解。功成十力富有七珍。入不二門獲一乘理。妙中之妙即妙法身。天中之天乃金剛慧。湛然常寂應用無方。用而常空空而常用。用而不有即是真空。空而不無便成妙有。妙有即摩訶般若。真空即清淨涅槃。般若是涅槃之因。涅槃是般若之果。般若無見能見涅槃。涅槃無生能生般若。涅槃般若名異體同。隨義立名故云法無定相。涅槃能生般若即名真佛法身。般若能建涅槃。故號如來知見。知即知心空寂。見即見性無生。知見分明不一不異。故能動寂常妙理事皆如如。即處處能通達。即理事無礙。六根不染即定慧之功。六識不生即如如之力。心如境謝境滅心空。心境雙亡體用不異。真如性淨慧鑒無窮。如水分千月能見聞覺知。見聞覺知而常空寂。空即無相。寂即無生。不被善惡所拘。不被靜亂所攝。不厭生死不樂涅槃。無不能無有不能有。行住坐臥心不動搖。一切時中獲無所得。三世諸佛教旨如斯。即菩薩慈悲遞相傳受。自世尊滅後。西天二十八祖共傳無住之心。同說如來知見。至於達磨。居此為初遞代相承於今不絕。所傳祕教要藉得人。如王髻珠終不妄與。福德智慧二種莊嚴。行解相應方能建立。衣為法信。法是衣宗。唯指衣法相傳更無別法。內傳心印印契本心。外傳袈裟將表宗旨。非衣不傳於法。非法不受於衣。衣是法信之衣。法是無生之法。無生即無虛妄乃是空寂之心。知空寂而了法身。了法身而真解脫。

《景德傳燈錄》卷第三十翻譯：

荷澤大師顯宗記

（一）「南宗」頓悟的宗旨：「無念為宗，無作為本。」

⑴「無念為宗無作為本。」

①「無念」：即「一念不起、無妄念」的意思，指「意識」沒有存在世俗的「憶想分別」，這是「真如」的境界。假如捨離心念，就沒有一切境界的「相狀（指除了『真如本體』以外的東西，這是可以透過眼、耳、鼻、舌、身等，感受得到的東西。）」。

②「無作」：指沒有因緣的「造作（創造製作）」。

「禪宗」的宗旨是「無念」，那什麼是「無念」呢？就是停止心中所有的念頭，包括「正念」和「雜念」。以「禪宗」的立場來看，「正念」和「雜念」都是「妄念」。因為即使是個「正念」，也要「起心動念」，一「起心動念」，即是「妄想執著」。

「禪宗」的根本是「無作」，那什麼是「無作」呢？就是「不造作」，「造作」是「心有運作，刻意製造出來。」的意思。比如說：「禪宗」的宗旨是「無念」，結果學禪者在修禪定時，心裡就想著「我要無念」。結果這個「造作」的念頭，是「有作」而不是「無作」。

(2)「真空為體妙有為用。」

①「真空」：「真如」的理體，遠離一切迷情所見的「相狀（指除了『真如本體』以外的東西，這是可以透過眼、耳、鼻、舌、身等，感受得到的東西。）」，杜絕「有、空」的相對，捨棄「我執」和「法執」，所以稱為「真空」。

②「妙有」：「真如」常住不變，是「真空」狀態，卻能夠創造宇宙萬物萬有，這種「無中生有」的奧妙情況，就稱為「妙有」。

其實，釋迦牟尼佛並沒有說過「真空妙有」這句話，「真空妙有」這句話，最早來自於「道家」的哲學思想，由魏晉時期的玄學家「王弼」首創。

《文選》卷十一「遊天台山賦」原文：

老子曰。道生。王弼曰。數之始而物之極也。謂之為妙有者。欲言有不見其形。則非有。故謂之妙。欲言其無物。由之以生。則非無。故謂之有。斯乃無中之有。謂之妙有也。

東晉的「僧肇」是「鳩摩羅什」門下著名弟子，僧肇借用「老子」所說的「無」來解釋「空」，再借用「王弼」的「妙有」思想，融合著作了《不真空論》和《般若無知論》，對佛法的「空」和「無」，做了全新的詮釋，提出「真空妙有」的理論。

《道德經》第一章原文：道可道，非常道。名可名，非常名。無，名天地之始；有，名萬物之母。

《道德經》第四十章原文：天下萬物生於有。有生於無。

僧肇提出「真空妙有」的理論，對佛法的「空」和「無」，做了全新的解釋。這是因為僧肇擔心當時的學佛者，誤解了佛教所說的「空」和「無」的意思，理解成「完全沒有」，這種說法是佛教所謂的「頑空見」。所以，僧肇借用「真空妙有」這種含糊其辭的說法，來提醒當時的學佛者，佛法的「空」和「無」，不是「完全沒有」的意思。

一般人對「空」和「無」的理解，是「虛無、沒有東西、什麼也沒有」。所以，無法明白「道家」和「佛家」，所說的「空」和「無」的意思。

那佛法所說的「空」和「無」，是什麼意思呢？我們先來看二段佛經的經文，對「空」和「無」的定義。

《摩訶般若波羅蜜經》卷第二十二「道樹品」第七十一原文：

佛言：「諸法和合，因緣生法中無自性。若無自性，是名無法。以是故，須菩提！菩薩摩訶薩當知一切法無性。何以故？一切法性空故。以是故，當知一切法無性。」

《中論》「觀四諦品」第二十四原文：

未曾有一法。不從因緣生。是故一切法。無不是空者。眾因緣生法。我說即是空。何以故。眾緣具足和合而物生。是物屬眾因緣故無自性。無自性故空。

原來，佛教認為「諸法（一切事物）」的現象都有各自的因緣，並無實體。佛教所說的「空」，是說「諸法都是由因緣和合而生起，並無固定的實體、自性的意思。」。

「諸法」的「本性」都是「空」，「諸法」都是「因緣和合而成」，無獨立的「自性」、「自體」，所以稱為「空」。這個「空」，不是「空無、沒有」的意思，而是「無常」、「不能永久存在」的意思，表示某些東西（自性）的非存在狀況，而非純然虛無。

這個「空」，是指世間一切現象，都是因為各種條件的聚合而形成的（稱為「因緣和合」），當條件改變時，現象也跟著改變，本身並沒有一個真正存在的實體。

總括來說，佛教的「空」是指世間一切現象，都是因為各種條件的聚合而形成的，當條件改變時現象也跟著改變，本身並沒有一個真正存在的實體。

荷澤神會在《顯宗記》裡，有解釋「真空妙有」。他說：「用而不有即是真空。空而不無便成妙有。」後面我們解釋到這段時，再來詳談。

(3)「夫真如無念非想念而能知實相。無生豈色心而能見。」

①「真如」：「真」是「真實不虛妄」；「如」，是「不變其性」，即「宇宙萬有真實的本體」，為一切萬有的根源。又稱為：如如、如實、法界、法性、實際、實相、如來藏、法身、佛性、自性清淨身、一心、不思議界。

②「實相」：原義為「本體、實體、真相、本性」等，引申為「一切萬法真實不虛的體相」。「實相」是釋迦牟尼佛覺悟的內容，亦即現象的本質、真實性。一般世俗所認識的一切現象，都是「假相」。唯有停止第六識「意識」的分析判斷功，讓第七識「末那識」停止作用，顯現「自性」，才能夠認識「諸法常住不變」的真實相狀，故稱「實相」。「實相」又稱為：實性、實際、真如、真性、涅槃、無為、無相等。

③「無生」：又稱作「無起」，意思是：一念不生，心中不起與任何染心相應的意念。因為諸法的

實相無生滅、無實體，是「空」，所以無生滅變化可言。

④「色心」：指「色法」和「心法」，即「肉體」與「精神」合為一體，是一體的兩面，身是心的身，心是身的心。「色法」是「色身、肉體、物質」，指有形體物質可見，但是沒有知覺作用者。「心法」是「心王、精神、心靈」，「心王」是「識」的本體，意思是「精神作用的主體」，共有八種，即「眼識、耳識、鼻識、舌識、身識、意識、末那識、阿賴耶識」等八識。八個心識各有一個「心王」，「心王」是有知覺作用，但是沒有形體物質可見者。

沒有妄想執著的心念，才能夠見到「真如（宇宙萬有真實的本體）」；起心動念的心念，不能夠知道「實相（一切萬法真實不虛的體相）」是什麼？「無生（諸法的實相無生滅）」難道是「色心（「肉體」與「精神」合為一體）」能夠看得見的嗎？

因為，真空的實相，不屬於「色法」，也不屬於「心法」，所以不是「色心」能夠看得見的。

(4)「無念念者即念真如。無生生者即生實相。」

《六祖壇經》說：「何名無念？若見一切法，心不染著，是為無念。用即遍一切處，亦不著一切處。」所以，「無念」之念，就是念「真如」。

「無念念者」是說「無念」並不等同於木石，沒有心識的反應；「無念」的時候，依然有覺知的功能，但是它的作用不是起心動念，去分別思量，而生出煩惱，而是「真如」的妙智慧。

《六祖壇經》說：「若悟無生頓法，見西方只在剎那。」

「無生生者」是說「無生」並不等同於磚瓦沙石，沒有生機；「無生」不妨礙諸法的生滅，只是不「住（執著；指心不執著於一定的對象）」於生滅現象，而自體就是「實相」。

因此，已經開悟了的人，隨時處在「無念」和「無生」的境界，沒有一般人的分別、攀緣、得失等，種種妄想執著的雜念，但是有「無漏智慧」運作，度化眾生的功能。

（二）應無所住而生其心（出自於《金剛般若波蘿蜜經》）

(1)「無住而住常住涅槃。」

①「涅槃」：這是脫離一切煩惱的繫縛，滅除種種業因，跳脫生死因果的境界，永遠不再輪迴生死。

《金剛般若波蘿蜜經》說：「諸菩薩摩訶薩應如是生清淨心，不應住色生心，不應住聲、香、味、觸、法生心，應無所住而生其心。」

「無住而住」就是「應無所住而生其心」，意思是說：不在情境上生出心念，也就是不執著在色塵、聲塵、香塵、味塵、觸塵、法塵等情境上，而生出心念。

當你遇到情境時，不應該執著在色塵（眼睛所看到的景像）、聲塵（耳朵所聽到的聲音）、香塵（鼻子聞到的香味和臭味等等）、味塵（舌頭嘗到的酸甜苦辣味等）、觸塵（身體所摸到的軟硬冷熱觸感等）、法塵（意根「末那識」所接觸到的覺受，譬如漂亮或醜惡、回憶往事或憧憬未來等。）等，而生出心念。要能無動於衷，不受境遷，不隨物轉，保持自己的這一念心清淨無染，如如不動，心無掛礙，這就是「清淨心」，就是「實相無相」的體。

「無住而住」的第一個「住」是「執著、停滯、固守」的意思，第二個「住」是「長期停留」的意思。

簡單的說，「無住」就是心能不生起執著、不停留、不被任何一種現象所影響、束縛；而「無住而住」就是要「長期停留」在「不生起執著」的這個狀態。

能夠達到「無住而住」的狀態，就能夠「常住涅槃」，就能夠長久不變的「長期停留」在「涅槃」的境界上，也這是脫離一切煩惱的束縛，跳脫生死因果的業報，永遠不再六道輪迴。

(2)「無行而行即超彼岸。」

「行」是「修行」，意思是「修習實踐佛道」。「無行而行」意思是：看起來沒有在修行，實際上是真修行。

對一個修行人來說，「修行」這件事情，是二十四小時沒有間斷的時候。因為，「六根（即眼根、耳根、鼻根、舌根、身根、意根）」接觸「六塵（色塵、聲塵、香塵、味塵、觸塵、法塵）」之後，立即產生「六識（眼識、耳識、鼻識、舌識、身識、意識）」的感覺、感受作用。而真正的「修行」，就是要二十四小時，停止第六識「意識」的分析判斷功能，隨時讓第七識「末那識」不起作用，目的是要不生起「妄想執著心」。如此「修行」，「自性」就會逐漸顯現。

所以，「無行而行」看起來沒有在修行，實際上才是真修行。能夠「無行而行」，就能夠立即跳上「涅槃」的彼岸。

(3)「如如不動動用無窮。」

「如如」是指「真如」，是散布於宇宙中真實的本體；為一切萬有的根源。「如如不動」的意思是：「真如」是永遠不動的，但是「動用無窮」，「真如」雖然永遠不動，卻妙用無窮，無處不在。

(4)「念念無求求本無念。」

①「念念」：「念」是指「心之發動、心內的印象、記憶的精神作用」，佛教以「一念」為一個

「剎那」，「念念」即為「剎那剎那」。原本意思是「極其短暫的時間」，形容現象界「成、住、壞、空」的遷流變化現象。在這裡是指「修習禪定者所起的心念，要繫住一處而不散亂。」即後念繼前念，相續不斷，中間不雜餘念。

②「無念」：即「一念不起、無妄念」的意思，指「意識」沒有存在世俗的「憶想分別」，這是「真如」的境界。假如捨離心念，就沒有一切境界的「相狀（指除了『真如本體』以外的東西，這是可以透過眼、耳、鼻、舌、身等，感受得到的東西。）」。

「念念無求」的「求」字，是「追取、貪得、尋求」的期待攀緣心；「求本無念」的「求」字，是「願望、希望、立志、發心」。

修習禪定者，不可以有追求某物的心念，包括「名利、財富、健康、安樂、果位、悟境、神通、解脫」等，在每一念中，都是「無求」。要想求得真正的佛法，就不能夠生起有所求的心念，這是「念念無求」。

修習禪定者，本來不可以有追求某物的心念，但是在初發心時，不能夠沒有「願力」。所以，初發心時，是有求某物的心念，例如：求智慧、證菩提、得解脫、悟涅槃等。但是，修禪到了覺悟見性的時候，那時雖然也有所求，卻已經不用「作意（即突然警覺而將心念專注到某處，以引起活動的精神作用。）」，所以等於是「無求」。因為，覺悟的境界是「念而無念」，「不落攀緣」的意念。此時的「無念」，不是沒有「心」的作用，而是這個「心」，是沒有自私的分別執著，而是「自性」智慧心的活動。「無念」的真正含意，並不是要否定「念」，而是遠離妄念，遇到諸境時，無礙自在，由「念」中解脫的意思，這是「求本無念」。

（三）般若無知論（出自於《般若無知論》）

(1)「菩提無得淨五眼而了三身。」

①「菩提」：「菩提」是梵語Bodhi的音譯，舊譯為「道」，新譯為「覺」，是覺悟的意思。「菩提」是斷絕世間煩惱，而成就涅槃的智慧。三乘都有菩提，二乘「緣覺」和「聲聞」也有覺悟的智慧，屬於小菩提，因為還沒有究竟；而「佛」所覺悟的智慧，屬於無上究竟的大菩提，稱為「阿耨多羅三藐三菩提」翻譯作「無上正等正覺、無上正遍智、無上正真道、無上菩提」。

②「淨五眼」：「五眼」是指五種眼力。即：

(a)肉眼：為欲界凡夫肉身所具有的眼。

(b)天眼：為色界天人因修習禪定所得的眼，此眼遠近前後，內外晝夜上下都能看見。

(c)慧眼：為二乘「緣覺」和「聲聞」的眼，能洞察一切現象皆為真空無相。

(d)法眼：為初地以上「菩薩」，證得無生法忍，所得的智慧眼，能照見一切法門，廣度無量眾生。

(e)佛眼：即具足前述之四種眼作用的佛眼，此眼無事不知，無所思惟，一切皆見。

「淨五眼」是說，「五眼」的功能都是清淨不執著的智慧。凡夫的「肉眼」貪著美色，厭惡壞色，是不清淨的；「天眼」可以見到極微極遠，也可以見到未來因緣果法，但是還有分別心，所以也是不清淨的；「慧眼」已經見性，真空無相，已經證得偏空之理，已得清淨，可是還執著有涅槃法而遠離五蘊等諸法，所以只證「我空」，還沒有證「法空」，相對於大乘菩提，尚非清淨；「法眼」就是已經證一切法身的菩薩，但是還沒有將無明根本斷盡，所以還不能算是完全清淨；唯有「佛眼」，才是五眼圓滿的清淨。

③「三身」：佛有「三身」，「身」是「聚集」的意思，聚集諸法而成「身」，共有三種：

(a)「法身」：「理法」的聚集稱為「法身」，是佛所證得的「真如」，遍佈整個法界。

(b)「報身」：「智法」的聚集稱為「報身」，是相好具足的身體，是由大願大行所召感的果報。

(c)「應身」：「功德法」的聚集稱為，是應眾生的根基，而示現的真實身體。

「菩提」是無為法，本無所得。「明心見性」證得「菩提」之後，「五眼」就清淨，就會明白「應身」和「報身」同於「法身」，稱為「一體三身」。

(2)「般若無知運六通而弘四智。」

①「般若」：意譯為「智慧」，但是與「世間的智慧」不同，「世間的智慧」是指聰明才智，有很強的分析、判斷、創造和思考的能力，而「般若」是特別指觀照「空理（觀人與法為空的真理）」的智慧，能證悟「空理」的智慧。

②「六通」：又稱作「六神通」，指六種超越人間而自由無礙的超能力。即：

(a)神足通：即飛行自在，穿越時空，自由無礙，隨心所欲現身的能力。

(b)天眼通：能看見六道眾生，生死苦樂的情景，以及能看見世間一切遠近粗細等諸物質形象，而沒有障礙。

(c)天耳通：能聽聞六道眾生，苦樂憂喜的言語，以及世間一切遠近種種的聲音。

(d)他心通：能知道六道眾生，心中所思所想的念頭。

(e)宿命通：能了知並憶念自己和六道眾生，在過去世中，從一世、十世、百世，乃至千萬億世的事情。

(f)漏盡通：「漏」是「煩惱」的意思，即證知自己已經斷滅煩惱習氣，不再受三界的生死輪迴，而得「漏盡」神通的能力。

③「四智」：轉「有漏」的「八識」，成「無漏」的「四智」。在八個心識之中，前五識及第八識，要到佛果位，才能「轉識成智」，第六識及第七識，則在初地以上菩薩位「轉識成智」。所謂「轉八識成四智」，是指：

(a)轉「前五識（眼識、耳識、鼻識、舌識、身識）」為「成所作智」：

「成所作智」是「成」就你「所」造「作」利益眾生的事，「成所作智」是把有漏的「前五識」，轉為「無漏智」。為了成就「自渡」及「渡人」的事，「成所作智」會隨著不同的機緣，運用不可思議的「六神通」力量，示現一切種種化身，來渡化眾生。當第八識「阿賴耶識」轉為清淨的「大圓鏡智」那一剎那，「前五識」也同時轉為「成所作智」。

(b)轉第六識「意識」為「妙觀察智」：

「妙觀察智」是轉第六識「意識」（分別識）得到此智慧，遇事不作意分別，但能了了分明。「妙觀察智」能善於觀察萬法的「自相」和「共相」因緣，善於運用無礙辯才，在法會上為眾生演說諸佛妙理，自在說法，令眾生得不退轉的心。「自相」是指自體個別的體相，亦即不與他相共通，而具有自己一定的特質者；「共相」是指共通的相，亦即與其他諸法有共通的相。例如：每個人都有獨特的「自相（長相、外貌）」，而人的五官（人臉上的眼、耳、鼻、口、眉等容貌特徵的總稱）是人類的「共相（人都有五官）」。

(c)轉第七識「末那識」為「平等性智」：

「平等性智」是轉第七識「末那識」，所得到的智慧。「平等性智」是觀一切法，與自、他眾生都無「自性」，都是空，所以都是平等，就生起大慈悲心。第七識「末那識」轉成「平等性智」，前六識也會轉為清淨的識。

(d)轉第八識「阿賴耶識」為「大圓鏡智」：

「大圓鏡智」是轉第八識「阿賴耶識」得到的智慧，密教稱為「金剛智」。「大圓鏡智」就如同「大圓鏡」一般，能夠顯現萬法諸色的形像，以及能夠示現眾生諸善惡業。得到「大圓鏡智」時，能夠同時了解事物的「普遍性相」與「特殊性相」，完全不起執著心。由第八識「阿賴耶識」轉成的「大圓鏡智」不會起執著心，因為「大圓鏡智」是以「緣起性空」的角度來看世間事，第八識「阿賴耶識」是執著，「大圓鏡智」是空。

「般若無知」這句話，出自於「僧肇」所著的《肇論》：「真般若者。清淨如虛空。無知無見。無作無緣。斯則知自無知矣。」意思是說：「真正的『般若』，是清淨如同虛空一樣。沒有知見，沒有見識，沒有造作，沒有攀緣。因為這些原因，所以『般若』的『知』是從『無知』來的。」

「般若無知」的「般若」是「妙智慧」，是無分別智，為遠離思慮分別的心識；「般若無知」的「知」是「知見」，「知見」是指依自己的思慮分別而建立的見解。

「般若智慧」不同於「知見」，「般若智慧」是「無知而無所不知」，這是說「般若智慧」沒有凡夫的「分別知見」，而且能夠洞察世間，無所遺漏一切「知見」，是最全面性最高的智慧。「般若智慧」觀照事物，不需要經過任何感覺思維，不必借助任何語言文字，是一種「直觀」。

《肇論》上說：「道行雲。般若無所知。無所見。」意思是：在「般若」的境界裡，既不存在所謂

「知識」也不存在所謂「見解」。

又說：「以聖心無知。故無所不知。不知之知。乃曰一切知。故經雲。聖心無所知。無所不知。」

意思是：「聖心（般若）」遠離凡夫的「知見」，遠離心意、知識，反而會顯現「無所不知」的般若直觀的特性。

凡夫的「知見」，是對「現象界」虛幻事物的認識，而「現象界」本身卻是虛幻不實的東西。「知見」用來認識、分析「現象界」，而「般若智慧」則是不可思議的「直觀」。

「般若智慧」是「無分別智」，沒有凡夫的「分別知見」。「般若智慧」，可以使用六種神通（神足通、天眼通、天耳通、他心通、宿命通和漏盡通），發揚四智（成所作智、妙觀察智、平等性智和大圓鏡智）來渡化眾生。

(3)「是知即定無定。即慧無慧。即行無行。性等虛空體同法界。」

從「般若無知」是無所不知，是「真知」的分析。於是以此類推，可以知道，真正的「禪定」是沒有禪定；真正的「智慧」是沒有智慧；真正的「修行」是沒有修行。我們的「自性（真如）」和「虛空」是相同的，我們的「理體（自性；萬有的本體）」就跟十方「法界（構成現象的法則，和「空性、真如」同義。）」是同等的。

（四）六度與十力（出自於《金剛般若波蘿蜜經》和《瑜伽師地論》）

(1)「六度自茲圓滿。道品於是無虧。是知我法體空有無雙泯。」

①「六度」：又稱為「六波羅蜜」，梵語「波羅蜜」譯為「度」，為「到彼岸」的意思。「六波羅蜜」是大乘佛教，菩薩欲成佛道所實踐的六種德目即：

(a)布施波羅蜜：有財施、法施（說法教以真理）、無畏施（去除眾生的恐怖，使其安心）三種，能對治慳貪，消除貧窮。
(b)持戒波羅蜜：持守戒律，並經常自我反省，能對治惡業，使身心清涼。
(c)忍辱波羅蜜：忍耐迫害，能對治瞋恚，使心安住。
(d)精進波羅蜜：實踐其他五德目時，上進不懈，不屈不撓，能對治懈怠，生長善法。
(e)禪定波羅蜜：修習禪定，能對治亂意，使心安定。
(f)智慧波羅蜜：能對治愚癡，開真實之智慧。

②「道品」：「道」是通往涅槃的道法；「品」是品類差別。根據諸佛經所記載，要追求智慧，進入涅槃的境界，總共有三十七種修行方法，稱為「三十七道品」。

「三十七道品」分七科如下：

(A)四念處：
(a)身念處：即觀此色身都是不淨。
(b)受念處：觀苦樂等感受都是苦。
(c)心念處：觀此識心，念念生滅，更無常住。
(d)法念處：觀諸法因緣生，無自主自在的性，明瞭諸法無我。

(B)四正勤：
(a)讓已經生起的惡，永遠斷滅。
(b)讓還未生起的惡，不再生起。

(c)讓還未生起的善，生起。
(d)讓已經生起的善，增長。
(C)四如意足：
(a)欲如意足：仰慕所修的佛法，希望能夠如願滿足。
(b)精進如意足：對於所修的佛法，專注一心，沒有雜念，而能夠如願滿足。
(c)念如意足：對於所修的佛法，記憶不忘，如願滿足。
(d)思惟如意足：心思所修的佛法，不會忘記失去，如願滿足。
(D)五根：「根」是「能生」的意思，此五根能生出一切善法。
(a)信根：深信正道及助道法門，則能生出一切無漏禪定，得到解脫。
(b)精進根：修行正法，無間斷，無雜念。
(c)念根：對於正法，記憶不忘。
(d)定根：保持一心不亂，安靜不動的精神狀態。
(e)慧根：觀照諸法，明白了解。
(E)五力：「力」是「能力」和「作用」，能破除惡，成就善。
(a)信力：信根增長，能破除諸疑惑，對破邪信。
(b)精進力：精進根增長，能破除身心懈怠。
(c)念力：念根增長，能破除諸邪念，成就出世正念的功德。
(d)定力：定根增長，能破除諸亂想，產生諸禪定。

(e)慧力：慧根增長，能夠攔阻三界的「見惑」和「思惑」，「見惑」是知解上的和理論上的迷惑；「思惑」是情意上的習慣上的迷惑。「見思惑」即迷惑於三界內的事（凡夫依迷情所見的事相）、理（聖者依智見所通達的真理）的「見惑」與「思惑」。

(F)七覺分：「覺」是「智慧」，「分」是「分類」。是「五根」和「五力」所顯發的七種覺悟，因為分類不同而有七種。

(a)擇法覺分：能選擇諸法的真偽。

(b)精進覺分：修行諸道法，沒有間斷和雜念。

(c)喜覺分：領悟真法，心得歡喜。

(d)除覺分：能斷除諸見（指依自己的思慮分別而建立的見解）煩惱。

(e)捨覺分：能捨離所見念執著的景象。

(f)定覺分：能覺悟了知所啟動的禪定。

(g)念覺分：能思惟所修行的道法。

(G)八正道：指達到「涅槃」的八種方法和途徑。

(a)正見：正確的明白「苦、集、滅、道」四諦的真理。

(b)正思惟：正確的思慮考量「苦、集、滅、道」四諦的真理。

(c)正語：正確的言說，遠離妄言、兩舌、惡口、綺語等。

(d)正業：「業」是指「有意志的行為」，包括身（身體）、口（言語）和意（心識）等三業。「正業」即身、口、意三業清淨，遠離殺生、偷盜、邪淫等一切邪妄。

(e)正命：「命」是指「職業」，賴以活命的生計。「正命」即是從事正當的職業，凡是不違背法律、道德標準的生計，就是正當的職業。

(f)正精進：專心修習「三無漏學（戒、定、慧）」，而無間斷。

(g)正念：「念」是「常念不忘」，「正念」是對於正法常念不忘。

(h)正定：正確的禪定（瞑想法）。

從「般若無知」的分析類推，可以得知，真正的「修行」是沒有修行，因為我們的「自性（真如）」和「虛空」是相同的。假如學禪者明白「般若無知」的道理，菩薩欲成佛道所實踐的「六波羅蜜」，從此完滿而無所缺陷；要追求智慧，進入涅槃的境界，必須要修行的「三十七道品」方法，也因此沒有欠缺。於是我們就知道，「我執（執著人身是實有）」和「法執（執著萬法是實有）」的「本體（自身真正的存在）」，都是空無不存在，超越「有」和「無」二邊的見解，所以稱為「雙泯（二邊都消滅）」。

「有」是指一切確實存在的物體，但是佛法認為一切存在的物體，都是暫時的假相，稱為「假有」。因為，一切存在的物體會隨著因緣而生滅，沒有固定不變的常住實體（真我、自性）。

「無」是指否定「因果業報」的道理，認為人死後，就什麼都沒有了。這裡要注意的是，佛法所說的「無」，並不是單純指相對於「有」的「無」，而是指超越於「有、無」二邊見解的「真無」。因為，佛法所說的「真無」，只有在停止第六識「意識」的分析判斷功能後，才會發生。因為，停止思慮考量的功能後，當然就沒有「有」的「無」二邊的見解和想法，這才能夠得到真正的解脫，而自在無礙，這就是「雙泯（二邊都消滅）」的意思。

(2)「心本無作道常無念。無念無思無求無得。」

無念、無相、無住的「真心」，也就是「真如、自性」，這個「真心」，原本是沒有因緣的造作（製造）。無礙自在的「佛道（覺悟進入涅槃）」，是長久不變的「無念」。「無念」是無思、無求、無得，面對一切的外境，心識不動念、不起念、不攀緣汙染。

(3)「不彼不此不去不來。體悟三明心通八解。」

「不彼不此」這一句，是出自於《維摩詰所說經》，是「維摩詰」居士說的話。

《維摩詰所說經》見阿閦佛品第十二原文：

觀於寂滅，亦不永滅。不此不彼；不以此，不以彼。不可以智知，不可以識識。

《維摩詰所說經》見阿閦佛品第十二翻譯：

「觀」是集中心念於某一個對象，以對治貪欲等妄念。菩薩觀想「寂滅（進入寂靜無為的境界）」時，也不永遠處在「寂滅」的境界。

菩薩修習觀想「十二因緣（無明、行、識、名色、六入、觸、受、愛、取、有、生、老死）」的緣起緣滅時，因為這十二個環節都是「緣生法」，都是無常的，它們之間的關係，是依據「此有故彼有，此無故彼無，此起故彼起」的緣起來相聯。

所以，菩薩的內心沒有「十二因緣」這十二個環節的「彼」和「此」的概念和「相狀（形象，指除了本體外的一切表面的東西）」。因為，諸法的實相，不屬於「此」，也不屬於「彼」。菩薩不執著於「此」和「彼」二邊的「相對概念」，只有諸法實相的「絕對概念」。不可以用世間的智慧來理解諸法實相，也不可以用第六識「意識」的分別判斷心識來了解諸法實相。

禪宗頓悟的法門宗旨，只要心中不起心動念，不生起彼此相對的妄想執著心，便是悟境，便是見「自性」。所以，要超越「緣起緣滅」的觀想過程，就要「不彼不此」，截斷思慮，當下即是。

「不去不來」這一句，是出自於《金剛般若波羅蜜經》。

《金剛般若波羅蜜經》原文：「如來者，無所從來，亦無所去，故名如來。」

《金剛般若波羅蜜經》翻譯：

「如來」是佛的尊稱，是「如實（真實無二之理，即真如。）而來」的意思。佛由真理（實）而來，後成正覺，故稱「如來」。任何一個人成就了佛，都稱為「如來」，「如來」是個通稱。

「無所從來，亦無所去。」意思是「無來無去」，白話翻譯是「沒有來，也沒有去」。因為，佛的「自性真如」遍佈法界（稱為『法身』），「如來」就是「法身」，「法身」的特性是「無漏無為、無生無滅、常住不動、遍一切處。」。所以，沒有所謂「來」和「去」的現象，到處都是，當下即是。

證到「法身（如來）」的人，他已經沒有第六識「意識」的分別心，他的「法身」如如不動，沒有「來」和「去」的現象，所以說「無所從來，亦無所去。」。

「體悟三明」是說已經證悟到「天眼明、宿命明、漏盡明」的境界，這是屬於無漏智慧的功用，必須有「體悟」，才能「證得」。

「三明」是指「天眼明、宿命明、漏盡明」，又稱作「三達」，簡介如下：

①天眼明：是「六神通」裡的「天眼通」超能力，能夠看見六道眾生，生死苦樂之相狀，以及看見世間一切種種的形色，沒有障礙。

②宿命明：是「六神通」裡的「宿命通」超能力，能夠知道自己和六道眾生百千萬世的宿命，以及

所做的事。

③漏盡明：是「六神通」裡的「漏盡通」超能力，能夠斷盡一切三界的見思惑，滅除一切煩惱，不受三界生死輪迴的控制。

「心通八解」是說，禪宗的頓悟者，他的「心」已經通達「八解脫」，被般若的空性所照，無染不動，恆寂而常照。

「八解」是「八解脫」的簡稱，意思是依照八種定力，而捨棄對色與無色的貪欲。又稱做「八背捨」。

「八解脫」簡介如下：

①內有色想觀諸色解脫：心中若有「色（物質）」的念頭，就會生起貪念，為除內心的色想，應該觀想到外面種種的不清淨，讓貪心無從生起。此初解脫依託「初禪定」而起，攀緣欲界的「色（物質）」。

②內無色想觀外色解脫：心中雖然已經沒有想念色的貪心，但是欲界貪欲難斷，為了更加堅定不起貪心的想念，就要進一步觀想外面種種的不清淨，讓貪心永遠不會生起。此解脫依託「二禪定」而起，攀緣「初禪定」的「色（物質）」，以上二者都是「不淨觀」。

③淨解脫身作證具足住：一心觀想光明、清淨、珍寶的淨色境，稱為「淨解脫」；觀想這種淨色的時候，能夠不起貪心，則可以證明其心性，已經解脫，稱為「身作證」；觀想圓滿時，能夠安住於定中，稱為「具足住」。

④空無邊處具足住解脫：滅盡「有對」的色想，不念一切異相，知道無邊虛空，修「空無邊處定」

而得到成就，安住於「空無邊處天」。

「有對」的「對」，是「障礙、阻礙」的意思，「有對」即「對萬法有障礙」。五根（眼根、耳根、舌根、身根）、五境（色境、聲境、香境、味境、觸境）及心（心王；八個心識的識體，自身稱為『心王』。）、心所（心理現象與感受）等諸法，受到障礙而不生起，或者被所取所緣的外境所阻礙而不能轉他境，稱為「有對」。

「空無邊處定」意指超越色界的第四禪，滅除與眼識相應的諸色想、與耳、鼻、舌、身等四識相應的「有對想」及所有「不善想」，乃至滅除障礙定的一切想而思惟空無邊的定相。

「空無邊處天」乃「四無色界（空無邊處、識無邊處、無所有處、非想非非想處）」的第一天。「空無邊處天」的天人，厭離形色的身體，欣喜求取虛空無邊。

⑤識無邊處具足住解脫：厭離「空無邊心」的心念，修習「識無邊」的相而得到的成就，安住於「識無邊處天」，此天是「四無色界」的第二天。

⑥無所有處具足住解脫：棄捨「識無邊心」的心念，修習「無所有」的相而得到的成就，安住於「無所有處天」，此天是「四無色界」的第三天。

⑦非想非非想處具足住解脫：背捨「無所有心」的心念，而得到的成就，安住於「非想非非想處天」，此天是「四無色界」的第四天。此天的定心，至極靜妙，已無粗想，所以稱為「非想」；又因為尚有細想，所以稱為「非非想」。

⑧滅受想定解脫具足住解脫：超越了「非想非非想心」的心念，也就是棄除「受想」，滅除一切心的「心所法（與八個心識相應而同時存在的精神作用）」。

「滅受想定」又名「滅盡定」，意思是：人有「五根（眼根、耳根、鼻根、舌根、身根）」，就會領受「五塵（色塵、聲塵、香塵、味塵、觸塵）」，領受「五塵」，就會生出種種的妄想，若有滅除「受想」的定功，就可以滅除一切，稱為「滅盡定」。

(4)「功成十力富有七珍。」

「明心見性」大徹大悟的人，見到自己本來的真面目，即與三世諸佛有相同的境界，但是並不等於已經圓成了佛果的一切功德。

「十力」和「七珍」都是講佛的境界，「十力」是佛果圓滿位，所具有的十種智力，能降伏一切外魔，「七珍」是指「轉輪聖王」擁有的七種珍寶。

「轉輪聖王」意思是：旋轉輪寶（相當於戰車）之王，「轉輪聖王」擁有七寶（輪、象、馬、珠、女、居士、主兵臣），具足四德（長壽、無疾病、容貌出色、寶藏豐富），統一須彌四洲，以正法御世，其國土豐饒，人民和樂。

「轉輪聖王」出現之說，盛行於古印度時代，諸佛經論常將「釋迦牟尼佛」比擬做「轉輪聖王」。例如：把「轉輪聖王」的七寶及其治化，比喻「釋迦牟尼佛」的七覺支，或將「釋迦牟尼佛」說法，稱作「轉法輪」，比喻成「轉輪聖王」擁有的七珍寶。

簡述「十力」如下：

①處非處智力：「處」是「道理」，能知一切因緣果報的智力。「處」是知道善有善報的道理，「非處」是知道惡有惡報的道理。

②業異熟智力：知道一切眾生的三世因果業報的智力。

③靜慮解脫等持等至智力：知道諸禪定解脫的淺深次第的智力。
④根勝劣智力：知道眾生根機上下優劣的智力。
⑤種種勝解智力：能夠確知確信眾生種種欲樂的智力。
⑥種種界智力：知道眾生的素質、行為、境界等種種差別的智力。
⑦遍趣行智力：例如修五戒十善的行，至人間天上的果報；修八正道的無漏法，至涅槃果果等，各知修行的因所導致的果報。
⑧宿住隨念智力：能以天眼看見眾生的生死及善惡業緣，知道眾生過去世種種事的智力。
⑨死生智力：能以天眼看見眾生的死生之時與未來生的善惡趣，以及美醜貧富等善惡業緣。
⑩漏盡智力：能夠知道永斷煩惱惑業，而不再流轉生死的智力。

簡述「七珍」如下：

「轉輪聖王」擁有的七珍寶：金輪寶、主藏寶、大臣寶、玉女寶、白象寶、勝馬寶、將軍寶等七種。

①金輪寶：即法輪，在古印度，「輪」是一種殺傷力強大的武器，後來被佛教借用來象徵「佛法」，比喻像輪子一樣，旋轉不停，永不停息。
②主藏寶：又稱摩尼寶、珠寶。
③大臣寶：即文官坐像，表示持守戒律，智慧理性。
④玉女寶：又稱王后寶、妃寶，表示妙靜和平，有去除煩惱得淨樂的意思。
⑤白象寶：表示佛法力大無比。

⑥勝馬寶：表示佛法傳播廣遠。

⑦將軍寶：又稱兵寶、武士寶，表示護持佛法、克服困難、戰勝敵人。

（五）般若空智（出自於《金剛般若波羅蜜經》）

(1)「入不二門獲一乘理。」

菩薩入「不二法門」，獲得「一乘理」。

第一句「入不二門」出自於《維摩詰所說經》入不二法門品第九，記載「文殊師利」等三十二位菩薩和「維摩詰居士」談論有關入「不二法門」的問答。

維摩詰居士問諸菩薩說：「諸仁者！云何菩薩入不二法門？各隨所樂說之。」於是三十二位菩薩各自宣說所認為的「不二法門」是什麼。

「不二法門」是指超越相對、差別的一切絕對、平等真理的教法，在佛教八萬四千法門之上，能直見聖道的法門。今日的俗語，把佛教「不二法門」這句話，比喻成學習某種學問技術，獨一無二的方法。

三十二位菩薩對生滅、善惡等相對原理，各自提出超越此類相對問題的絕對答案，而以為是「不二法門」。

輪到第三十二位菩薩「文殊師利菩薩」時，他說：「如我意者，於一切法，無言無說，無示無識，離諸問答是為入不二法門。」文殊師利菩薩認為，無言無說，無示無識者，為「不二法門」。（但是，文殊師利菩薩卻說出話了。）

最後，文殊師利菩薩問維摩詰居士說：「我等各自說已，仁者當說何等是菩薩入不二法門？」只見維摩詰居士的回答是「默然無言」。於是，文殊師利菩薩讚嘆說：「善哉！善哉！乃至無有文字語言，是真入不二法門。」。

對於入「不二法門」的方法是什麼？維摩詰居士以「沈默不語」，來顯示入「不二法門」的方法。原來，不出聲說話，才是真正的「無言無說」；停止自己的第六識「意識」的分析判斷功能，才是真正的「無示無識」，「無言無說，無示無識」才是真正的「菩薩入不二法門」。

第二句「獲一乘理」出自於《妙法蓮華經》，在卷第一方便品第二中說：「十方佛土中。唯有一乘法。無二亦無三。除佛方便說。」意思是說：十方諸佛，唯有一佛乘是佛的根本教法，除非為了方便引進根淺的眾生，才分別宣說大小三乘法。

「除佛方便說」是說：就眾生鈍、中、利根機的不同，佛因材施教，而說「聲聞乘（以四諦為乘）、緣覺乘（以十二因緣為乘）、菩薩乘（以六度萬行為乘）」等三種教法，稱為「三乘法」。《妙法蓮華經》又說「我有方便力。開示三乘法。一切諸世尊。皆說一乘道。」又提到說「無數諸法門。其實為一乘。」。

「一乘」是「一佛乘」的簡稱，在《妙法蓮華經》中說：「如來但以一佛乘故。為眾生說法。無有餘乘。」又說「諸佛如來。言無虛妄。無有餘乘。唯一佛乘。」。

「一乘」又稱為「一佛乘」，「一」是獨一無二，「乘（ㄕㄥˋ）」是載運之物，使人由此移至彼的車乘。「乘」本來是「車乘」的意思，佛教用來比喻佛法，因為佛法能夠載運眾生渡越生死，到達涅槃解脫的彼岸。佛說「一乘」之法，令眾生依此修行，出離生死苦海，運到涅槃彼岸。

《妙法蓮華經》主張一切眾生皆入「一佛乘」，中國禪宗接受「一佛乘」的思想，所以主張「見性」，就是「見一乘之理」。

(2)「妙中之妙即妙法身。」

「妙」的中文意思是「精微深奧的事理」，在梵文的意譯為「不可思議、超絕對待、深奧不可測、不能比較者」。

在佛經裡，大量的使用「妙」字，來形容佛法。例如：真空即「妙有」；將佛果位，稱為「妙覺」；報身佛的佛國淨土，稱為「妙土」；佛的不思議境界，稱為「妙境」；第一最勝不可思議的法，稱為「妙法」；諸佛的覺悟，稱為「妙悟」；殊勝的經典，稱作「妙典」；無法比較不可思議的法，稱作妙法（《妙法蓮華經》的美稱）；深妙不可思議的之理，稱作「妙理」；不可思議的境界，稱作「妙境」等等。

「妙中之妙」，這個「妙」是不可以用心思來測度思惟，不可以用語言文字來議論說明的。佛經所訴說的「妙」，只是用來形容這個「妙」，以及解釋這個「妙」的意思。

上一段說的「一乘理」，就是諸佛的「自性身」，就是「法身」理體。諸佛的「自性身」，是視之無見，聽之無聞，嗅之無香，食之無味，觸之無物，我們身體的感覺器官感受不到，卻又真實的存在，所以稱為「妙中之妙」。

「法身」又稱為「自性身」，是無漏無為、無生無滅，是成就佛法的身體。眾生皆有「佛性」，此「佛性」在隱藏的狀態，稱為「如來藏」，「如來藏」顯現出來時，就稱為「法身」。「法身」的全面意義，包含佛所說的正法、佛所得的無漏功德法，以及佛的自性真如。

「妙中之妙」，這個「妙」，必須要停止你自身第六識「意識」分析判斷的功能之後，你才能夠體悟感受什麼是「妙」的境界，你才能夠明白什麼是「法身」的奧妙（妙法身）。

(3)「天中之天乃金剛慧。」

「天中天」是「釋迦牟尼佛」的尊稱，因為「釋迦牟尼佛」是天上及人間的導師，受諸天天人尊敬，所以被稱為「天中天」。

「天中天」這一個尊稱，在經典中時常被提到，例如：在《修行本起經》卷上菩薩降身品第二裡提到：「梵志相師咸言。宜將太子禮拜神像。即抱入廟。諸神形像。皆悉顛覆。梵志相師。一切大眾。皆言。太子實神實妙。威德感化。天神歸命。咸稱太子。號天中天。」。

「金剛」即「金中最剛」的意思，在佛經中常以「金剛」來比喻武器，因為「金剛」堅固、銳利，而能摧毀一切，而且不是萬物所能破壞。

「金剛慧」指的是能夠杜絕摧毀一切的煩惱，揮別世間一切的邪知邪見，通達實相之理的智慧，也就是用「金剛」來比喻佛的智慧，稱為「金剛慧」。

《維摩詰所說經》入不二法門品第九：師子菩薩曰：「罪、福為二。若達罪性，則與福無異，以金剛慧決了此相，無縛無解者，是為入不二法門。」。

(4)「湛然常寂應用無方。用而常空空而常用。」

「湛然常寂，應用無方」，「湛然」的意思是：水很深，很平靜，很清明瑩澈的樣子；「常寂」的意思是：靜止不動。水如果不是「湛然」便沒有「常寂」，如果不是「常寂」也沒有「湛然」，這就叫做「湛然常寂」。

這裡所說的「湛然常寂」，用來比喻六祖惠能所說的「定慧同時」。

《六祖壇經》定慧第四中說：「善知識！我此法門，以定慧為本。大眾！勿迷，言定慧別。定慧一體，不是二。定是慧體，慧是定用。即慧之時定在慧，即定之時慧在定。若識此義，即是定慧等學。」。

六祖惠能又進一步解釋說：「善知識！定慧猶如何等？猶如燈光。有燈即光，無燈即闇。燈是光之體，光是燈之用；名雖有二，體本同一。此定慧法，亦復如是。」。

「湛然常寂」就是「定慧同時」，「定」是「慧」的體，「慧」是「定」的用。由於「定慧同時」，所以能夠「應用無方」，適時、適機、適所，靈活運用，自在無礙。釋迦牟尼佛能夠因材施教，應一切眾生的需求，來度化眾生，這就是佛「湛然常寂」的智慧，發揮「應用無方」的力量。

「用而常空，空而常用」，「用」就是「湛然」，「空」就是「常寂」。「用」是用般若智慧，知道一切眾生的因緣，「空」是空去「我執」及「法執」的無明煩惱。

所謂「用而常空」，是指雖然度化了無數的眾生，卻沒有覺得是在度化眾生，也沒有期待眾生一定要回饋什麼，心中沒有牽掛，沒有期盼和等待。

所謂「空而常用」，是說雖然心中沒有執著，但是卻經常有度化眾生的功用。

(5)「用而不有即是真空。空而不無便成妙有。」

「真空」的意思是「用而不有」，「妙有」的意思是「空而不無」。佛法所說的「真空」，意思是雖然有作用，卻不以為有所成，因為萬法都是因緣所生，必定會有因緣而滅的時候，「離因離緣」便是「無為無作」。「非有非空」是「真空」，「即空即有」是「妙有」。

(6)「妙有即摩訶般若。真空即清淨涅槃。」

「摩訶般若」是梵語的音譯，「摩訶」意思是「大」，「般若」意思是「智慧」。「摩訶般若」是觀照了知諸法實相，是最極最勝的大智慧。

因為「摩訶般若」是實證諸法空性實相的智慧，本身就是「真空」，所以「摩訶般若」會生「妙有」。「摩訶般若」本身是「真空」，是絕對清淨的，可以滅盡一切煩惱的汙染，又稱為「清淨涅槃」。

(7)「般若是涅槃之因。涅槃是般若之果。」

「摩訶般若」的功用，能夠觀照了知諸法的實相是無相，就能滅盡煩惱，跳出生死輪迴，登上涅槃彼岸。所以說，「般若」是「涅槃」的因。相對來說，「涅槃」就是由「般若」的功用，而得到的結果。所以說，「涅槃」是「般若」的果。

(8)「般若無見能見涅槃。涅槃無生能生般若。」

「般若」是無所不知，無所不見。「般若無見」是指不見「煩惱執著」，因為「煩惱執著」的自性本空，所以當「般若」顯現時，「煩惱執著」自然不見，立即能見到「涅槃」。「涅槃無生」是說，「涅槃」是不生不滅，當「煩惱執著」不生之後，就沒有要滅除的對象，所以「涅槃」能生「般若」。

（六）涅般無名論（出自於《涅般無名論》）

(1)「涅槃般若名異體同。隨義立名故云法無定相。」

「般若」是「涅槃」的因，「涅槃」是「般若」的果。當證得「般若」時，就立即得到「涅槃」；當得到「涅槃」時，就是證得「般若」時。

所以，「般若」和「涅槃」的名稱雖然不同，實體卻是相同，只是為了解釋說明它們，所以分別給了兩個不同的名稱。這些名稱，都是為了方便說明而建立的，並沒有一定的相狀。修行者千萬不要被這些名稱所迷惑，一味的在名字義理上分析判斷，這樣是無法親證般若的空慧。

(2)「涅槃能生般若。即名真佛法身。」

當「涅槃」的理體，生起「般若」的功用時，就能夠見到萬法的自性，無一不是諸佛的法身，這稱為「真佛法身」。

(3)「般若能建涅槃。故號如來知見。」

「般若」能建立「涅槃」，「如來（佛的尊稱）」所見的法身理體，也在「般若」和「涅槃」互生互建的同時，顯現出來。

「知見」是指一般人依照自己的思慮分別，而建立的見解。「知見」與「般若智慧」不同，「般若智慧」是無分別智，是離思慮分別的心識。「如來知見」又稱為「佛知見」，是指諸佛如來，照見諸法實相妙理的真知真見。

(4)「知即知心空寂。見即見性無生。」

「如來知見」的「知」，就是「知心空寂」，「知心空寂」就是「般若智慧」觀照的功用。「知心」的「心」，是一真法界的「清淨心、真如心」，清淨的「真如心」，是無相、無動、無染、無著的「真空心」；「空寂」是指「涅槃」的相狀。

「如來知見」的「見」，就是「見性無生」，「見性」的「性」是萬法的「法性」，眾生的「自性」，都是「空性」；「無生」也是「涅槃」的相狀。

所以，「如來知見」就是「知心寂空，見性無生。」。

(5)「知見分明不一不異。故能動寂常妙理事皆如如。」

「不一不異」是「龍樹菩薩」所提倡的「中論」中的「八不（不生不滅、不常不斷、不一不異、不來不去）」之一，用來開示「中道」。「中道」又稱為「中觀」，意思是不執著有、無二邊的觀點。「不一不異」的「一」是一樣、相同，「異」是不一樣、不相同，直接翻譯是「不一樣，也不是不一樣」。

「一」和「異」是一般人對兩件事情做分析判斷之後，所得到的結論，通常不是「一（一樣、相同）」，就是「異（不一樣、不相同）」。但是，以「中觀」來觀察，「一」和「異」只是在某種比較標準之下的認知，而不是絕對的或一成不變，而是相對的，有條件的。

一般人有「一」和「異」的觀點，都只是第六識「意識」的運作。在「實相」中，既無「一」，也無「異」。「一」和「異」只存在於內心的認知當中，並不是實質的存在。「實相」是絕對的狀態，是無法言說和分別的，「中道」的「不一不異」，才是不落相對兩邊的正法。

「如來知見」顯然是不落「一」和「異」相對兩邊的正法，所以能夠靈活運用，既是常動的，也是常寂的，這實在太奧妙了。

「理事皆如如」，「理」是「真如」，「事」是「現象界的因緣生滅事相」，「如如」就是「真如」。「理事皆如如」是說，「理（真如）」由「事（現象界）」來顯現；兩者都出自於「真如」的本體，事理之間，都是如此的自然。

(6)「即處處能通達。即理事無礙。」

「如來知見」無遠弗屆，周遍宇宙。「理（真如）」沒有自性，必須藉「事」來彰顯；而「事（現象界）」都是「理（真如）」的隨緣變現。可見，「理」與「事」互融無礙，「理（真如）」和「事（現象界）」具有一體不二的關係，既是通達，又是無礙。

（七）定慧的思想（《出自於六祖壇經》）

(1)「六根不染即定慧之功。六識不生即如如之力。」

「根」是指「認識器官」，「六根」是指眼睛、耳朵、鼻子、舌頭、身體（五個生理功能）和意根（意念的心理功能）。

前五根是物質體的外形，以及神經組織體的官能。大乘「唯識學派」，以第七識「末那識」，為第六識「意識」之根，稱為「意根」。

前五根所對應的「境（為感覺器官與心所感覺或思惟的對象）」為「四大（地、水、火、風）」所形成的「色法（物質存在的總稱）」；第六識「意識」的「意根」所對應的境則為「心法（總合心王與心所）」。八個「心識」的識體自身稱為「心王」，與「心識」相應而同時存在，為種種複雜的精神作用，稱為「心所」。

第六識「意識」的「意根」對應「法境（即意識向色、聲、香、味、觸、法等六境的作用。）」就產生第六識「意識」。

第六識「意識」的「意根」，是指八識中的第七識「末那識」，第七識「末那識」是第六識「意識」所依存的根識，能引生第六識「意識」的心，所以稱為「意根」。

「六根不染即定慧之功」，「六根」離汙染而變成純淨，就能「見性成佛」，那是由於「定慧（禪定與般若智慧）」的功能，能使「六根」不被「六境」所汙染。「定（禪定）」能防止心意散亂，以求安靜；「慧（般若智慧）」能破除迷惑，以證真理之道。

「六識不生即如如之力」，因為「六根」不受汙染，所以「六識」也不會生起分別執取的相。但是，「六識」雖然不生，「自性（真如）」的「般若智慧」，仍然會自然而然的照常運作，所以說「如如（真如）之力」。

(2)「心如境謝境滅心空。心境雙亡體用不異。」

「心如境謝」，「六根」不被「六境」所汙染，「心」就能轉變成「如如（真如）」，「六境」便能夠「謝（滅，消逝）」。

「境滅心空」，「六境」能夠滅盡，「心」就轉變成空亡。「心境雙亡」，「心」和「六境」都空亡。

「體用不異」，「體」是「真如體性」，不變的真理實相，沒有分別相對；「用」是「作用」，現象界差別的具體表現。「體用不異」是說，諸法的「體性」與「作用」是相同的。

(3)「真如性淨慧鑒無窮。如水分千月能見聞覺知。見聞覺知而常空寂。」

「真如」就是清淨無染的「自性」，「般若智慧」的功用無窮無盡，能照見諸法的空性。就像天上只有一個月亮，卻能夠映照地上千江萬水的水面，每一個水面都可以映現出一個月亮。「真如」生起「般若智慧」的作用，就有「見聞覺知」的功能。此「見聞覺知」的心理反應，是源自於清淨的「真如」，所以境界現前時，隨緣而不變，不會產生「虛妄分別」的作用，而長久不變的虛無寂靜。

(4)「空即無相。寂即無生。不被善惡所拘。不被靜亂所攝。」

「自性」是「常空常寂」，「常空」的「空」，是諸法的實相，是遠離執著妄想的境界，諸法的真如實相是虛無，所以是「無相」；「常寂」的「寂」，是所有存在的諸法沒有實體是「空」，所以沒有生滅變化。「自性」是無相無生的寂滅理體，當然不會受到善惡思量的分別心所束縛，也不會受到靜亂虛妄的攀緣心所牽提。

(5)「不厭生死不樂涅槃。無不能無有不能有。」

修行人要有「不憎惡生死」和「不喜愛涅槃」的觀念，因為「憎惡生死」和「喜愛涅槃」，都是第六識「意識」分析判斷的結果。站在「真如」的立場，「無」不能是沒有，「有」不能是有，因為「真如」是無相的真空，無生的寂滅，說「真如」是「無」，卻能夠「真空妙有」；說「真如」是「有」，這個「妙有」卻是來自於「涅槃寂靜的真空」。

(6)「行住坐臥心不動搖。一切時中獲無所得。」

修行人在日常生活中的「行住坐臥」，一舉一動，心隨時都要照顧周到，保持不動搖。日以繼夜，都是正念分明，清清楚楚，不動不搖。雖然有禪修定力的收獲，但是一切諸法「實相無相」，所以也無所謂「獲得」，這就是《心經》上所說「無智亦無得」的境界。

(7)「三世諸佛教旨如斯。」

以上所說的佛法教理，就是三世諸佛共同的教誨宗旨。

（八）強調「傳衣缽」在禪宗傳承中的重要性

(1)「即菩薩慈悲遞相傳受。自世尊滅後。西天二十八祖共傳無住之心。同說如來知見。至於達磨。屆此為初遞代相承於今不絕。」

歷代禪宗祖師，發了「菩薩慈悲」心，代代傳授禪法。從釋迦牟尼佛滅度之後，歷經印度的二十八代祖師相傳，共同傳授「無住」的心法，共同演說「如來知見」。到了最後一代的「菩提達摩」祖師來到中國，成為中國禪宗的第一代祖師，又歷經六代相傳，傳到了「六祖惠能」，傳到今日「神會」等十大弟子而不斷絕。

(2)「所傳祕教，要藉得人，如王髻珠，終不妄與。」

禪宗所傳的「祕密之教」，是心地法門，必須師師相承，以心印心，不假語言文字。這種心地法門，必須要傳給已經悟得本心，見得自性的人。

「髻（ㄐㄧˋ）珠」的「髻」是盤結於頭頂或腦後的頭髮，「髻珠」是《妙法蓮華經》的七種比喻之一，出自於「安樂行品」。

《妙法蓮華經》卷第五安樂行品第十四原文：

如轉輪王。見諸兵眾有大功者。心甚歡喜。以此難信之珠。久在髻中不妄與人。

《妙法蓮華經》卷第五安樂行品第十四翻譯：

譬如轉輪聖王，看見有大功勞的兵將，心生歡喜，授予他髮髻中非常寶貴的寶珠。這顆寶珠，不隨便他人。

這是用來比喻，師師相傳的禪法，也必選擇已經悟自性的人，才給予印可。

(3)「福德智慧二種莊嚴。行解相應方能建立。」

「福德智慧，二種莊嚴」，出自於《大般涅槃經》卷二十七。

《大般涅槃經》卷第二十七師子吼菩薩品第十一之一原文：

若有人能為法諮啟，則為具足二種莊嚴：一者智慧，二者福德。若有菩薩具足如是二莊嚴者，則知佛性，亦復解知名為佛性，乃至能知十住菩薩以何眼見，諸佛世尊以何眼見。

《大般涅槃經》卷第二十七師子吼菩薩品第十一之一翻譯：

若有人能為佛法稟報，就是具備充足二種莊嚴：一個是「智慧」，另一個是「福德」。若有菩薩具備充足如此二莊嚴，就知道佛性是什麼，也了解知道佛性，甚至能夠知道「十住菩薩」以什麼眼見萬法，諸佛世尊以什麼眼見萬法。

「二種莊嚴」，一個是「智慧」，另一個是「福德」。「智慧莊嚴」就是「六度」中的「般若」，即真理，屬於「自利」；「福德莊嚴」就是修行「六度」中的「布施、持戒、忍辱、精進、禪定」等善業，屬於「利他」。

「六度」是「六波羅蜜」的梵文翻譯，「波羅蜜」譯為「度」，為「到彼岸」的意思。「六度」是大乘佛教中，菩薩欲成佛道所修行實踐的六種德目，即「布施、持戒、忍辱、精進、禪定、智慧」。

「十住菩薩」，「十住」是大乘菩薩的修行位階。為五十二位階中，第十一位至第二十位的稱呼，分別是：初發心住、治地住、修行住、生貴住、具足方便住、正心住、不退住、童真住、法王子住、灌頂住。

「行解」為「行」與「解」的並稱。「行」是「修行」的意思，即依循教理而實踐躬行；「解」是「知解、智解、認知」，即從各種見聞學習而領解教理。「行解」又稱為「解行」，指由見聞學習而知解教理，進而實踐躬行所知解的教理，為佛教各宗派欲達佛果聖道的二大基本法門。

所謂「行解相應，方能建立」，是以「福德莊嚴（布施、持戒、忍辱、精進、禪定）」五門為「行」，以「智慧莊嚴」一門為「解」。

不論大乘佛法或小乘佛法，都非常重視「福慧」二莊嚴的「行解」雙運，又稱為「福慧雙修」。

(4)「衣為法信。法是衣宗。唯指衣法相傳更無別法。」

「傳衣」是傳「法」的信驗之物，「付法」才是傳衣的根本要旨，禪宗以「信衣」和「正法」代代相傳之外，沒有其他的禪法了。

有關「傳衣付法」一事，是禪宗很重要的傳統。「傳衣」之說，最早開始於釋迦牟尼佛傳法給大迦葉尊者。

注意！這段經文只說釋迦牟尼佛在將「正法」付囑給大迦葉尊者時，給了一件「金縷袈裟」，並且交代要轉付給後世的「彌勒佛」，此處並沒有說，有第二件的「金縷袈裟」傳給第二祖「阿難尊者」。西天（印度）禪宗，一直到第二十四祖師子尊者，傳法給第二十五祖婆舍斯多尊者時，才首次見到有傳衣的記載。

但是，到了婆舍斯多尊者傳法第二十六祖不如蜜多尊者時，並沒有將此僧伽梨衣傳下來，他的理由是：「五天（五印度）皆知，何用衣為？」。

「五天」是指「五印度」，又稱「五天竺國」，簡稱為「五天」。印度古老的《往世書》將印度的疆域，劃分為「東印度、北印度、西印度、南印度、中印度」。這種疆域的劃分，起源於印度神話中的世界中心「須彌山」，和圍繞「須彌山」的鹹海中的「東洲毗提訶、南洲贍部、西洲瞿陀尼、北洲拘盧」。

不如蜜多尊者傳法第二十七祖般若多羅尊者時，只傳法並沒有傳僧伽梨衣。到了般若多羅尊者傳法給第二十八祖菩提達摩時，也是只傳法沒有傳僧伽梨衣。

一直到菩提達摩到了中國，在嵩山少林寺，傳法給東土（中國）第二祖慧可時，才又重新見到傳衣和鉢的記載。後來，歷經「三祖僧璨、四祖道信、五祖弘忍、六祖惠能」，都有傳法傳衣之說。

到了六祖惠能之後，他有十大弟子，一改以往一代只傳一人的傳統，又恢復為付法而不傳衣鉢。總而言之，「付囑正法，傳承衣鉢，代代相傳。」，是中國禪宗正統的傳承方法。

(5)「內傳心印印契本心。外傳袈裟將表宗旨。」

禪宗祖師的傳承，內心傳的是心地法門的印可，是契合真如本心；外在傳授的袈裟，用以表示傳法的宗旨。「心印」是指禪師所證悟的境界，禪師所證悟的真理，就如同世間的印記，確實不變。

(6)「非衣不傳於法。非法不受於衣。衣是法信之衣。法是無生之法。」

對禪宗祖師們而言，如果沒有「傳衣」，就表示不「傳法」；如果沒有「傳法」，也不會「傳衣」。「傳衣」是代表「傳法」的信物，「傳法」是釋迦牟尼佛付囑的無生妙法。

在當時，因為五祖弘忍還有一位弟子「神秀」在北方大弘禪法，非常有威望，並且被朝廷所倚重。荷澤神會是六祖惠能親傳的弟子，為了肯定六祖惠能是五祖弘忍的正統嫡傳，所以極度強調五祖付法傳給六祖的歷史事實。

(7)「無生即無虛妄乃是空寂之心。知空寂而了法身。了法身而真解脫。」

「無生」是說：諸法的實相無生滅，所有存在的諸法無實體，是空，所以無生滅變化可言。

「無生」就是沒有「虛妄」，就是「真空寂滅」的心。能夠知道「真空寂滅」的心，就會明白「法身」是什麼，能夠會明白「法身」是什麼，就是得到「真解脫」。「法身」是指佛所說的正法、佛所得的無漏法，以及佛的自性真如「如來藏」。

七、「荷澤神會」的門下弟子

唐貞元十二年，荷澤神會圓寂後三十五年，唐德宗曾經敕皇太子邀集諸禪師確定禪門宗旨，搜求傳法的正傍系統。於是敕立「荷澤神會」為禪宗第七祖，並御製七代祖師讚文，敕碑置於神龍寺。

荷澤神會的門下弟子甚多，有住在太行山的「磁州法如」、洛陽同德寺的「無名」、荊州國昌寺的「行覺」、沂州寶真院的「光瑤、進平、河陽空、福琳、雲坦、道隱」等。

又法孫有「無名」的法嗣「清涼澄觀」、「雲坦」的法嗣「全證」、「道隱」的法嗣「辯真」等。「清涼澄觀」的法嗣「圭峰宗密」，是最早收集禪宗語錄，和整理禪宗文獻的先驅，他提倡「教禪一致」，是《圓覺經》最早的提倡者。

荷澤宗的法派大約持續了一百五十年，傳到「圭峰宗密」之後，就逐漸衰落。五代以後，只有當時與荷澤神會同門的「青原行思」和「南嶽懷讓」兩支禪宗系統日行繁衍，當年曾經大力為「南宗」爭取正統的神會法系，卻寂然無聞，到唐末就中斷了。

第六單元

南宗之一「洪州宗」

一、「洪州宗」簡介

「洪州」是江西南昌縣的通稱，馬祖道一曾經住在洪州鍾陵（今江西南昌市）的開元寺（今祐民寺）大揚禪風，當時四方學者雲集，號稱「洪州禪」。

「洪州宗」與「石頭宗」並列為唐代禪宗兩大派系之一，由六祖惠能門下分出。創始於南嶽懷讓，但是它的實際建立者，為馬祖道一，下開「臨濟」、「溈仰」二宗。後世以馬祖道一的法系為禪宗的正系，而承繼「菏澤宗」的「圭峰宗密」則為旁出。

二、馬祖道一的生平

《景德傳燈錄》卷第六翻譯：

江西「馬祖道一」禪師是漢州什邡（音ㄈㄤ，今四川廣漢）人，俗姓馬，容貌奇異，牛行虎視。引舌過鼻，腳下有二個輪紋。年幼時，跟從資州（今四川資陽）「唐和尚（即「釋處寂」）」落髮出家，受「具足戒」於渝州（今四川重慶）「圓律師」。唐玄宗開元年間，馬祖道一到衡山的「衡嶽傳法院」

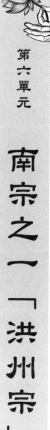

學習禪定，遇到「讓和尚（即「南嶽懷讓」）」當時同時參訪者有九人，唯獨馬祖道一密授佛心印。

馬祖道一又稱為「洪州道一、江西道一」，俗姓「馬」，法號「道一」，十二歲出家，二十六歲到湖南衡岳，跟隨南嶽懷讓學習禪法。經過六祖惠能的印證後，先後到過福建建陽的「佛跡嶺」、江西臨川的「西里山」和江西虔州龔公山的「寶華寺」弘法。唐大曆四年，馬祖道一駐錫洪州（今江西南昌市）的「開元寺（今祐民寺）」，此後便以「洪州」為中心，展開創宗立派傳法的活動，弘法十五年，直至入滅。

馬祖道一是中國禪宗史上最有個性、聲望和影響力的人物之一，他所創立的「洪州宗」，在中國的禪學史上，做了一項非常重大的禪法改革。馬祖道一重視「機鋒」，以作風犀利聞名，在禪學理念和教學方法，都出現一個重大的變革，這些重大的改變，使得中國禪宗逐步走向興盛，在中國禪宗史上，「洪州宗」具有承先啟後的重要歷史地位。

三、馬祖道一的門下弟子

馬祖道一的門下弟子，以「百丈懷海」、「西堂智藏」和「南泉普願」最為聞名，號稱「洪州門下三大士」，其中百丈懷海門下有兩位得法的弟子，「溈山靈祐」和「黃蘗希運」，衍生出「溈仰宗」和「臨濟宗」二宗，簡述如下：

（一）「溈山靈祐」奉師父百丈懷海之命，到潭州大溈山，住持同慶寺。溈山靈祐的弟子「仰山慧寂」，繼嗣溈山靈祐之法，遷居江西仰山。因為溈山靈祐和弟子仰山慧寂別創禪宗一派，合稱為「溈仰宗」，「為仰宗」是「五家七宗」中最早成立的宗派。

（二）「黃蘗希運」的弟子「臨濟義玄」遠赴河北「臨濟院」，別創「臨濟宗」。臨濟義玄的弟子「石霜楚圓」的門下有兩位弟子「黃龍慧南」和「楊歧方慧」，黃龍慧南別創「黃龍宗」，楊歧方慧別創「楊歧宗」。

馬祖道一大力的弘法布道，使得洪州「開元寺」成為當時江南的佛學中心。在他的門下，入室弟子有一百三十九人，親承弟子有八十八人，這些弟子後來都成為一方的宗祖，禪法開枝散葉，使得禪宗的佛法大行天下。

《祖堂集》記載：「大師下親承弟子八十八人，出現於世及隱遁者莫知其數。」

《古尊宿語錄》和《景德傳燈錄》都提到：「師入室弟子一百三十九人，各為一方宗主，轉化無窮。」

《景德傳燈錄》卷六上說：「大歷中隸名於開元精舍。時連帥路嗣恭。聆風景慕親受宗旨。由是四方學者雲集坐下。」

《宋高僧傳》卷十一《太毓傳》說：「於時天下佛法極盛，無過洪府；座下賢聖比肩，得道者其數頗眾。」。

由古典的記載，我們可以遙想在當時，「洪州禪」已經在中國南方形成大氣候。馬祖道一圓寂後，由他的弟子「百丈懷海」繼承並且發揚大，最後使得禪宗中國化。

四、有關馬祖道一的預言

印度禪宗第二十七祖般若多羅，也就是第二十八祖，同時也是中國禪宗初祖達摩祖師的師父，早就預言後世有一位馬祖道一是傳承禪法的重要禪門弟子。六祖惠能就曾經對他的弟子，也就是馬祖道一的師父南嶽懷讓說過這個預言，《五燈會元》卷第三、《景德傳燈錄》卷第五和《六祖大師法寶壇經》機緣第七都有記載此事。

《六祖大師法寶壇經》機緣第七原文：

西天般若多羅讖，汝足下出一馬駒，踏殺天下人。應在汝心，不須速說。

《六祖大師法寶壇經》機緣第七翻譯：

西天印度的般若多羅尊者曾經預言：在你（南嶽懷讓）的門下，會出一匹馬駒（指馬祖道一），他的辯才無礙，智慧廣大，能夠縱橫天下，降伏外道，令天下人都折服而心悅誠服。這個預言你放在心裡就好，不要告知大眾。

五、馬祖道一的「磨磚成鏡」

南嶽懷讓傳法給馬祖道一的過程非常精彩，稱為「磨磚成鏡」。現代有心學禪者，應該好好揣摩馬祖道一學禪的心路歷程，這段過程記載在《景德傳燈錄》卷第五和《五燈會元》卷第三。

《五燈會元》卷第三原文：南嶽懷讓禪師者

先天二年往衡嶽居般若寺。開元中有沙門道一（即馬祖也）。在衡嶽山常習坐禪。師（南嶽懷讓）知是法器。往問曰。大德坐禪圖甚麼。一曰。圖作佛。師乃取一甎。於彼庵前石上磨。一曰。磨作甚麼。師曰。磨作鏡。一曰。磨甎豈得成鏡邪。師曰。磨甎既不成鏡。坐禪豈得作佛。一曰。如何即是。師曰。如牛駕車。車若不行。打車即是。打牛即是。一無對。師又曰。汝學坐禪。為學坐佛。若學坐禪。禪非坐臥。若學坐佛。佛非定相。於無住法。不應取捨。汝若坐佛。即是殺佛。若執坐相。非達其理。一聞示誨。如飲醍醐。禮拜。問曰。如何用心。即合無相三昧。師曰。汝學心地法門。如下種子。我說法要。譬彼天澤。汝緣合故。當見其道。又問。道非色相。云何能見。師曰。心地法眼能見乎道。無相三昧亦復然矣。一曰。有成壞否。師曰。若以成壞聚散而見道者。非見道也。聽吾偈曰。心地含諸種。遇澤悉皆萌。三昧華無相。何壞復何成。一蒙開悟。心意超然。侍奉十秋。日益玄奧。

《五燈會元》卷第三翻譯：南嶽懷讓禪師者

唐玄宗開元年中，有和尚馬祖道一在衡嶽山時常學習坐禪。

南嶽懷讓知道馬祖道一是能修行佛道者，就前往問說：「大德坐禪是謀求什麼？」

馬祖道一回答說：「謀求成佛。」

南嶽懷讓就拿一塊磚，在草屋前的石頭上磨石。

馬祖道一問說：「拿磚磨石頭作什麼？」

南嶽懷讓回答說：「把磚磨成鏡子。」

馬祖道一問說：「磚怎麼可能磨成鏡子？」

南嶽懷讓回答說：「既然磨磚不能變成鏡子，那坐禪怎麼可能成佛？」

馬祖道一問說：「那要如何做才能成佛？」

南嶽懷讓回答說：「就好像駕駛牛車一般，車若不走，是要打車，還是要打牛？」

馬祖道一不知道如何回答是好。

（南嶽懷讓用「車」比喻身體，用「牛」比喻自性。一般人不知道「禪坐」的原理，只是有樣學樣的學著「打坐」。只是呆呆的坐在那裡，把身體拘束在那裡不動，就是「打車」；懂得「禪坐」原理的人，知道「禪坐」是在「修心」，是在「消除妄想」，方法是利用第六識「意識」裡「定中獨頭意識」的功能，讓第七識「末那識」逐漸停止作用，讓第八識「阿賴耶識」轉變回「如來藏」，也就是「自性、佛性」，就能夠「見性成佛」，這就是「打牛」，打「自性牛」，修道要從「修心」下手。）

南嶽懷讓又說：「你是在學習坐禪，還是在學習成佛？如果是學習坐禪，禪和坐臥沒有關係；如果是學習成佛，佛無形無相，諸法性空，本無可住，不應該有取捨的心。你想通過坐禪成佛，就是在殺佛。如果你執著於禪坐的相，你就不可能達到實相之理。」

馬祖道一聽完南嶽懷讓的開示教誨，就好像「醍醐灌頂」一般，徹底領悟禪法。於是從禪座上下來，向南嶽懷讓頂禮。

馬祖道一問說：「如何用心，才能夠符合無相三昧？」

（這裡要解釋一下什麼是「無相三昧」？「無相」是指一切諸法無自性，本性為空，無形相可得。「三昧」意譯為「定、正定」，即將心定於一處（或一境）的一種安定狀態。修行禪定達到「止心一處，不令散亂，而保持安靜。」的境界，此一狀態稱為「三昧」。達到「三昧」的狀態時，就會發起「般若智慧」而見到「自性」。

要如何達到「無相」呢？這要觀一切法都是「因緣合和」的現象，緣起緣滅，沒有實性，一切法都是假名無實。修行禪定達到「三昧」的狀態時，能觀一切法都是緣起的假相，進而連觀一切法的「意識心」也不可得，「能所」皆無，沒有相對的「有相物質」，只有絕對的「無相自性」，就可以入此「無相三昧」。

所謂「能所」，是「能」與「所」的並稱，某一動作的主體，稱為「能」。其動作的客體（對象），稱為「所」。例如能看見物體的「眼睛」，稱為「能見」；被眼睛所看見的「物體」，稱為「所見」。教化人者，稱「能化」；被教化者，稱「所化」。）

我們再回到原文的翻譯。

南嶽懷讓說：「你自己學習心地法門，就好像播下種子一般，這是「因」。我為你宣說教法中的要素。就好比上天的恩澤，如同從天而降的雨露，此是「緣」。有這樣的「因緣和合」讓種子發芽，你就應該能夠見道了。」

馬祖道一又再問：「道不是有形相的東西，怎麼能夠見得到呢？」

南嶽懷讓說：「佛性的法眼能夠看見道，想契悟無相三昧也是如此。」

（「心地」就是第八識「阿賴耶識」，也就是「佛性」，是一切眾生成佛的本質。《禪源諸詮集都序》原文：「名為佛性。亦名如來藏。亦名心地（達摩所傳是此心也）。」「法眼」是指徹見佛法正理的智慧眼，此眼能見一切法的實相。）

馬祖道一問說：「道有成、有壞嗎？」

南嶽懷讓說：「如果道有成、有壞、有聚、有散，那就不是真正的見道。」

聽我說個偈子：「佛性包含所有的種子，遇到諸緣的潤澤，將全部萌芽。三昧所開的花是屬於無相，哪來成壞的有相！」

後來，馬祖道一提出「不假修道坐禪」的思想，就是從南嶽懷讓所開示「坐禪豈得作佛」和「禪非坐臥」的觀念而來。

《景德傳燈錄》卷第二十八原文：

本有今有不假修道坐禪。不修不坐即是如來清淨禪。

而南嶽懷讓這個思想，是六祖惠能所傳授的，在《六祖大師法寶壇經》裡就有提到這個思想。

《六祖大師法寶壇經》宣詔第九原文：

師曰：「道由心悟，豈在坐也。經云：『若言如來若坐若臥，是行邪道。』何故？無所從來，亦無所去。無生無滅，是如來清淨禪。諸法空寂，是如來清淨坐。究竟無證，豈況坐耶。」

而六祖惠能這個思想，是來自於五祖弘忍所傳授的《金剛經》。

《金剛般若波羅蜜經》原文：

須菩提！若有人言：「如來若來若去、若坐若臥。」是人不解我所說義。何以故？如來者，無所從來，亦無所去，故名如來。

但是，看到「坐禪豈得作佛」和「道由心悟，豈在坐也。」，可不要誤會修道就真的不用學習「靜坐禪定」的功夫。因為，在《金剛經》裡，釋迦牟尼佛會這麼說，是因為「是人不解我所說義」的緣故，釋迦牟尼佛可沒有說「不要坐禪」。

別忘了「菩薩道」所修習的「六波羅蜜」，是成佛必修的科目。而「六波羅蜜（布施、持戒、忍辱、精進、禪定、般若）」裡的第五個「禪定波羅蜜」就是要學習「靜坐禪定」。

但是，為什麼南嶽懷讓又會對馬祖道一開示「坐禪豈得作佛」和「禪非坐臥。」」的觀念呢？關鍵就在於一般人學習禪坐，大多是「東施效顰」。就像馬祖道一在未遇到南嶽懷讓之前，很喜歡「靜坐」，但是不明白為什麼要「靜坐」一樣。

六、馬祖道一的核心思想

馬祖道一的核心理論有「即心即佛」、「非心非佛」和「平常心是道」，他又替禪宗開創新的「棒喝」教學方法，幫助弟子開悟，也把「印度禪」革新為「中國禪」。

（一）「即心即佛」和「非心非佛」：

馬祖道一認為「眾生的心」和「佛心」都是一樣的，沒有不同，所以提倡「即心即佛」。第一個「即」意思是「當時、當下」，第二個「即」意思是「就是」，「即心即佛」意思是「當下這個心就是佛」。

「即心即佛」這個概念出自六祖惠能，在《六祖壇經》裡有提到：

《六祖壇經》機緣第七原文：

僧法海，韶州曲江人也。初參祖師，問曰：「即心即佛，願垂指諭。」師曰：「前念不生即心，後念不滅即佛；成一切相即心，離一切相即佛。吾若具說，窮劫不盡。聽吾偈曰：「即心名慧，即佛乃定，定慧等持，意中清淨。悟此法門，由汝習性，用本無生，雙修是正。」

馬祖道一在《景德傳燈錄卷第六》裡說：「汝等諸人各信自心是佛。此心即是佛心。」但是，馬祖道一後來又說「非心非佛」，意思是「不是這個心，也不是佛。」。

《江西馬祖道一禪師語錄》原文：

大梅山法常禪師。初參祖。問。如何是佛。祖云。即心是佛。常即大悟。後居大梅山。祖聞師住山。乃令一僧到問云。和尚見馬師。得箇什麼。便住此山。常云。馬師向我道。即心是佛。我便向這裡住。僧云。馬師近日佛法又別。常云。作麼生別。僧云。近日又道。非心非佛。常云。這老漢惑亂人。未有了日。任汝非心非佛。我只管即心即佛。其僧回舉似祖。祖云。梅子熟也。

《江西馬祖道一禪師語錄》翻譯：

大梅山的「法常禪師」，第一次參見馬祖道一問說：「如何才是佛？」

馬祖道一回答說：「即心是佛（你發問的這個心念就是佛）」

法常禪師立即大悟，後來居住在大梅山。馬祖道一聽說法常禪師住在大梅山，想測驗他是否真的領悟到「即心即佛」的道理，於是派了一位僧人前去試探問說：「你參見完馬祖大師之後，悟到什麼？然後就住在此山。」

法常禪師回答說：「馬祖大師對我說：『即心是佛』之後，我就住在這裡。」

僧人說：「馬祖大師最近說法又不同了。」

法常禪師問說：「現在又講什麼不同的法？」

僧人說：「最近又說『非心非佛』。」

法常禪師說：「這個老頭使人迷惑、錯亂，沒完沒了，不管馬祖大師講什麼『非心非佛』，我只管

『即心是佛』。」

僧人便回去據實稟告馬祖大師，馬祖大師說：「梅子熟了。」

以上這段記載，有四個重點：

(1)「法常禪師」問說：「如何才是佛？」馬祖道一回答說：「即心是佛」。「即」是「當時、當下」的意思，「即心」就是「當下的意識心」，「即心是佛」是說「你當下發問的這個心念就是佛」。這是什麼意思呢？為什麼馬祖道一這樣回答呢？

假設你是「法常禪師」，你想想看，你在問完馬祖道一：「如何才是佛？」的當下，以及之後等待馬祖道一說出答案的五秒鐘內，你是不是全神貫注，專心一意，沒有第二個念頭。

在這關鍵的短短五秒鐘裡，沒有第二個念頭的情況，和「發呆」不一樣。「發呆」是腦袋空白，當下的「意識心」是處於第六識「意識」的「散位獨頭意識」狀態，因為散亂心生起，想東想西，所生起的妄想世界。

在這關鍵的短短五秒鐘裡，沒有第二個念頭的情況，當下的「意識心」是處於第六識「意識」的「定中獨頭意識」狀態，是攀緣「禪定（專心一境，心不散亂。）」中的境界，所生起的意識。

所以，馬祖道一才說「即心是佛」，「即心」就是「當下這個心」和「禪定」的狀態很接近。別忘了禪宗的名言：「行住坐臥皆能入定，語默動靜無不是禪。」，所以當你全神貫注在渴望聽到答案的這個當下，你是處於「住（停止）禪定」的狀況。要「見性成佛」，顯現你本有的般若智慧，一定要透過「禪定」的功夫。因此，在「住禪定」的狀況，你就很接近「見性成佛」的境界，馬祖道一才會說：「即心是佛（你發問的這個心念就是佛）」。

(2)馬祖道一聽說「法常禪師」住在大梅山。想測驗他是否真的領悟到「即心即佛」的道理，於是派了一位僧人前去試探。為什麼僧人說：「馬祖大師最近說法又不同了，最近又說『非心非佛』？」推翻他之前講的「即心是佛」？

馬祖道一之前講「即心是佛」，是對有「上等慧根」的人說的，有「上等慧根」的人一聽到「此心是佛」，馬上就能夠開悟，就好像六祖惠能第一次聽到《金剛經》一樣。

《六祖大師法寶壇經》行由品第一原文：

見一客誦經。惠能一聞經語，心即開悟，遂問：「客誦何經？」客曰：「《金剛經》。」。

法常禪師也一樣：「初參祖。問。如何是佛。祖云。即心是佛。常即大悟。」有「上等慧根」的人，一聽就馬上領悟，就馬上懂了。大部分「中、下等慧根」的人是「有聽沒有懂」，需要透過多次的聽演講、看經書、慢慢學習，才能逐漸明白。

馬祖道一後來對法常禪師改口說「非心非佛」，是一道畢業期末考題。假如，法常禪師一聽到「非心非佛」，認為是另一種佛法，他還沒有學到，趕快又回去師父馬祖道一那裡去，想繼續學習「非心非佛」的佛法，那法常禪師就被當掉，不及格了，因為「非心非佛」是一道「陷阱題」。

馬祖道一演說佛法，是觀察眾生的因緣來「因材施教」。他平常對大眾及的子們說「即心是佛」，因為大多是屬於「中、下等慧根」的人，所以馬祖道一必須藉由言說和文字來渡化眾生。大家聽不懂「即心是佛」的意思，馬祖道一還要引經據典，解釋半天。

但是對於已經開悟的弟子，馬祖道一的教法就不同了。因為真正明白「即心是佛」的弟子，他就一定懂得「即心是佛」的「即心」，就是「如來藏識心」；「如來藏識心」是由第八識「阿賴耶識」轉化而來，而要「轉化」就必須讓自己的第七識「末那識」停止作用；要讓第七識「末那識」停止作用，就必須透過第六識「意識」，把「散位獨頭意識」狀態，改變成「定中獨頭意識」狀態。

簡單的說，因為第六識「意識」有思考、分析、判斷的功能，所以平常我們都處於「散位獨頭意識」狀態。而「定中獨頭意識」狀態，是「禪定」的境界。要達到這種境界，必須「專心一境，心不散亂」，也就是要「不思量、不說話」，所以「不能想、不能講」是禪修的最高境界。一開口說心、說佛都是世間生滅法，「即心是佛」和「非心非佛」，這「是佛」和「非佛」都是世間的「相對法」，我們的「自性佛」是「絕對法」。

(3)法常禪師聽完僧人的話就說：「這個老頭使人迷惑、錯亂，沒完沒了，不管馬祖大師講什麼『非心非佛』，我只管『即心是佛』。」法常禪師居然謾罵師父，以一般人的想法，一定認為法常禪師是貢高我慢、欺師叛祖、大逆不道，事情真的是這樣嗎？

法常禪師心裡明白，他的師父馬祖道一派這位僧人，是來出考題的「監考官」。果然，僧人「監考官」出題了：「馬祖大師」最近說法又不同了，最近又說『非心非佛』。」

「法常禪師」的答案是：

①這個老頭使人迷惑、錯亂，沒完沒了。

一般的弟子當然要「尊師重道」，法常禪師平時當然非常尊敬他的師父馬祖道一。但是當下是「畢業考」，法常禪師稱呼他的師父馬祖道一為「這個老頭」，是表示他已經覺悟「自性」是「絕對法」，世間所謂的「師父」和「弟子」是「相對法」，「師父」和「弟子」的「自性」是平等無高下的。

②不管馬祖大師講什麼『非心非佛』，我只管『即心是佛』。

法常禪師的意思是說，『非心非佛』和『即心是佛』都是文字言說，他的「自性」是要用意識心去體悟的，假如去思考『非心非佛』和『即心是佛』哪一個才對，就落入「相對法」的陷阱。

所以，法常禪師才會說：「不管馬祖大師講什麼『非心非佛』，我只管『即心是佛』。」法常禪師只管『即心是佛』，就是只管做「一心不亂」的禪定修行，把他的「如來藏識心」照顧好就好。

(4)僧人便回去據實稟告馬祖大師，馬祖大師說：「梅子熟了。」馬祖大師不但沒有責怪這個徒弟法常禪師的無禮，居然還稱讚他，這是為什麼？

馬祖道一明白他的這位高徒法常禪師，已經覺悟到「即心是佛」這個「念心」的道理，一切言說都是方便法門。所以，就給法常禪師印證說：「梅子熟也。」意思是說：法常禪師考試通過啦。

馬祖道一在《江西馬祖道一禪師語錄》和《古尊宿語錄》卷一裡，有一則禪機公案，說明在回答「如何是佛？」的問題時，因材施教的四種不同說法，依次是「即心是佛」、「非心非佛」、「不是物」，最後是「體會大道」。

《江西馬祖道一禪師語錄》原文：

僧問。和尚為甚麼說即心即佛。祖曰。為止小兒啼。曰啼止時如何。祖曰。非心非佛。曰除此二種人來。如何指示。祖曰。向伊道不是物。曰忽遇其中人來時如何。祖曰。且教伊體會大道。

《江西馬祖道一禪師語錄》翻譯：

有僧人來問馬祖道一說：「和尚為什麼說『即心即佛』呢？」

馬祖道一答曰：「只是為了哄騙啼哭的小孩子罷了。」

僧人又問：「小孩兒不再啼哭後，那又要如何做呢？」

馬祖道一對曰：「我就向他說『不是心，也不是佛』」

僧人又問：「除了『此心就是佛』和『不是心，也不是佛』這兩種人之外，若有其他人來問的時候，和尚又如何開示呢？」

馬祖道一對曰：「就向他說『心、佛』都不是東西。」

僧人又問：「忽然遇到一個『此心就是佛』又『不是心，也不是佛』的人來時，和尚又將如何開示？」

馬祖道一對曰：「我就教他體會大道。」

馬祖道一講「即心是佛」是「為止小兒啼」，也就是為了防止眾生向「外境」追求，而引導眾生向「自心」開悟。但是，一旦眾生停止向外追求時，又怕眾生執著做佛，所以又說「非心非佛」，連心、佛都不能執著。兩種不同的說法，是馬祖道一根據學禪者不同的程度，給予不同的開導方式，也是兩種高低不同的禪修境界。

「體會大道」的「體會」，意思是指「不要執著在表相、名相和思想上」。「即心是佛」和「非心非佛」都是文字言說，都是妄想執著，都是「因材施教」的教材而已。要真正領悟「佛是什麼？」，必須是處於「無念」的狀態，也就是第七識「末那識」處於停止作用的狀態下。

這一則禪機公案，馬祖道一是引用釋迦牟尼佛在《大寶積經》所說的詩偈。

《大寶積經》卷第九十優波離會第二十四原文：

如以空拳誘小兒，示言有物令歡喜，開手拳空無所見，小兒於此復號啼。

釋迦牟尼佛說「空拳」只是哄騙小兒停止哭泣的權宜做法，凡夫就像小嬰兒一樣，整天哭個不停。

用「空拳」來哄騙小孩，只為讓他不哭，是比喻停止眾生的分別心、攀緣心和思量心，斬斷妄想執著，讓第七識「末那識」停止作用。

馬祖道一的「即心即佛」理論，並不是新創，其實是源自於師祖六祖惠能，六祖惠能在《六祖大師法寶壇經》裡面就有提到，

《六祖大師法寶壇經》機緣品第七原文：

僧法海，韶州曲江人也。初參祖師，問曰：「即心即佛，願垂指諭。」師曰：「前念不生即心，後念不滅即佛；成一切相即心，離一切相即佛。吾若具說，窮劫不盡。」聽吾偈曰：「即心名慧，即佛乃定，定慧等持，意中清淨。悟此法門，由汝習性，用本無生，雙修是正。」

《六祖大師法寶壇經》機緣品第七翻譯：

僧人法海，是韶州曲江人，初次他參拜六祖惠能問說：什麼叫做即心即佛呢？請祖師開示。

六祖惠能說：前一個念不要生起，不起心動念，是真心的作用，就是心。後一個念不要滅掉，了了分明，就是佛。不生不滅這就是即心即佛。面對外境外緣時，能夠成就形成一切相就是心，同時又能夠離一切相不執著就是佛。我若詳細的解說，無數個大劫也說不完。

聽我為你說首一偈頌：

「即心」可以取名為「慧」「即佛」可以看做是「定」。「禪定」和「般若智慧」等同維持，「定慧雙修」，沒有輕重先後的分別。修習「禪定」的功夫，經由第六識「意識」的「定中獨頭意識」，讓第七識「末那識」停止作用，心意識自然清淨。假如能夠領悟這個法門，由我們自己的習性下手修習。當「意識心」生起境界作用時，明白「意識心」本無所生。「定慧雙修」才是正法，體用一如，修習此

法才可以入道。

「自性」有「體（禪定）」和「用（般若智慧）」的關係，「體」和「用」，是指「本體（靜態的狀態）」和「作用（動態的狀態）」。「體」是最根本的、內在的、本質的；「用」是「體」的外在表現、表象。

「般若智慧（用）」是由「禪定（體）」所產生的；「禪定（體）」要依靠「般若智慧（用）」維持常住。所以，「體」就是「用」，「般若智慧」不離「禪定」；「用」就是「體」，「禪定」不離「般若智慧」，這種動「靜關係」稱為「定慧等持」。簡單的說，就是「定慧雙修」。

雖然馬祖道一是繼承從祖惠能」以來，「即心即佛」的思想。但是在馬祖道一以前的禪師，大多是強調眾生本有的「自性」就是「佛性」，「自性」是「意識心」的本質，因為受到外境的汙染，所以被埋沒呈現為的狀態，必須排除「妄想」才能成佛。

但是，馬祖道一提倡的「即心即佛」和六祖惠能不同，他講的「即心」的心，是指「平常心」，他認為「平常心就是道」，也就是說，眾生現實的「意識心」就是「佛心」，就是佛。

（二）平常心是道：

馬祖道一提倡「平常心是道」，在《江西馬祖道一禪師語錄》中，他有明確的解釋什麼是「平常心」：

《江西馬祖道一禪師語錄》原文：

道不用脩。但莫汙染。何為汙染。但有生死心。造作趨向。皆是汙染。若欲直會其道。平常心是道。何謂平常心。無造作。無是非。無取捨。無斷常。無凡無聖。

不要聽到馬祖道一說：「道不用脩（修）」就眼睛一亮，以為什麼都不用做，仔細看後面還有一句話：「但莫汙染」。

馬祖道一接著解釋「何為汙染」，他說：「但有生死心。造作趨向。皆是汙染。」意思是：只要有生死心，心裡有動念製造的傾向，都是汙染。

「生死心」就是「生滅心」，只要你有「生滅心」，起心動念想要求佛法做佛，那就是「汙染」。「汙染」就是「妄想執著」，它會把「自性」蒙蔽。

所以，馬祖道一說：「道不用脩」這句話，是講給當時正在學習修道的人，告誡他們不要執著佛法，而不是說給一般沒有修道的平常人聽的。

馬祖道一接著說：「若欲直會其道。平常心是道。何謂平常心。無造作。無是非。無取捨。無斷常。無凡無聖。」意思是：假如想要直接領會「道」是什麼？「平常心」就是「道」。

什麼是「平常心」呢？不刻意做作、沒有是與不是的分別心、沒有「取」與「捨」的分別心、沒有「斷見（恆滅；偏執世間及我終究斷滅的邪見；即不信因果，認為這輩子結束就斷滅消失，死後沒有下輩子。）」與「常見（恆在；執著世界是常住不變，不覺悟一切法是空、無常，不知道有「自性」，認為人類是自我不滅，人類死後的自我也不會消滅，而且能夠再生，再以現狀相續。）」、沒有「凡」與「聖」的分別心。

總括來說，「平常心」就是自然的心、自在的心、不做作的心、不分別的心、無欲望的心，就是「禪心」也就是「道」。

既然「平常心」就是「道」，所以無論是凡人或是聖人，都是本自具足、天生就有，只不過是因為

「迷」、「悟」的不同，而有聖凡的差別。所以「道」不是修來的，而是天生本來就有的。但是，如果不修「道」，那就是凡夫，永遠陷在生死輪迴中。

所以，馬祖道一提倡「道不用脩」，是「不修而修，修而不修」的意思，秘訣就在於「心的無為」，也就是「無心的修行」，而不是「有心的修行」。

所謂「無心」，就是「不起分別對待的意識心」，「大道」包含宇宙萬物，覆遍一切處，一刻都沒有離開過宇宙萬物。我們只要終日像牧童在牧牛一樣，牛（第七識「末那識」）要亂跑時（起心動念，胡思亂想），牧童（第六識意識）馬上用韁繩（呼吸意守）拉回來，隨時注意審視我們對著外境時，有沒有起心動念，產生分別對待的心。

修道者明白「無心」這個道理之後，在日常生活中，練習降伏心裡的「分別對待心」，以「無分別包容心」面對一切的外境因緣，不分別、不取捨、不起心動念，以「無心」來觀照一切人、事、物，這就是「不修而修，修而不修」的意思。

為了更簡單的解釋馬祖道一所說的「平常心是道」，我們先來分析一下字面上「平常心」的意思：

(1)什麼是「平」？「平」是「不高不低」。

(2)什麼是「常」？「常」是「永久的、固定不變的」。

(3)什麼是「心」？這個「心」是你的第六識「意識心」處在「平常」的狀態，第六識「意識心」有分析、判斷的功能，處於「不高不低」的「中道」狀態。

所以，字面上「平常心」的意思是：不高不低，永久固定不變的意識心。這是什麼樣的心呢？就是「中道」的心，也就是「自性」的心。

馬祖道一所提倡的「平常心」，，這個概念源自於釋迦牟尼佛所說的「中道」。佛法的「中道」是什麼？凡是想法落於有無、苦樂、生滅、左右、好壞、是非兩邊，都是極端，能夠不偏不倚，不偏於任何一方的中正之道，就是「中道」。

釋迦牟尼佛成道後，初轉法輪時，就為五位比丘開示：離開偏執，遠離執著於欲樂，以及追求自我折磨的苦修，追求「中道」，依照「中道」而行，這才是解脫之道。而這個「中道」，就是「八正道」。

《中阿含經》卷五十六原文：

我於爾時即告彼曰：「五比丘！當知有二邊行，諸為道者所不當學：一曰著欲樂下賤業，凡人所行；二曰自煩自苦，非賢聖求法，無義相應。五比丘！捨此二邊，有取中道，成明成智，成就於定，而得自在，趣智趣覺，趣於涅槃，謂八正道，正見乃至正定，是謂為八。」

《五分律》原文：

佛復告曰。世有二邊不應親近。一者貪著愛欲說欲無過。二者邪見苦形無有道跡。捨此二邊便得中道。生眼智明覺向於泥洹。何謂中道。所謂八正。正見正思正語正業正命正方便正念正定。是為中道。

釋迦牟尼佛說「緣起性空」，「緣起」是宇宙萬物形成的法則，諸法因為「緣起」而有，但是諸法沒有「自性、實相」，所以是「空」；但是說「空」並不否定「緣起」的假有，而是要觀察萬法無「自性」的真象。因此，「緣起」與「性空」不是對立的，而是一體兩面的。能明白「空」、「有」兩者都是執著的現象，就是「中道」。

馬祖道一所說的「無造作」無是非。無取捨。無斷常。無凡無聖。」，其中的「造作」是指「起心動念」，其餘的「是非、取捨、斷常、凡聖」都是「相對法」。所以，馬祖道一所說的「平常心」，是指「不起心動念」和「絕對法」。

「平常心」的「平」是「不高不低」的意思，也就是「中間」的意思。「心」在「中間」的狀態，就是儒家的經典《中庸》第一章所說的「喜怒哀樂之未發，謂之中。」意思是說：在喜怒哀樂的情感還沒有發動之前，心中是平靜不偏不倚的，沒有過與不及的情況，這是人的本性，稱之為「中」。《中庸》後面又進一步解釋：「中也者，天下之大本也。」，意思是說：「中」是天下萬事萬物的本體，是人人都有的本性，恰到好處，無過之與不及。

我們在日常生活中的情緒，最常見的不外乎是「歡喜、生氣、悲哀、快樂」。想想看，你在「喜怒哀樂」的情感還沒有發動之前，是處在一個什麼樣的心境？

我們在在《六祖壇經》中可以找到這個答案，就是六祖惠能教導惠明的那一段話：

《六祖壇經》行由第一原文：

惠明作禮云：「望行者為我說法。」惠能云：「汝既為法而來，可屏息諸緣，勿生一念。吾為汝說。」明良久。惠能云：「不思善，不思惡，正與麼時，那箇是明上座本來面目？」惠明言下大悟。

經文當中講到「不思善，不思惡。」的當下，就是我們「自性」的本來真面目。當我們還沒有起心動念去思慮考量「善」和「惡」的狀態時，就是馬祖道一所說的「無造作」和「無是非」的狀態。「無善惡」的心境是屬於「絕對法」，不是「相對法」。

所以，「喜、怒、哀、樂」還未發動的這個念心，就是「中」，就是「平」，「中道」就是我們本來的真面目，也就是我們的「自性」。而且，這個「中」，這個「平」，還必須時常處在「常」的狀態下，也就是「永久的、固定不變的」的狀態。

那所謂的「平常心」究竟是什麼心呢？

在「唯識學」的八個心識裡，各有各的「恒（永遠不間斷）」和「審（審查）」的「思（判斷）量（區分）」特性如下：

(1)前五識：「非恒非審」思量，即既不恒常，也不審察的思量。

(2)第六識：「審而非恒」思量，即有審察的思量作用，但意識在五種「無心位（任何心識不起作用）」時（睡眠、悶絕、無想天、無想定、滅盡定）中會暫時中斷。

(3)第七識：「亦恒亦審」思量，即從無始來，就在生死流中，相續不斷的活動，攀緣審查第八識的「見分（為認識事物的主體）」，執著以為是真實的我。

(4)第八識：「恒而非審」思量，即從無始以來，恒時相續，而不審察的思量。

由以上的說明可以得知，第八識「阿賴耶識」的特性是「恆而非審」，「非審」是不審察，所以是「平」；「恆」是永遠不間斷，所以是「常」。因此，第八識「阿賴耶識」是一個既「平」又「常」的心識，恆常不分別思量，也就是「平常心」。

《中庸》說：「中也者，天下之大本也。」「中」是天下萬事萬物的本體，也就是萬法的「實相」，是眾生的第八識「阿賴耶識」、如來藏識，也就是我們的「自性」。

所以，馬祖道一所說的「平常心」，其實就是指我們的「自性、如來藏」。只有我們的「自性、如來藏」是「絕對法」，是沒有「相對的分別心」。只有我們的「自性、如來藏」不會刻意造作，沒有是非、取捨、斷常、凡聖等一切對立的「相對法」。

宋朝的「無門慧開」禪師，有一首非常棒的詩偈，表達了「平常心是道」的境界：「春有百花秋有月，夏有涼風冬有雪；若無閒事掛心頭，便是人間好時節。」

這首詩偈的意思是說：春天有百花綻放，秋天的月亮特別明亮，夏天吹著徐徐涼風，冬天飄著皚皚白雪。春夏秋冬四季輪流更替，就好像我們生老病死輪迴的過程。假如我們能將生老病死的輪迴、榮辱得失的好壞，都不放在心上，一年四季都是人間最好的時節。

我最喜歡記載在《五燈會元》裡，馬祖道一的門下弟子大珠慧海對「平常心是道」的詮釋，可說是「一針見血」又「淺顯易懂」。

《五燈會元》卷三原文：

源律師問：「和尚修道，還用功否？」師曰：「用功。」曰：「如何用功？」師曰：「饑來吃飯，困來即眠。」曰：「一切人總如是，同師用功否？」師曰：「不同。」曰：「何故不同？」師曰：「他吃飯時不肯吃飯，百種須索；睡時不肯睡，千般計較。所以不同也。」律師杜口。

《五燈會元》卷三翻譯：

修學「律宗」的「有源律師」前去請教「禪宗」的「大珠慧海」。

有源律師問說：「和尚您修道，還要用功嗎？」

大珠慧海回答：「還要用功。」

有源律師問說：「要如何用功？」

大珠慧海回答：「餓了就吃飯，睏了就睡覺。」

有源律師問說：「一般人都是這樣做！這不就同樣和師父您一樣用功嗎？」

大珠慧海回答：「不同。」

有源律師問說：「有什麼不同？」

大珠慧海回答：「一般人吃飯的時候，不肯好好的吃飯，百般的挑剔索取；睡覺的時候，不肯好好的睡覺，千般的思量計較，所以一般人的用功和我不同。」

有源律師閉口不再說話了。

大珠慧海的吃飯和睡覺，和一般人有什麼不同呢？大珠慧海吃飯時就是吃飯，睡覺時就是睡覺，把生活中的每一件事情「專心單純化」，一心一境，專心一致的生活在每一個當下，這就是「生活禪」。一個「悟道」的人，「悟道」之前，砍柴時想著挑水，挑水時想著做飯。但是「悟道」之後，砍柴時就專心砍柴，挑水時就專心挑水，做飯時就專心做飯，心中並無雜念，也不起妄念，這個心就是「平常心」。這個時候，無論你砍柴、挑水、做飯，做任何事情，你都是在「道」中。

因此，所謂的「平常心」，就是在生活中保持一顆自然的心，當下專心的做每一件事情，不理會「妄想」紛飛的干擾，身體和心識合一，如此就是「平常心」了，這就是所謂的「平常心是道」。

我們學佛參禪的目的，是為了「心安」。所以，人的生活環境和條件的好壞並不重要，重要的是要「活得自在」，而要「活得自在」就必須要有一顆「平常心」。

「禪」是自然的、普通的、平常的，「禪心」就是「平常心」；而一般人都是用「分別心」去尋求，如果刻意去尋找「禪」，那是徒勞無功，枉費心機的。

（三）「棒喝」教學方法

在中國禪宗史上，馬祖道一開創新的悟道教學方法，他曾經用打人、踢人、畫地、吹耳、扭鼻、大喝一聲等等的方式，幫助弟子開悟。

馬祖道一會根據弟子的根器，給予不同方式的啟發開導，採取多樣的傳法方式，例如以打人、踢人、棒喝、手勢等，目的是要破弟子的執著，脫離語言文字的束縛和表相的迷惑，而達到悟道的目的。

馬祖道一為中國禪宗創立一種「機鋒銳利」的教學方法，不拘泥任何形式。後來蔚為一股活潑的禪風，也開啟後世「臨濟宗」的家風，以及留下許多膾炙人口的禪宗禪機公案，例如：

(1)畫地：

《景德傳燈錄》卷六原文：

有僧於師（馬祖道一）前作四畫。上一長下三短。問云。不得道一長三短。離此四字外請和尚答。師乃畫地一畫云。不得道長短。答汝了也。

《景德傳燈錄》卷六翻譯：

有一位僧人在馬祖道一的面前，用手在空中畫了四下。上面一長畫，下面三短畫。僧人問說：「不可以說一長三短，除了這四個字之外，請和尚回答這是什麼意思？」。馬祖道一就在地上畫一畫說：「不可以說這一畫是長是短，我已經回答你了。」。

禪機分析：

僧人用手在空中畫了四下，上面一長畫，下面三短畫，是在問馬祖道一：「什麼是佛？」。馬祖道一畫一畫說：「不可以說這一畫是長是短。」，是告訴僧人說：「佛性是絕對法，不可以用分別心來認識。

(2)吹耳：

《景德傳燈錄》卷六原文：

洪州泐（ㄌㄜˋ）潭惟建禪師。一日在馬祖法堂後坐禪。祖見乃吹師耳。兩吹師起定。見是和尚卻復入定。

《景德傳燈錄》卷六翻譯：

洪州「泐潭惟建」禪師，有一天在馬祖道一的法堂後面坐禪。馬祖道一見到之後，就在「泐潭惟建」的耳朵旁邊吹氣。吹兩次之後，「泐潭惟建」就出禪定，看見是師父馬祖道一，卻又重新打坐入禪定。

禪機分析：

一般人坐禪的時候，遇到自己的師父朝自己吹氣，一定都會直覺的開口問師父有什麼事？但是，「泐潭惟建」的反應卻是「重新打坐入禪定」。因為，「泐潭惟建」明白師父馬祖道一是在試探他悟道的程度。假如他開口就錯了，因為「禪」的境界是離開「語言文字」的，他在學習「禪」，當然不可言說。但是，一般人還沒有悟道，禪坐時看到師父，馬上起心動念，生起分別心，不知道師父找他有什麼事？

⑶扭鼻：

《指月錄》卷之八原文：

（百丈懷海）一日侍馬祖（馬祖道一）行次。見一群野鴨飛過。祖曰。是甚麼。師曰。野鴨子。祖曰。甚處去也。師曰。飛過去也。祖遂把師扭鼻。負痛失聲。祖曰。又道飛過去也。師於言下有省。

《指月錄》卷之八翻譯：

百丈懷海有一天隨侍馬祖道一到郊外，看見天上有一群野鴨飛過。
馬祖道一問說：「是什麼？」
百丈懷海回答：「是野鴨子。」
馬祖道一問說：「到哪裡去了？」
百丈懷海：「飛過去了。」
馬祖道一就扭住百丈懷海的鼻子，百丈懷海痛的失聲大叫。
馬祖道一問說：「又說飛過去了。」
百丈懷海聽完當下省悟。

禪機分析：

馬祖道一指著野鴨子，明知故問弟子百丈懷海說：「是什麼？」，百丈懷海回答說：「是野鴨子。」當然沒有錯。馬祖道一再問：「到哪裡去了？」，百丈懷海回答說：「飛過去了。」這也是事實。

可是，百丈懷海在回答的時候，他的心思也跟著野鴨子飛走了，心不在當下。學習禪修的人，第六識「意識」要隨時處在「定中獨頭意識」的狀態，如此第七識「末那識」才不會起心動念，妄想紛飛。所以，馬祖道一在那迅雷不及掩耳的當下，重重的扭了「百丈懷海」的鼻子，在那受驚劇痛的一瞬間，「百丈懷海」處於「無心、無念」的狀態，當下第七識「末那識」暫時停止作用。

馬祖道一藉此機緣點醒百丈懷海：既然當下心中已經沒有野鴨子了，意識心應該不留痕跡，如如不動，還回答什麼「飛過去了」。所謂「事來則應，事去則靜」，就是修禪的心法。

(4)大喝一聲：

《景德傳燈錄》卷第六原文：

一日師（百丈懷海）謂眾曰。佛法不是小事。老僧昔再蒙馬大師（馬祖道一）一喝。直得三日耳聾眼黑。

《景德傳燈錄》卷第六翻譯：

有一天百丈懷海告訴眾人說：「佛法不是小事，老僧我從前再承蒙馬大師（馬祖道一）大聲一喝，竟然三天感覺耳聾眼黑。

(5)打人：

《江西馬祖道一禪師語錄》原文：

泐潭法會禪師。問祖（馬祖道一）云。如何是西來祖師意。祖曰。低聲近前來。會便近前。祖打一摑（ㄍㄨㄛˋ）云。六耳不同謀。來日來。會至來日。猶入法堂云。請和尚道。祖云。且去。待老漢上堂時出來。與汝證明。會乃悟。云謝大眾證明。乃繞法堂一匝。便去。

《江西馬祖道一禪師語錄》翻譯：

「泐（ㄌㄜˋ）潭法會」禪師問馬祖道一說：「印度的達摩祖師西來中國傳佛的心法密意是什麼？」馬祖道一回答說：「小聲，走到我前面，離我近一點，我告訴你。」泐潭法會就走到馬祖道一的面前，馬祖道一突然打了泐潭法會一巴掌說：「有第三者在場不能講，改天再來。」

泐潭法會改天又來，進入法堂仍舊問馬祖道一說：「請和尚說明。」

馬祖道一說：「你先出去，等老漢我上法堂時，你再來，就證明給你看。」
泐潭法會聽完就悟道了，說：「感謝大眾證明。」
然後繞法堂走一圈，就走出法堂。

(6)腳踩人：

《江西馬祖道一禪師語錄》原文：

洪州水老。和尚初參祖（馬祖道一）。問。如何是西來的的意。祖云。禮拜著。老纔禮拜。祖便與一蹋。老大悟。起來撫掌呵呵大笑云。也大奇。也大奇。百千三昧。無量玅義。只向一毛頭上。便識得根源去。便禮拜而退。後告眾云。自從一喫馬師蹋。直至如今笑不休。

《江西馬祖道一禪師語錄》翻譯：

洪州水老和尚初次參見馬祖道一問說：「祖師西來是什麼意思？」
馬祖道一說：「你先行禮拜。」
洪州水老和尚才行禮拜，馬祖道一就用腳踩踏洪州水老和尚。
洪州水老和尚恍然大悟，起來拍手哈哈大笑說：「太奇怪了！太奇怪了！百千三昧，無量妙義，和一根毫毛一樣沒有不同，我認得本性根源了。」便禮拜馬祖道一而離去。
後來洪州水老和尚告訴眾人說：「自從被馬師踩踏，直到今天我還笑個不停。」

禪機分析：

「祖師西來意」這個問題，是中國歷代禪宗很流行的禪機公案，在禪宗的文獻裡記載很多。但是，中國禪宗歷代的祖師對「祖師西來意」這個問題，他們的答案：有的迴避不回答；有的回答一些沒有邏輯的語句；有的回答一些毫不相關的言語，讓弟子自己去參悟。

自從馬祖道一創造「祖師西來意」這個禪機之後，歷代許多禪宗的學子都在「參（研究）」「祖師西來意」這句話的意思。但是，大多數的學子都是從字面上去思考分析，去「參（研究）」：「印度的達摩祖師到中國的意圖是什麼？」，這些學子都想要從「祖師西來意」這句話裡找到達摩祖師所傳的釋迦牟尼佛心法。

古德有一句詩偈，就是在描述歷代學子的這種一窩蜂現象：「達摩西來一字無，全憑心意用功夫，若要紙上尋佛法，筆尖醮乾洞庭湖。」。

⑴「達摩西來一字無」：

達摩祖師從西天（印度）來到中國，是帶著釋迦牟尼佛的心法來的，沒有語言文字。達摩祖師的傳道，重點在一個「無」字。「無」是無心、無相、無欲、無求、無人、無我。

⑵「全憑心地用功夫」：

達摩祖師傳道，不在文字語言上，全憑「心地」用功夫。「心地」就是自性、佛性、如來藏。在「心地」用功夫，意思就是：利用我們八識裡的第六識「意識」來下手修行，運用第六識「意識」裡的「定中獨頭意識」，長期做禪定修行的功夫，就能夠得到「定中境界」，讓第七識「末那識」停止作用。如此，第八識「阿賴耶識」就能轉識成「大圓鏡智」，我們的「心地」，也就是自性、佛性、如來藏，就能顯現出來。

⑶「若要紙上談佛法」：

假如，學禪的學人拘泥在佛經的文字上，談論辯解佛法，就誤入歧途了。因為，語言文字只是一種表達的工具，而不是真理，就好像畫餅不能充饑，學人只在文字語言上研究，而不知道從自己的第六識「意識」下手修行，就離佛道遠矣。大多數的人都執著於佛經上的「文字佛法」，而且爭論不休，不知道佛法其實是一種「心法」，在佛經紙上找不到真正的佛法。

(4)「筆尖醮乾洞庭湖」：

「醮（ㄐㄧㄠˋ）」字應該是「蘸（ㄓㄢˋ）」字才對，因為「蘸（ㄓㄢˋ）是「把東西沾上液體」的意思，而「醮（ㄐㄧㄠˋ）」是「僧道設壇祭祀，祈神求福的過程。」以洞庭湖的水做墨汁，用筆寫到湖水乾竭了，也無法了解真正的佛法，因為學習佛道禪法的方法錯了。

經查證，這句詩偈出自於《達摩寶傳》，作者是「悟真子」。

《達摩寶傳》原文：

有偈曰：「達摩原來天外天，不講佛法也成仙，萬卷經書都不用，單提生死一毫端。神光原來好講經，智慧聰明廣傳人，今朝不遇達摩度，難超三界了死生。達摩西來一字無，全憑心意用功夫，若從紙上尋佛法，筆尖醮乾洞庭湖。」

但是這本書是被坊間列為善書，不是正統得經典。作者「悟真子」不知何許人也？只能從「達摩寶傳敘」的最後一段「歲甲寅夏悟真子敘於退省所」，找到一點線索。「歲甲寅」就是「歲次甲寅」，一甲子六十年，經查近代的「甲寅」年是1374年、1794年、1854年、1914年，所以作者應該是明代（1368-1662年）或清代（1636-1912年）的人。

又查到明代有一名著名的醫家「龔廷賢（1522-1619）」，字子才，號雲林山人，又號「悟真子」。江西金溪人。曾任太醫院吏目。1593年，治愈魯王張妃臌脹，被讚為「天下醫之魁首」，並贈以「醫林狀元」扁額。

所以，或許作者「悟真子」就是「龔廷賢」，又或者是他人，就不得而知了，但是這句「達摩西來一字無，全憑心意用功夫，若從紙上尋佛法，筆尖醮乾洞庭湖。」一針見血的描述歷代學子的錯誤學禪觀念。

又另外一說，這首「達摩西來一字無，全憑心意用功夫，若要紙上尋佛法，筆尖醮乾洞庭湖。」出自於《禪宗七祖談禪》，但是查無此書。

想要了解「祖師西來意」的由來，就要從「達摩祖師」的「師祖」談起，也就是禪宗的創始祖師「釋迦牟尼佛」。

「祖師西來意」的由來，要追溯到禪宗第一個禪機公案「拈花微笑」，根據《指月錄》卷一的記載：「世尊在靈山會上拈花示眾。是時眾皆默然。唯迦葉尊者破顏微笑。世尊曰。吾有正法眼藏涅槃妙心。實相無相。微妙法門。不立文字。教外別傳。付囑摩訶迦葉。」

釋迦牟尼佛的「拈花示眾」，迦葉尊者的「破顏微笑」，就是禪宗的源頭。從此以後，禪門開示，都離不開「正法眼藏，涅槃妙心，實相無相，微妙法門，不立文字，教外別傳。」這句話，尤其「不立文字」這四個字，更是達摩祖師到中國傳法的核心。

達摩祖師自印度西來中國傳播佛法，開創中國禪宗，所以才有「祖師西來意」之說，並且變成禪宗著名的禪機公案。簡單的說，「祖師西來意」就是在探討「達摩祖師」自西天印度來中國傳禪法，究竟意思是什麼？也就是釋迦牟尼佛「拈花示眾」的意思是什麼？

自從釋迦牟尼佛在菩提樹下悟道以來，在世間演說佛法四十九年，經過後世弟子們四次的經典結集，總編輯成「三藏十二部經」流傳於世。但是，釋迦牟尼佛在「拈花微笑」的禪機公案裡，又對「迦葉尊者」說：「吾有正法眼藏，涅槃妙心，實相無相，微妙法門，不立文字，教外別傳。」這句「微妙法門，不立文字，教外別傳。」看起來好像才是真正的佛法。那麼，我們要如何看待以前所流傳的「三藏十二部經」的經教呢？

其實，「三藏十二部經」的經典和「禪宗」的禪法，都是同等重要的佛法。「三藏十二部經」是給中、下等慧根的學人學習的，就好像是小學、高中、大學和碩士程度的教科書；而「禪宗」的禪法，是給上等慧根的學人學習的，就好像是博士等級的教材。

所謂「上等慧根的學人」是指累世已經有厚實佛法基礎的人，「中、下等慧根的學人」是指累世已經有粗淺佛法基礎的人，以及剛接觸佛法的人。所以，不要去評斷自己是屬於哪一等慧根的人，你現在學習佛法的所有過程，都將記錄到你的第八識「阿賴耶識」裡去，永遠跟著你去輪迴，直到你悟道為止。

「禪宗」的禪法，核心重點在「不立文字」。簡單的說，「三藏十二部經」對修習禪法的學人而言，都是「文字障礙」。因為學習「三藏十二部經」都是用你的第六識「意識」的功能在分析、判斷和學習；而修習禪法，卻是要把第六識「意識」的功能關閉，目的是要讓第七識「末那識」停止作用。

懂了這個原理，你再看一遍這一句詩偈：「達摩西來一字無，全憑心意用功夫，若要紙上尋佛法，筆尖醮乾洞庭湖。」你就會懂了。修習禪法，不知道從你的第六識「意識」下手修行，卻是一直在你的第六識「意識」拼命思考追尋，想找出「祖師西來意」是什麼？當然是「若要紙上尋佛法，筆尖醮乾洞庭湖。」，因為學習的方向錯了。

「祖師西來意」就是「禪宗」的禪法，就是「不立文字，教外別傳，不可言說，直指人心，見性成佛。」。

馬祖道一「棒喝」的教學方法，包括打人、踢人、畫地、吹耳、扭鼻、大喝一聲等等的方式，其實目的都只有一個，就是：「截斷學人的言語思路。」也就是要把第六識「意識」的功能關閉，目的是要讓第七識「末那識」停止作用。

我們來做個角色扮演的實驗：假設你是禪宗的弟子，你問禪師什麼是「祖師西來意」？這當下的你，是不是全神貫注，接近「一心不亂」的狀態，想從禪師的嘴裡聽到答案。

這時候你的第六識「意識」非常注意禪師的回答，準備好好的來分析判斷禪師的答案。這時，冷不防禪師突然對你打一巴掌，或者踢你，或者扭你的鼻，或者對你大喝一聲，或者答非所問，又或者說一句不合邏輯、不相干、不著邊的話等等的方式，想想看，你會有什麼反應？

你是不是會嚇一大跳，或者一臉茫然，或者丈二金剛摸不著頭，或者腦袋瞬間一片空白，或者腦裡出現一個大問號，造成思緒短路，短暫無法分析、判斷、思考，這表示你的第六識「意識」的功能已經暫時關閉。

這就是馬祖道一用「棒喝」教學方法的原理真相。

「棒喝」的作用，就是要把你的第六識「意識」的功能關閉，最終目的是要讓第七識「末那識」停止作用。在暫時關閉第六識「意識」的功能時，在那電光火石間，你與「自性」擦肩而過，但是你沒有經過禪定的訓練，你並不認識你的「自性」。

「棒喝」的目的，就是要打破你的的妄想執著，不讓你再繼續想下去，脫離語言文字的束縛，而達到悟道的目的。

「棒喝」的功用，就是要當下直接截斷你的言語思路，一愣之下，直接探索你的「自性」。禪宗的公案，千篇一律都是為了一個目的：「截斷你的言語思路」，要把第六識「意識」的功能關閉，目的是要讓第七識「末那識」停止作用，這就是禪宗的「機鋒」。

禪師使用「棒喝」這一招，是「洪州宗」的主流，後來成為「臨濟宗」的特有傳法作風。

（四）禪宗的中國化

「印度佛教」的中國化，以「禪宗」最為明顯；而「禪宗」的中國化，以「洪州宗」最為突出。

「洪州宗」不僅在思想上進行了「道家化」，而且在體制上也轉變成「儒家化」。

老莊的道家思想，核心是「道」。老子說：「道可道，非常道。」，所以「道」是不可以言說的。

「洪州宗」將道家思想的「道」，引進佛教體系，使「道」成為「真如、自性、佛性、實相、法界（指諸法真如的界限）」等的代名詞。

馬祖道一在《江西馬祖道一禪師語錄》裡說：「道即是法界。乃至河沙玅用。不出法界。」。

馬祖道一的徒孫，也是百丈懷海的弟子「黃蘗希運」，在《古尊宿語錄》卷二裡說：「我此禪宗。從上相承已來。不曾教人求知求解。只云學道。早是接引之詞。然道亦不可學。情存學者卻成迷道。道無方所名大乘心。此心不在內外中間。實無方所。第一不得作知解。只是說汝如今情量處為道。情量若盡。心無方所。此道天真。本無名字。只為世人不識。迷在情中。所以諸佛出來。說破此事。恐你諸人不了。權立道名。不可守名而生解。」

黃蘗希運又說：「即心是佛。身心俱無。是名大道。大道本來平等。所以深信含生同一真性。」。

在《莊子．內篇》的第二篇《齊物論》裡，「莊子」提出「齊物」的概念。「齊物」的意思是：一切事物的源頭都是相同的，沒有差別，也沒有是非、美醜、善惡、貴賤之分，莊子認為萬物都是「一體沒有區別」。

「洪州宗」提倡「大道本來平等」，就是將道家的「老莊思想」，巧妙的和佛教的「如來藏佛性學說」加以結合。

馬祖道一的弟子「百丈懷海」，仿照民間世俗的生活方式，把傳統的「儒家思想」轉化為「禪宗」的「禮儀規範」、「寺院生活準則」和「禪學授受原則」，確立「禪宗」的中國模式，使「禪宗」的中國化更為堅實。

百丈懷海對「禪宗」進行教規改革，制定清規（後世稱為《百丈清規》），提倡勞動，親自耕作，倡導「一日不作，一日不食。」的觀念，把「印度佛教」僧侶托缽乞食的傳統，改為「中國式」的「自食其力」。

所以，把「印度禪宗」轉變成「中國禪宗」，把「禪法」徹底中國化的，就是「洪州禪」。

第七單元

南宗之二「石頭宗」

一、「石頭宗」簡介

「石頭宗」又稱為「石頭禪」，與「洪州宗」並列為唐代禪宗兩大派系之一，由六祖惠能的門下「青原行思」，和他的弟子石頭希遷一系分出，下開「雲門、法眼、曹洞」三宗。

「石頭」的稱號，是由於「石頭宗」的建立者石頭希遷，曾在南嶽衡山南台寺東邊的一塊巨石上結廬而居，人稱「石頭和尚」，他這一系禪法，也因此被稱為「石頭宗」。

石頭希遷因為閱讀「僧肇」所著《肇論》裡的「涅槃無名論」：「會萬物以成己者，其惟聖人乎！」深有所感，而著作《參同契》，建立了「石頭宗」的基本思想。在思想上，「石頭宗」與「牛頭法融」所創立的「牛頭宗」相近。

二、石頭希遷的生平

《景德傳燈錄》第十四翻譯：

石頭希遷禪師是端州高要（今廣東省肇慶市高要區）人，俗姓陳，他的母親剛懷孕時，不喜歡吃蔥、韭等辛辣的蔬菜。石頭希遷在尚須懷抱的幼兒時期，就不麻煩保母。到了成年時，自我期許，必定實踐自己的諾言。同鄉迷信又兇悍的村民，因為害怕鬼神，所以喜歡祭祀的活動，經常以殺牛斟酒的方式來祭祠鬼神。石頭希遷總是前去，搗毀叢林中的神祠，並且救出將被村民宰殺的牛隻。如此經過多年，鄉中的長老不能禁止石頭希遷的做法。後來，石頭希遷直接造訪曹谿，投於六祖惠能的門下。六祖惠能收石頭希遷為弟子，但是還沒有授「具足戒」，六祖惠能就圓寂了。石頭希遷承受師父六祖惠能留下來的遺言，前去江西廬陵的青原山，拜見青原行思禪師，在他的門下修禪。

三、石頭希遷的門下弟子

「石頭宗」由六祖惠能門下弟子「青原行思」、「石頭希遷」一系分出，下開「雲門宗、法眼宗、曹洞宗」等三宗，石頭希遷與「洪州宗」的建立者「馬祖道一」齊名。

六祖惠能在眾弟子中，只有特別交代「青原行思」要「汝當分化一方，無令斷絕。」。青原行思得法之後，就回到吉安青原山「淨居寺」，其禪風以「撲朔迷離」著稱，遵守「不立文字」的祖訓，弘揚「頓悟學派」，開法渡眾，四方禪客雲集。

《六祖大師法寶壇經》機緣第七原文：

行思禪師，生吉州安城劉氏。聞曹溪法席盛化，徑來參禮，遂問曰：「當何所務，即不落階級？」師曰：「汝曾作什麼來？」曰：「聖諦亦不為。」師曰：「落何階級？」曰：「聖諦尚不為，何階級之有？」師深器之，令思首眾。一日，師謂曰：「汝當分化一方，無令斷絕。」思既得法，遂回吉州青原山，弘法紹化（謚弘濟禪師）。

《六祖大師法寶壇經》機緣第七翻譯：

「青原行思」禪師，俗家姓劉，生於唐代吉州安城（今江西省安福縣）。青原行思聽說六祖惠能在曹溪「寶林寺（今廣東韶關南華寺）」弘揚「頓悟」法門，度化眾生。聽法的人很多，道場十分興盛，就立刻前去參訪「六祖惠能」。

青原行思一見到六祖惠能就問說：「修行人應該要用什麼方法，才不會落入執著層次？」

六祖惠能問說：「你曾經修過什麼法門？」

青原行思回答說：「我連想求佛道、斷惑證真等這些聖諦都不為。」

六祖惠能問說：「落入哪一個層次？」

青原行思回答說：「聖諦都不為，哪裡還有什麼層次呢？」

六祖惠能知道青原行思已經了悟，於是特別器重他，派他擔任「首眾」，負責帶領眾僧。有一天，六祖惠能告訴青原行思說：「你應當出去弘法、教化眾生，不可以讓頓悟法門斷絕。」青原行思得到六祖惠能所傳的佛心印之後，就回到吉州青原山弘揚佛法，接續傳播興隆佛種，到唐僖宗時，追封為「弘濟禪師」。

六祖惠能把禪法傳給青原行思，但是傳法的「袈裟」信物卻不再傳。回顧這件「袈裟」信物，是中國禪宗始祖達摩祖師親手交給二祖慧可的傳法信物。當時，達摩祖師就預言：「至吾滅後二百年。衣止不傳法周沙界。」他預言他離開人世後二百年，這件「袈裟」信物就不再傳了。

《景德傳燈錄》卷第三原文：

最後慧可禮拜後依位而立。師（達摩祖師）曰。汝得吾髓。乃顧慧可而告之曰。昔如來以正法眼付迦葉大士。展轉囑累而至於我。我今付汝。汝當護持。并授汝袈裟以為法信。各有所表宜可知矣。可曰。請師指陳。師曰。內傳法印以契證心。外付袈裟以定宗旨。後代澆薄疑慮競生。云吾西天之人。言汝此方之子。憑何得法以何證之。汝今受此衣法。卻後難生但出此衣并吾法偈。用以表明其化無礙。至吾滅後二百年。衣止不傳法周沙界。明道者多。行道者少。說理者多。通理者少。

到了五祖弘忍傳法給六祖惠能的時候，五祖弘忍就交代六祖惠能：「衣為爭端，止汝勿傳。」這件「袈裟」信物，就傳到他為止。

《六祖大師法寶壇經》行由第一原文：

祖（五祖弘忍）復曰：「昔達磨大師，初來此土，人未之信，故傳此衣，以為信體，代代相承；法則以心傳心，皆令自悟自解。自古，佛佛惟傳本體，師師密付本心；衣為爭端，止汝勿傳。若傳此衣，命如懸絲。汝須速去，恐人害汝。」

果然，六祖惠能傳法給青原行思時，「袈裟」信物就留下來當「鎮山門」不再傳遞下去。

《景德傳燈錄》卷第五原文：

一日祖（六祖惠能）謂師（青原行思）曰。從上衣法雙行師資遞授。衣以表信。法乃印心。吾今得人何患不信。吾受衣以來遭此多難。況乎後代爭競必多。衣即留鎮山門。汝當分化一方無令斷絕。師既得法。住吉州青原山靜居寺。

青原行思的弟子石頭希遷在湖南弘法，大闡宗風。石頭希遷門下有兩大有名的弟子「藥山惟儼」與「天皇道悟」，他們的後代法脈，各自衍生出「曹洞宗」、「雲門宗」和「法眼宗」。

（一）「藥山惟儼」傳給弟子「雲巖曇晟」，「雲巖曇晟」傳給弟子「洞山良价」，「洞山良价」與弟子「曹山本寂」創立「曹洞宗」。

（二）「天皇道悟」傳給弟子「龍潭崇信」，「龍潭崇信」傳給弟子「德山宣鑒」，「德山宣鑒」傳給弟子「雪峰義存」。

雪峰義存的門下有兩大有名的弟子「雲門文偃」與「玄沙師備」，他們的後代法脈，各自衍生出「雲門宗」和「法眼宗」。

「雲門文偃」創立「雲門宗」。

「玄沙師備」傳給弟子「羅漢桂琛」，「羅漢桂琛」傳給弟子「清涼文益」，「清涼文益」創立「法眼宗」。

四、石頭希遷與「青原行思」

石頭希遷是「青原行思」最著名的弟子，同時也是「青原行思」的師弟。師徒倆的相遇非常戲劇性，源自於石頭希遷誤解六祖惠能的交代。

《景德傳燈錄》卷五原文：

六祖將示滅。有沙彌希遷（即南嶽石頭和尚也）問曰。和尚百年後。希遷未審當依附何人。祖曰。尋思去。

《景德傳燈錄》卷五翻譯：

六祖惠能向弟子們表示他將要圓寂，有一位沙彌（佛教對年齡不足二十歲，或其他未受具足戒的初級出家男子的稱呼。）希遷（即石頭希遷）問說：「和尚百年之後。希遷不知道要跟誰學習？」

六祖惠能回答說：「尋思去（去找青原行思）。」

六祖惠能回答石頭希遷說：「尋思去。」這個「思」，意思是指「青原行思」，六祖惠能叫石頭希遷去找「青原行思」學習佛法。結果石頭希遷剛開始會錯意，以為六祖惠能叫他自己去「尋思（反覆的思索）」。還好後來有大師兄的協助，否則後來的禪宗就沒有「曹洞宗」、「雲門宗」和「法眼宗」了。

《景德傳燈錄》卷五原文：

及祖順世。遷每於靜處端坐寂若忘生。第一坐問曰。汝師已逝空坐奚為。遷曰。我稟遺誡故尋思爾。第一坐曰。汝有師兄行思和尚。今住吉州。汝因緣在彼。師言甚直汝自迷耳。遷聞語便禮辭祖龕。直詣靜居。

《景德傳燈錄》卷五翻譯：

等到六祖惠能圓寂，石頭希遷就每天不說話，找個安靜的地方打坐去「尋思（反覆的思索）」，就像是個死人一樣。

大師兄問石頭希遷說：「你的師父已經逝世，你就只是整天打坐過日子，這樣做對嗎？」

石頭希遷回答說：「我稟告過師父要跟誰學習？師父交代我要『尋思去』，我當然要好好的打坐冥想思維啊！」

大師兄說：「你有一位師兄叫做『青原行思』，現在住在吉州青原山，你的學佛因緣在他那裡。師父講得很清楚，他是叫你去跟隨『青原行思』師兄學習，是你迷糊搞不懂大師的意思。」

石頭希遷聽完大師兄的話後，便做禮拜感謝，向六祖惠能的靈前牌位辭行，直接去吉安青原山的「淨居寺」拜訪師兄「青原行思」。

後來石頭希遷終於見到師兄青原行思，成為青原行思著名的弟子。因為石頭希遷的機辯敏捷，受到青原行思的器重，在《五燈會元》卷第五裡，青原行思稱讚石頭希遷是「眾角雖多，一麟足矣。」意思是說：「世間眾多野獸的角雖然多，能夠得到麒麟的一個角就足夠了。」最後得到青原行思的認可，傳心法給石頭希遷。

五、石頭希遷閱讀《肇論》後的影響

後來，石頭希遷因為閱讀《肇論》裡的「涅槃無名論」，讀到「覽萬像以成己者，其唯聖人乎？」這句話時，感觸良深，而深受啟發，於是撰寫《參同契》傳世，建立了「石頭宗」的基本思想。

在《祖堂集》裡，有上述這一段經過的記載。《祖堂集》是禪宗的著作，記錄了歷代禪師的語錄和傳承，是重要的禪宗史學著作，也是現存最早的「禪宗燈史」著作之一。作者為南唐泉州「招慶寺」的「靜、筠」兩位禪師，再經後世補充，總共二十卷本。

在《祖堂集》卷第四原文中說到：

（石頭希遷）自爾不拘小節，不尚文字，因讀肇公《涅槃無名論》云：「覽萬像以成己者，其唯聖人乎？」乃歎曰：「聖人無己，靡所不己；法身無量，誰云自他？圓鏡虛鑒於其間，萬像體玄而自現。

境智真一，孰為去來？至哉斯語也！」

在這裡先解釋一下「因讀肇公《涅槃無名論》」。

「肇公」是指東晉著名的僧人「釋僧肇」，他是鳩摩羅什門下著名的弟子，也是著名的漢傳佛教理論思想家，他將「般若中觀」思想中國化，為「三論宗」的先驅人物。「三論宗」是以研究《中論》、《十二門論》、《百論》而著稱，在中國佛教史上，「三論宗」並不是一個實質的宗派，只要是研究「三論」宗旨的，都可以稱做「三論宗」。

釋僧肇著有一本《肇論》，是一部佛教哲學著述，全論由《物不遷論第一》、《不真空論第二》、《般若無知論第三》和《涅槃無名論第四》等四篇文章所組成。

《肇論》內容的哲學思想豐富，思維綿密，體系嚴謹，邏輯性強，因此深受中國哲學界的重視，是中國哲學的經典名著。《肇論》是在佛教的基礎上，對玄學和佛學的合流進行批判，一方面將玄學的成就推展到高峰，另一方面又批評玄學和佛學合流的錯誤，從此道家的「老莊思想」在佛學中徹底消失，中國的高僧不願意再附會於「老莊思想」。

石頭希遷就是讀釋僧肇所著的《肇論》，讀到《涅槃無名論第四》裡面的一段話，才感觸良多。我們再回到《祖堂集》這一句「覽萬像以成已者，其唯聖人乎？」，其實這一句記載有點筆誤。在《祖堂集》卷第四中寫的是：「覽萬像以成已者，其唯聖人乎？」，而《肇論》「涅槃無名論第四」寫的卻是：「會萬物以成已者。其唯聖人乎。」。一個是「覽萬像」，原文卻是「會萬物」。

經查證，讓石頭希遷讀後感觸良深，深受啟發的那一段話，原文如下：

《肇論》「涅槃無名論第四」．通古第十七原文：

無名曰。夫至人空洞無象。而萬物無非我造。會萬物以成已者。其唯聖人乎。何則。非理不聖。非聖不理。理而為聖者。聖不異理也。

《肇論》「涅槃無名論第四」．通古第十七翻譯：

無名者說：「至人（指古時候具有很高的道德修養，超脫世俗，順應自然而長壽的人。）的境界是空寂沒有形象，而萬物都是由我的心識所創造出來的，我與萬物合為一體，這一點只有聖人才能夠做得到！」為什麼呢？因為不知道「三界唯心，萬法唯識」這個真理，就不能成為聖人；反之，不是聖人也不能夠知道這個真理。因為知道「三界唯心，萬法唯識」這個真理，才能成為聖人，所以聖人不離開這個真理，與真理合而為一。

《肇論》這段話裡的「至人」和「聖人」，是出自於道家的《莊子》。

《莊子》內篇．逍遙遊原文：

若夫乘天地之正，而御六氣之辯，以遊無窮者，彼且惡乎待哉！故曰：至人無己，神人無功，聖人無名。

《莊子》內篇．逍遙遊翻譯：

若能順應自然萬物的內在規律，而且能夠駕馭六氣（是附會於五行的自然氣候變化的六種現象，指陰、陽、風、雨、晦、明）的變化，遨遊於無窮的境域，他還需要什麼依靠呢！所以說，道德修養高尚的「至人」，能夠達到忘我的境界；精神世界超脫物外的「神人」，心中沒有功名的想法；思想修養達到完美的「聖人」，從不追求名利。

「莊子」心目中最理想的、最高境界的人就是「至人」，其次是「神人」，再其次是「聖人」。

「神人」比「至人」的等級稍微低了一點，是精神超脫物外；「神人」做不到「至人」那樣逍遙，但是他沒有慾望，沒有追求功名之心；「聖人」又稍微比「神人」的等級低了一點，不貪圖虛名。

「至人」是莊子最推崇的人，等於是「神仙」。「無己」就是沒有自己，忘掉自我，從而真正把自身融入自然界之中。在天地萬物之中，我和萬物都是一體的，沒有分別心。在莊子的思想中，只有「至人」，才能夠達到「逍遙遊」的境界。

莊子在《莊子》中，有進一步描述什麼是「至人」？

《莊子》內篇．齊物原文：

至人神矣：大澤焚而不能熱，河、漢沍而不能寒，疾雷破山、風振海而不能驚。若然者，乘雲氣，騎日月，而遊乎四海之外。死生无變於己，而況利害之端乎！

《莊子》內篇．齊物論翻譯：

「至人」非常神妙！大澤地水源充足，森林灌木生長茂密。森林火災燃燒起來也不會使他覺得熱，江河冰凍起來，也不能使他感覺到寒冷，雷擊劈開山岳，狂風吹起海浪，翻江倒海，也不能讓他驚恐。假如這樣子，「至人」駕馭著雲氣，騎乘著日月，而遨游於四海之外，生死的變化對他都沒有影響，更何況利害的事端呢？

所以，石頭希遷是讀到《肇論》「涅槃無名論第四」裡的「而萬物無非我造。會萬物以成已者。其唯聖人乎。何則。非理不聖。非聖不理。理而為聖者。聖不異理也。」這段全文，從中體會到「聖人」是無已（無我）的，與萬物是一體的。人假如知道「三界唯心，萬法唯識」這個真理，而與萬物合為一體，天人合一，就是「聖人」，就是「佛」的境界。

石頭希遷因此感觸良多，而且有感而發，感嘆的講了一段話：「聖人無己，靡所不己；法身無量，誰云自他？圓鏡虛鑒於其間，萬像體玄而自現。境智真一，孰為去來？至哉斯語也！」。

翻譯成白話文：石頭希遷感嘆的說：「聖人沒有自己，以萬物之體為自己之體。法身（如來藏、自性）不生不滅，無量無邊，遍佈於諸眾生之中，誰說自己和他人有分別不同呢？成佛以後，煩惱轉變為智慧，第八識阿賴耶識轉變為大圓鏡智，大圓鏡智能夠如實的鑒察一切諸法的虛無真相，世間萬象的空理都是自現的，即自性是空的。『諸法』與『佛智』是相同一體的，沒有分別異同，僧肇講的實在太好了。」。

石頭希遷從《肇論》中體會到：聖人是無我的，法身是無量的，萬物是一體的，人若能與萬物合為一體，覺悟「諸法」與「佛智」是相同一體的，沒有分別異同，就是聖人、佛的境界。

石頭希遷這個體悟就是：「三界唯心，萬法唯識」這個真理。後來，他把他的體悟心得撰寫《參同契》一文，代表了「石頭宗」的基本思想。

六、石頭希遷撰寫《參同契》

石頭希遷撰寫的《參同契》和東漢道家「魏伯陽」所著的《周易參同契》不同，《周易參同契》是道家煉丹修行的方法；而石頭希遷所著的《參同契》為佛家一首二百二十字的佛法偈頌。

《周易參同契》又名《參同契》，是一本道家講煉丹術的著作，被稱為「萬古丹經王」。

書名為什麼叫做《參同契》呢？「參」就是「參合（驗證相合）」，「同」就是「相同」，「契」

就是「契合」。

《周易參同契》就是以「道家的黃老思想」參合（驗證相合）《周易》的道理，來指導道家的丹道方法。就是參合三種不同的學問，融合於一體。這三種學問就是「道家的黃老思想」、「道家的丹道」，還有「《周易》的學問」，從而闡明煉丹的原理和方法，為道家最早有系統論述煉丹的經籍。

石頭希遷所撰寫的《參同契》，「參同」二字，原出於道家魏伯陽所著的《周易參同契》。石頭希遷取其意，以發揮他在偈頌裡，以「迴互」為核心的禪法。他在《參同契》中反覆說明「一心」與「諸法」之間的「迴互（本末、顯隱、交互流注）」關係，是講「自性」與「萬法」、「理」與「事」、「本」與「末」以及「萬物」與「我」相互融會的思想。

石頭希遷所謂的「參」，是指「參合（驗證相合）萬法各守其位，互不相犯。」；所謂的「同」，是指「諸法雖不同，而統合於自性一體，殊途同歸，萬法歸一。」他所創立的「迴互」名詞，是指「在萬法之間，互不相犯，而又互相牽連的關係。」。修禪者領會這個要旨，並驗證契合於日常生活中，稱之為「契」。他把這種思想導入禪法，加以發揮，遂開創了「石頭宗」這一系的宗風。

石頭希遷撰寫《參同契》，書名仿照道家魏伯陽所著的《周易參同契》。可見石頭希遷的禪法思想，受到當時「玄學」的影響很深。「玄學」是盛行於魏晉南北朝的哲學思潮，本來以解釋「三玄」（《老子》、《莊子》和《周易》）為主，後來發展成討論和解釋道家、儒家經典的清談風氣。

當時唐代南方的佛法，受到「玄學」的影響很深遠。石頭希遷的《參同契》裡說「道無南北祖」，不說「佛」，不說「法」，而是說「道」。《參同契》裡說「謹白參玄人」，把「禪學」當作「玄學」看，稱呼「參禪」為「參玄」，石頭希遷應該是第一人，也讓「禪學」更加中國化。

七、石頭希遷的核心思想

在《景德傳燈錄》中，有記載石頭希遷親口對弟子們述說的法門精要「菩提即煩惱」和「自心湛圓」，這是石頭希遷的二個核心理論；另外，從石頭希遷所撰述的《參同契》裡，可以整理出他的另外四個核心理論：「靈源皎潔」、「執事是迷，契理非悟。」、「迴互不迴互」和「觸目見道」。

石頭希遷發展出另一種禪宗新的「反思」教學方法，幫助弟子開悟，也把「印度禪」革新為「中國禪」。

(一) 菩提即煩惱

石頭希遷在向弟子介紹自己的法門時，說過一段重要的話：

《景德傳燈錄》第十四原文：

師（石頭希遷）一日上堂曰。吾之法門先佛傳授。不論禪定精進。達佛之知見即心即佛。心佛眾生菩提煩惱名異體一。

《景德傳燈錄》第十四翻譯：

石頭希遷有一天上法堂說：「我的法門是釋迦牟尼佛所傳授下來的，不探究如何精進修持禪定，而是傳達佛的知見（諸佛照見諸法實相妙理的知見智慧），就是『即心即佛』。心、佛、眾生、菩提、煩惱，只是名稱不同，實質上是一樣的。」

「即心即佛」這句話出自於《六祖壇經》，意思是：凡夫心的本體與佛心相同，此心即是佛。在馬祖道一的核心理論裡，也有「即心即佛」，這一點和石頭希遷是一致的，都是出自於《六祖壇經》。

《六祖壇經》機緣第七原文：

僧法海，韶州曲江人也。初參祖師，問曰：「即心即佛，願垂指諭。」師曰：「前念不生即心，後念不滅即佛；成一切相即心，離一切相即佛。吾若具說，窮劫不盡。聽吾偈曰：「即心名慧，即佛乃定，定慧等持，意中清淨。悟此法門，由汝習性，用本無生，雙修是正。」

「菩提即煩惱」這句話也是出自於《六祖壇經》，「菩提」是清淨的「自性」，「煩惱」是妄想、無明，「菩提」和「煩惱」原本是一體的，迷了就是「煩惱」，悟了就是「菩提」。「菩提」就好像是「平靜的海水」，「煩惱」就好像是「洶湧的波浪」，「洶湧的波浪」原本來自於「平靜的海水」，「波浪」和「海水」原本是一體的。所以，在「煩惱」的裡面，有一個清淨的「自性」；清淨的「自性」會變化出「煩惱」。

《六祖壇經》般若第二原文：

凡夫即佛，煩惱即菩提。前念迷即凡夫，後念悟即佛。前念著境即煩惱，後念離境即菩提。

石頭希遷認為「即心即佛」，心、佛、眾生、菩提、煩惱，只是名稱不同，本體是一致的，「菩提即煩惱」。

(二) 自心湛圓

石頭希遷主張眾生本來就具有「湛圓自心」，自己的「心靈體（自性）」既清澈又圓滿而無所欠缺，提倡離「心意識（八識）」，直接悟入禪境。也就是，從「前六識」下手，讓第七識「末那識」停止作用，當下見「心靈體（自性）」。

《景德傳燈錄》第十四原文：

汝等當知。自己心靈體。離斷常性非垢淨。湛然圓滿凡聖齊同。應用無方離心意識。三界六道唯自心現。水月鏡像豈有生滅。汝能知之無所不備。

《景德傳燈錄》第十四翻譯：

你們應該知道，自己的「心靈體（自性）」離開「斷見（恆滅；偏執世間及我終究斷滅的邪見；即不信因果，認為這輩子結束就斷滅消失，死後沒有下輩子。）」與「常見（恆在；執著世界是常住不變，不覺悟一切法是空、無常，不知道有自性，認為人類的自我不滅，人類死後的自我也不會消滅，而且能夠再生，再以現狀相續。）」它的性質沒有汙垢、乾淨的分別，既清澈又圓滿而無所欠缺，凡夫和聖人的「心靈體（自性）」都相同。

「心靈體（自性）」的運用無限，能夠離開「心、意、識（指八個心識；第八識「阿賴耶識」能積集種子，故稱為「心」；第七識「末那識」能思量起我執，故稱為「意」；「前六識」能認識對象，故稱為「識」。）」，「三界（指眾生所居的欲界、色界、無色界）」和「六道（天人道、阿修羅道、人道、畜生道、餓鬼道和地獄道）」都是自己的第八識「阿賴耶識」的心識所顯現的幻像。水中的月影和鏡中的影像，難道有生滅現象嗎？你們能夠明白「心靈體（自性）」是沒有什麼不具備的。

下面是石頭希遷所撰述《參同契》裡的四個核心理論：

《祖堂集》卷第四原文：

師（石頭希遷）述《參同契》曰：竺土大仙心，東西密相付。人根有利鈍，道無南北祖。靈源明皎潔，枝派暗流注。執事元是迷，契理亦非悟。門門一切境，迴互不迴互。迴而更相涉，不爾依位住。色本殊質像，聲源異樂苦。暗合上中言，明暗清濁句。四大性自復，如子得其母。火熱風動搖，水濕地堅固。眼色耳聲音，鼻香舌鹹醋。然於一一法，依根葉分布。本末須歸宗，尊卑用其語。當明中有暗，勿以明相遇。當暗中有明，勿以暗相睹。明暗各相對，譬如前後步。萬物自有功，當言用及處。事存函蓋合，理應箭鋒住。承言須會宗，勿自立規矩。觸目不見道，運足焉知路。進步非遠近，迷隔山河耳。謹白參玄人，光陰勿虛度。」

（三）靈源皎潔

《祖堂集》卷第四《參同契》原文：靈源明皎潔，枝派暗流注。

《祖堂集》卷第四《參同契》翻譯：

「自性」是宇宙萬法的本源，周遍法界，光明潔白。宇宙萬法是「自性」所衍生出來的，就好像樹木有千百條枝幹，但是樹木只有一個根部；河流有千萬條支流，但是河流只有一個源頭。「自性」與「萬物」是貫通的，「自性」暗地裡流注在萬事萬物之中。就好像暗地裡流注的水流一樣，「心物一體」的這種相通關係，不是明顯看得見的。

石頭希遷主張「靈源（自性）」是皎潔清淨的，也就是「自性」是清淨的，為一切事物、現象的根源。「枝派」指萬物，萬物是「靈源（自性）」所生。也就是說，「靈源（自性）」與「枝派（萬物）」是一體的，是貫通的，而且「心物一體」的這種貫通關係，又不是非常明朗的，「心」與「物」具有本末、顯隱、交互流注的關係。

石頭希遷強調眾生要開發「靈源（自性）」，保持「靈源（自性）」皎潔，以顯現萬物，達到斷除心物的界限和對立關係，即「心物一體」的境界，就具足佛法，成就為佛。

（四）執事是迷，契理非悟。

《祖堂集》卷第四《參同契》原文：執事元是迷，契理亦非悟。

《祖堂集》卷第四《參同契》翻譯：

一般人只看到事物的表相，執著於自己的意識知見，而且以為是真實。這種執著於某一現象界的事物現象，是一種迷誤。一般人以為契合認識了道理，就是懂了諸法實相，其實這只是懂了道理，是「文字般若」，只是「理悟」；而不是「實相般若」，那才是「證悟」。

換句話說：如果只是以思慮考量的「心意識」來分析判斷事物，是一種「文字禪」。因為只明白了道理，而沒有證悟事物的本體。把佛法當做哲學來研究，認為佛法是一種高深的學問，這是「佛學」，不是「學佛」。

「學佛」的目的是要「見性」，只有從自己的第六識「意識」下手，把平時散亂不定的「散位獨頭意識」，透過長期的「禪定」修行，轉成「定中獨頭意識」的「定中境界」，讓第七識「末那識」停止作用。如此，才能真正達到《金剛經》裡所說的「無我相、人相、眾生相、壽者相」的心靈狀態，也就是透過「觀照般若」的禪修，達到「實相般若」的「見性成佛」。

修道人心中有「事」執著，是「迷」；同樣的，心中有「理」可以契合，也不是真正的「悟」，因為「迷真逐妄」都是「心意識」的知見。

馬祖道一有個弟子「鹽官齊安」，就把「迷真逐妄」的現象，形容的活靈活現。

《五燈會元》卷第三原文：

杭州鹽官海昌院齊安國師（馬祖一禪師法嗣）

師（鹽官齊安）曰。思而知。慮而解。是鬼家活計。

經由思慮來學習佛法，而知道了解佛法，這種佛法是「鬼家活計」。「鬼家活計」的意思是指，落入「心意識」的知見；迷真逐妄；尋文解義，比喻不合正道的行徑。

（五）迴互不迴互

《祖堂集》卷第四原文：

門門一切境，迴互不迴互。迴而更相涉，不爾依位住。

《祖堂集》卷第四翻譯：

(1)門門：宇宙萬物分門別類。

(2)迴互：是指「六根」和「六塵境」互相牽連、相關，環環交錯。

(3)不迴互：是指「六根」和「六塵境」各自獨立存在，不會混雜在一起。

(4)相涉：就是「迴互」，指「六根」和「六塵境」互相牽連、相關，環環交錯。

(5)不爾：就是「不迴互」，沒有關聯。指「六根」和「六塵境」各自獨立存在，不會混雜在一起。

(6)依位住：指「六根」和「六塵境」各自獨立存在。

(7)不爾依位住：就是「不迴互」。

宇宙萬物分門別類，它們與我們的「六根」之間的關係，是既「迴互」而又「不迴互」。如果外界的「六塵境」和我的「六根」產生了「迴互」作用，互相牽連。我們就可以「相涉」，該怎麼處理，就怎麼處理，專心一意的處理事情所謂「兵來將擋，水來土淹。」。

如果外界的「六塵境」和我的「六根」沒有產生「迴互」的作用，沒有互相牽連。我們就「不爾依位住」，我們的「六根」當下要「安住」，就是不妄作「迴互」。

我們的「六根（眼、耳、鼻、舌、身、意）」對應「六塵（色、聲、香、味、觸、法）」，都有各自對應的塵境。世界上的一切現象，都是透過我們的「六根」進入「六塵境」，然後產生「六識（眼識、耳識、鼻識、舌識、身識及意識）」。

當我們的「六根」面對「六塵境」的時候，我們的第六識「意識」就好像一面「心鏡」一樣，自然映照顯現出「外境」來。其間「六根」和「六塵境」之間相互呼應、對應的過程，就叫做「迴互」。

當我們的「六根」沒有面對「六塵境」的時候，我們的第六識「意識」就處在「心空如鏡」的狀態下，沒有映照任何東西。我們的「六根」和「六塵境」各自獨立存在，，互相不淆雜，就叫做「不迴互」。

我們的「六根」對應「六塵」，雖互相牽連，但是各自獨立存在；雖然各自獨立存在，卻又互相牽連。「六根」和「六塵境」之間，雖然界限分明，但是「我中有你，你中有我。」，互相依存，互相作用，同時又保持他們獨立的個性。

這句「不爾依位住」，可以借用《論語》「顏淵篇」裡所說的來解釋：子曰：「非禮勿視，非禮勿聽，非禮勿言，非禮勿動。」意思是說：孔子說：「不合於禮的就不要看，不合於禮的就不要聽，不合於禮的就不要說，不合於禮的就不要做。」。

這句詩偈，簡單的說就是：「事來則應，事去則靜。」。修道人在日常生活中，遇到事情就專心的處理，事情處理完了，不管結果好壞，心情要像「船過水無痕」一樣的平靜，不要再胡思亂想。

《參同契》從一開始到結束，整篇都不離「迴互」的狀態。例如在「明暗清濁句」、「如子得其母」、「本末須歸宗」、「尊卑用其語」、「當明中有暗」、「當暗中有明」、「明暗各相對」和「譬如前後步」等詩句，當中的「明、暗」、「清、濁」、「子、母」、「本、末」、「尊、卑」、「明、暗」和「前、後」等相對的字，都是一陰一陽的「迴互」狀態。

「門門一切境，迴互不迴互。迴而更相涉，不爾依位住。」這四句詩偈是《參同契》的核心所在，也是大乘佛法的基本觀念。它說明了宇宙萬事萬物之間的關係是「迴互不迴互」，以「迴互」的角度來看，各種事物間是相互牽連的，是統一於本體之中；以「不迴互」的角度來看，各種事物又各自獨立存在，互不淆雜。

（六）觸目會道

《祖堂集》卷第四原文：觸目不見道，運足焉知路。

《祖堂集》卷第四翻譯：

「觸目見道」是眼睛所看見的外境，都是「自性」的流露，是覺悟者所達到的境界。如果不了解「三界唯心，萬法唯識。」這個道理，那麼就像走路不知道方向，無法到達目的地一樣。

石頭希遷結合中國傳統的道家學說，把道家的「道」解釋為「禪道、佛道」，「道」既是宇宙萬物的本體，也是禪修的境界。石頭希遷十分重視斷除一切的執著，破除眾生的知見，所以他提倡「觸目會道」，就是透過靜坐禪定，直接感應與「道」合一。禪修者徹悟的時候，就會「觸目見道」，所見都是「菩提」，就能「悟道」，就能頓悟「真如」，就能見到「自性」。

石頭希遷的「石頭宗」禪法機鋒，帶有「哲學思索」的風格，和同時期另一派「洪州宗」的馬祖道一提倡「大機大用」的禪法機鋒，不分上下。馬祖道一對於石頭希遷的禪風，稱讚他是「石頭路滑」，意思是：石頭希遷的機峰敏捷，單刀直入。

《景德傳燈錄》卷第六原文：

鄧隱峰辭師。師云。什麼處去。對云。石頭去。師云。石頭路滑。對云。竿木隨身逢場作戲。便去。纔到石頭。即繞禪床一匝振錫一聲。問是何宗旨。石頭云。蒼天蒼天。隱峰無語。卻迴舉似於師。師云。汝更去。見他道蒼天。汝便噓噓。隱峰又去石頭。一依前問。是何宗旨。石頭乃噓噓。隱峰又無語。歸來。師云。向汝道。石頭路滑。

《景德傳燈錄》卷第六翻譯：

「鄧隱峰」是馬祖道一的徒弟，俗姓「鄧」。有一天，鄧隱峰向馬祖道一辭行。

馬祖道一問說：「你要去那裡？」

鄧隱峰回答說：「到石頭希遷禪師那裡去參學。」

馬祖道一告誡他說：「石頭路滑。」（意思是說：石頭希遷的禪風不容易參透。）

鄧隱峰回答說：「竿木隨身，逢場作戲。」（意思是說：我自有我的武器，我自有我的辦法。）

鄧隱峰就從江西專程到湖南，去拜會石頭希遷。到了石頭希遷的住處，見到石頭希遷，就繞著石頭希遷的禪床走了一圈，並且振動錫杖一聲，然後問石頭希遷說：「佛法的宗旨是什麼？」

石頭希遷說：「蒼天！蒼天！」

鄧隱峰不明白這是什麼意思？無言以對，只好又回到師父馬祖道一那裡，把和石頭希遷的對話情形說了一遍。

馬祖道一就教他說：「你再去，等到石頭希遷和尚說『蒼天，蒼天』，你就噓噓兩聲來回應。」

鄧隱峰於是又回到湖南石頭希遷的住處，又問：「佛法的宗旨是什麼？」沒想到這回石頭希遷卻噓噓兩聲。

鄧隱峰又無言以對，只好鎩羽而歸，向馬祖道一報告一切經過。

馬祖道一便安慰他說：「早就跟你說過了，『石頭路滑』嘛！」

「禪」不是依樣畫葫蘆就可以學習的，是要懂得從自己的第六識「意識」下手修起。石頭希遷叫「蒼天！蒼天！」就已經暗示「禪」的宗旨不可言說；鄧隱峰再次問，石頭希遷用「噓！噓！」來回答，仍然暗示不可言說。「禪」要在不可言說處下手，也就是第六識「意識」下手，才是悟「禪」的方法，才是本公案禪機的唯一答案。

石頭希遷的禪法機鋒，是建立在曹溪南宗的「即心即佛」基礎上。這一點，可以從石頭希遷與弟子們的問答中流露出來。

《景德傳燈錄》第十四原文：

時門人道悟問。曹谿意旨誰人得。師（石頭希遷）曰。會佛法人得。曰師還得否。師曰。我不會佛法。

《景德傳燈錄》第十四翻譯：

當時有門人弟子「道悟」問石頭希遷說：「有誰得到曹谿祖師的意旨？」

石頭希遷回答說：「領悟了解佛法的人得到。」

道悟問：「師父您得到了沒有？」

石頭希遷回答說：「我不會佛法。」

石頭希遷當然懂佛法，但是他若回答「懂佛法、得到曹谿祖師的意旨」，那就稱不上是得道的禪師了。因為真正的佛法是用自己的第六識「意識」去修來的，不是嘴巴上得來的。修道人都想知道得到佛法的方法，卻不知道佛法必須向自己的內心求，而不可以向外求。釋迦牟尼佛說一切法，目的是要治一切心，若無一切心，何必希望得到佛法，你自然就能夠體悟佛法的真正意義。

《景德傳燈錄》第十四原文：

僧問。如何是解脫。師（石頭希遷）曰。誰縛汝。又問。如何是淨土。師曰。誰垢汝。問如何是涅槃。師曰。誰將生死與汝。

《景德傳燈錄》第十四翻譯：

有僧人問石頭希遷說：「如何是解脫的方法？」

石頭希遷回答說：「是誰綁住你？」

僧人又問：「用什麼方法，才能夠身在淨土？」

石頭希遷回答說：「是誰汙垢你？」

僧人問：「要如何才能夠涅槃？」

石頭希遷回答說：「是誰將生死給與你？」

石頭希遷教導指引弟子的方法都是「直指心性、無他言說、非常簡要」，這是以「即心即佛」為基礎的教育方法。其實這個方法是出自於「禪宗」的初祖達摩，我們先來看下面這個禪機公案：場景是二祖慧可初見初祖達摩時，師徒兩人的一段有名的對話。

《景德傳燈錄》第三原文：

光曰。我心未寧。乞師與安。師曰。將心來與汝安。曰覓心了不可得。師曰。我與汝安心竟。

《景德傳燈錄》第三翻譯：

二祖慧可問初祖達摩說：「我的心不安寧，請師父幫我安心。」

初祖達摩說：「把你的心拿來，我給你安心。」

二祖慧可回答說：「我找不到我的心。」

初祖達摩說：「我已經把你的心安好了。」

初祖達摩是怎麼幫二祖慧可安心的呢？初祖達摩只說了一句話，他問二祖慧可要他的「心」。你想要我幫你安「心」，那你把你的「心」找出來給我，我就可以幫你把心安好。師父答應幫他安心，他高興極了，彷彿在沙漠中見到綠洲，在茫茫大海中見到浮木一般。於是二祖慧可開始找他的「心」了，可是找來找去，找了好久，最後才發現根本找不到「心」。這時候，二祖慧可才仔細的思考，我的「心」在哪裡呢？到底什麼是「心」？有「心」這個東西嗎？想到這裡，二祖慧可忽然靈光一閃，恍然大悟：「沒有心，自然無所謂安心與不安心，不是嗎？」這正是後來六祖惠能所說的「本來無一物，何處惹塵埃。」的境界。二祖慧可經過初祖達摩的點化，領悟到了這一點。於是初祖達摩微笑的說：「我已經幫你把心安好了。」

所以說，石頭希遷教導弟子的方法，和初祖達摩都是如出一轍。都是反問弟子，讓他自己反省思考，不直接解釋說明給答案，是引導弟子自己去找答案。我們再接著看二個石頭希遷的禪機公案：

《景德傳燈錄》第十四原文：

問如何是西來意。師曰。問取露柱。曰學人不會。師曰。我更不會。

《景德傳燈錄》第十四翻譯：

有人問石頭希遷：「初祖達摩西來的用意是什麼？」

石頭希遷回答說：「去問法堂外正面的圓柱露柱。」（「露柱」是指露在外面的柱子，禪宗祖師常指法堂或佛殿外正面的圓柱。）

那人回答說：「我不懂。」

石頭希遷回答說：「我更不懂。」

《景德傳燈錄》第十四原文：

道悟問。如何是佛法大意。師曰。不得不知。悟曰。向上更有轉處也無。師曰。長空不礙白雲飛。問如何是禪。師曰。碌塼。問。如何是道。師曰。木頭。

《景德傳燈錄》第十四翻譯：

弟子「道悟」問石頭希遷說：「佛法大意是什麼？」

石頭希遷回答說：「無法得到，也無法知道。」

道悟又問：「是否有開悟成佛的方法？」

石頭希遷回答說：「萬里長空不妨礙白雲飛舞飄遊。」

道悟問說：「禪是什麼？」

石頭希遷回答說：「是磚頭。」

道悟又問說：「道是什麼？」

石頭希遷回答說：「是木頭。」

石頭希遷創立「石頭宗」的這種禪風，是一種「靜態的禪機」，他反問弟子問題，或者回答弟子一個錯愕的答案；而馬祖道一創立「洪州宗」的禪風，是一種「動態的禪機」，例如以打人、踢人、棒喝、手勢等等的方式，幫助弟子開悟。

「靜態的禪機」和「動態的禪機」，教導方法雖然不同，但是目的卻是相同的，可說是殊途同歸。石頭希遷和馬祖道一都是要「截斷對方的思慮考量」，也就是要讓弟子們的第六識「意識」裡的「分析判斷」功能暫停，藉此讓第七識「末那識」暫時停止作用，自己去感受「見自性」的感覺。

石頭希遷的後世傳承，以「曹洞宗」一派最有名，其禪風以「迴互」為其特色；馬祖道一的後世傳承，以「臨濟宗」一派最富盛名，其禪風以「棒喝」著稱。

六祖惠能門下的二大弟子「青原行思」和「南嶽懷讓」，後來各自發展，形成「曹洞宗」和「臨濟宗」二大不同禪風的宗派，並且各自大行其道。

一、「溈（ㄨㄟˊ）仰宗」簡介

「溈仰宗」是「五家七宗」裡最早成立的一個宗派，自「洪州宗」門下分出。唐代元和年間，嗣法於「百丈懷海」的「溈山靈祐」住潭州（今湖南寧鄉縣西）的「溈山」，宣揚宗風。門人弟子「仰山慧寂」住袁州（今江西省宜春縣南）的「仰山」，繼承並且集大成。「溈仰宗」是以開創者「溈山靈祐」與弟子「仰山慧寂」二師為宗祖，取「溈、仰」二字做為宗名。

「溈仰宗」的傳承，據《傳法正宗記》的記載，說「溈仰已熄」。記述禪宗傳法的次第的《傳法正宗記》卷第八原文：

正宗至大鑒傳既廣。而學者遂各務其師之說。天下於是異焉。競自為家。故有溈仰云者。有曹洞云者。有臨濟云者。有雲門云者。有法眼云者。若此不可悉數。而雲門臨濟法眼三家之徒。於今尤盛。溈仰已熄。而曹洞者僅存。綿綿然猶大旱之引孤泉。然其盛衰者豈法有強弱也。蓋後世相承得人與不得人耳。書不云乎。苟非其人道不虛行。

「溈仰宗」，在禪宗五葉中成立最早，創立並興盛於晚唐五代；衰亡也最早，其法脈流傳大約一百五十年，大概在唐末轉入宋初時逐漸沒落，最終和「臨濟宗」合併。

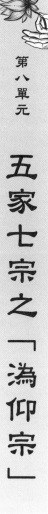

「溈仰宗」的衰亡，若究其原因，應該說能否得到傳承法脈的優秀人才是最為關鍵。「溈山靈祐」是頓超得妙，「仰山慧寂」是功行綿密，所以不是大根器的人不容易繼承。

「溈仰宗」的法脈傳承：

(1)六祖惠能→(2)南嶽懷讓→(3)馬祖道一（洪州宗）→(4)百丈懷海→(5)溈山靈祐→(6)仰山慧寂（溈仰宗）

二、「溈山靈祐」的生平

《景德傳燈錄》卷第十翻譯：

潭州「溈山靈祐」禪師是唐代福州長谿（今福建省霞浦縣南）人，俗姓趙，十五歲時，辭別雙親出家，依「建善寺」的「法常律師」落髮。在杭州的「龍興寺」受具足戒，研究大小乘的經律。二十三歲時，遊江西參訪「百丈懷海」禪師。「百丈懷海」一見到「溈山靈祐」，就答應收他做入室弟子，成為「百丈懷海」的首座弟子。

「溈仰宗」的創始人之一的「溈山靈祐」，他悟道的因緣很傳奇，記載在《教外別傳》裡，也是一個很好的禪機公案。

《教外別傳》卷十一（溈仰宗）原文：

溈山靈祐禪師（百丈海法嗣）

潭州溈山靈祐禪師。福州趙氏子。二十三遊江西。參百丈。百丈一見。許之入室。遂居參學之首。

侍立次。百丈問誰。師曰某甲。百丈曰。汝撥爐中有火否。師撥之曰。無火。百丈躬起。深撥得少火。舉以示之曰。汝道無。這箇聻。師由是發悟禮謝。陳其所解。百丈曰。此乃暫時岐路耳。經云。欲識佛性義。當觀時節因緣。時節既至。如迷忽悟。如忘忽憶。方省己物。不從他得。故祖師云。悟了同未悟。無心亦無法。祇是無虛妄。凡聖等心。本來心法。元自備足。汝今既爾。善自護持。次日同百丈入山作務。百丈曰。將得火來麼。師曰。將得來。百丈曰。在甚處。師乃拈一枝柴吹兩吹。度與百丈。百丈曰。如蟲禦木。

《教外別傳》卷十一（溈仰宗）翻譯：

潭州（今湖南長沙）「溈山（今湖南寧鄉縣西）靈祐」禪師（百丈懷海的法嗣），俗姓趙，福州長溪（今福建霞浦）人。二十三歲遊江西，參禮馬祖道一的法嗣「百丈懷海」，準備跟隨他學習南宗的禪法。百丈懷海一見到溈山靈祐，便答應收他為入室弟子，並且位居眾參學弟子的首位。

有一天，「溈山靈祐」隨侍站立在旁邊。

百丈懷海問說：「是誰？」

溈山靈祐回答說：「是靈祐。」

百丈懷海問說：「你撥一撥爐中的火，看看還有火沒有？」

溈山靈祐撥一撥爐火，回答說：「沒有火。」

百丈懷海親自站起來，用火鉗在爐中深深一撥，撥出一點火星，並且鉗起來給溈山靈祐看，然後說：「你說沒有火，這個是什麼呢？」

溈山靈祐聽完就有領悟，當下禮謝百丈懷海，並且陳述自己剛才所理解領悟的道理。

百丈懷海說：「這是暫時對『佛性』的理解而已，佛經說：『想要認識佛性的意義，應當觀察時機和因緣。時機到了的時候，好像困惑時，忽然覺悟；好像忘記時，忽然記得，才明瞭領悟，原來自己本來就具有『佛性』。不是從他處獲得。』所以祖師說：『覺悟了和沒有覺悟相同，沒有『心』也沒有『法（指佛教對世間、出世間的所有義理與修證的開示。）』，只是沒有虛妄不真實。凡人和聖人的『心』是平等的，原來『心』、『法』，本來自己就具備完整。你今天已經明瞭領悟，原來自己本來就具有『佛性』，自己要珍惜保護維持這個領悟。」

第二天，溈山靈祐隨同百丈懷海上山工作。

百丈懷海問說：「有沒有帶火種來？」

溈山靈祐回答說：「有帶來。」

百丈懷海問說：「在哪裡？」

溈山靈祐於是用手拿一枝木柴吹了兩下，然後交給百丈懷海。

百丈懷海說：「如蟲禦木。」

《教外別傳》卷十一（溈仰宗）分析：

百丈懷海要溈山靈祐到爐中撥火，這是暗示他要找到自己的佛性。起初溈山靈祐不明白百丈懷海的意思，撥一撥爐火，就回答說：「沒有火。」百丈懷海起身親自示範，要「深深一撥（深自內心體悟）」，「爐火（比喻「自性」）」才能現前。溈山靈祐聽完，立刻就領悟，當下禮謝百丈懷海。

到了第二天，百丈懷海問溈山靈祐一句「火種帶來了嗎？」問有沒有帶「火種」，意思不是指「真的火種」，而是暗指「佛性（自性佛）」。

百丈懷海問「火種」的目的，是要測試溈山靈祐昨天開悟之後，今天有沒有忘掉昨天開悟的境界。百丈懷海是問溈山靈祐說：「你昨天開悟了，還保有領悟到的『佛性（自性佛）』嗎？」

溈山靈祐說他有帶「火種」，意思是說：我沒有忘記我昨天領悟到的「佛性（自性佛）」境界。「佛性（自性佛）」的境界是「不可說」的，否則就不是「無我」的智慧，而是「有我」的聰明伶俐。如果溈山靈祐真的給百丈懷海火種，那就表示他還沒有開悟。

佛曰「不可說」又稱為「不可言說」，意思是：真理必須證知，不可以用言說文字來詮示說明，因為用「言說文字」，是用第六識「意識」在分析判斷，就有執著心。佛曰：「不可說」，道家講「三緘其口」，儒家講「沉默是金」，道理是一樣的。因此，禪宗大師開導門人時，都以「不可言說佛法的一字一言」，以破除門人對佛法的執著。

溈山靈祐為了表示自己明白「不可說」的意思，所以他順手撿了一根木柴吹兩下，然後交給百丈懷海，表示「你要的「火種（佛性）」在這裡。」借用這根「有無形火種的木柴」，說明他對「佛性（自性佛）」的境界的領悟。

百丈懷海便引用一個「如蟲禦木，偶然成文。」的佛經比喻，來告誡溈山靈祐的悟境，是「瞎貓碰到死老鼠」，偶然給碰到了。要溈山靈祐不要自滿，要繼續禪定用功。

看到這裡，要先暫停一下，先解釋什麼是「如蟲禦木」？

百丈懷海所說的「如蟲禦木」，「禦」原是「抵抗、抵擋」的意思，在這裡做「蛀」來解釋，「禦木」就是「蛀木、食木」，「如蟲禦木」有個下一句是「有成字者」。

「如蟲禦木，有成字者。」意思是：如蛀蟲啃食木皮，偶然也能形成文字的形狀，但是蛀蟲不是刻意的，它並不知道這個文字的意思。這是比喻學法者修行時，必須先明白佛法的意思，而不要誤將外道的歪理曲解成佛理。

百丈懷海用「如蟲禦木，有成字者。」這句話，來鼓勵溈山靈祐。百丈懷海提醒溈山靈佑，他的開悟是如同「蛀蟲啃食木頭」，偶爾形成文字。猶如得到了一絲星火，但還沒有把這「火種」培養起來，必須再下一番功夫，才能不是偶然的「如蟲御木」，而是必然地達到「星火燎原」的涅槃解脫之境。

百丈懷海所說的「如蟲禦木」，這個比喻出自於《大般涅槃經》，經中有所謂「如虫食木，有成字者。」的比喻。

《大般涅槃經》壽命品第一之二原文：

如虫食木有成字者。此虫不知是字非字。智人見之終不唱言。是虫解字。亦不驚怪。……比丘當知。是諸外道。所言我者。如虫食木偶成字耳。是故如來於佛法中唱是無我。為調眾生故。為知時故說是無我。有因緣故亦說有我。……是故說言。諸法無我實非無我。

《大般涅槃經》壽命品的這段經文，前後文大意是說：釋迦牟尼佛是眾生的大醫王，能依照眾生根性利鈍的不同來救治，而開出不同的藥方，使用善巧方便的法門。學佛者因為根性利鈍的不同，所以對佛法的理解也不同；就如同病人的體質不同，醫生必須用不同的藥方來治病一樣。

若學佛者執著於「空」，釋迦牟尼佛就對他說「有」的法門以破「空」；若學佛者執著於「有」，釋迦牟尼佛就對他說「空」的法門以破「有」；若學佛者既執著於「空」，又執著於「有」，釋迦牟尼佛就對他說「非空亦非有」的法門；若學佛者執著於「非空亦非有」，釋迦牟尼佛就對他說「非非空非非有」的法門。

而佛法的最高境界是「中道」，不執著於任何一「法」，但又不是沒有「法」。若有人只說一種法，偶爾有人聽到之後，覺得他開悟了，但是往後卻不能夠破除對「法」的執著，這就只是「瞎貓碰到死老鼠」，偶然給碰到了，不是真正的悟道，釋迦牟尼佛把這種情形稱為「如虫食木，有成字者。」。學法者修行的時候，必須先明白佛法的意思。釋迦牟尼佛教導眾生的方法，是因材施教，對鈍根的眾生，教導「有我」；對利根的眾生，教導「無我」。而外道提倡「有我」，以為和釋迦牟尼佛的佛法相同，卻不知道佛說「有我」，只是方便法門，不是究竟法。

就好像有蟲在木頭上蛀食，食後在木頭上面留下一些像文字一樣的痕跡，有愚昧的人看到這些痕跡，誤認為這隻蟲認識字，有智慧的人就明白，這只是一種巧合，這隻蟲根本不認識字。百丈懷海對溈山靈祐引用「如蟲禦木，偶然成文。」這段經文，來提醒他不要自滿，要繼續禪定用功。因為要真正見到「自性佛」，是要從自己的第六識「意識」下手修行，而不是用第六識「意識」去要一些小聰明。

我們再繼續看下一個溈山靈祐的傳奇記載，由於原文冗長，所以不列出，只看翻譯部分。

《教外別傳》卷十一（溈仰宗）翻譯：

風水大師「司馬頭陀（「頭陀」是行腳乞食的僧人）」從湖南來，告訴百丈懷海說：「前不久我在湖南找到一座名為『大溈』的山，這座山是能夠聚集一千五百名善知識修行的寶地。」

百丈懷海問說：「老僧我可以住持此山呢？」

司馬頭陀回答：「這一座山不是和尚你所居之處。」

百丈懷海問說：「為什麼呢？」

司馬頭陀回答：「和尚你是骨人（骨瘦之人），那座山是肉山（豐腴之山），相不穩合，如果你去住持此山，徒弟不會超過一千人。」

百丈懷海問說：「那麼在我的徒弟之中，是否有人可以住持呢？」

司馬頭陀回答：「我來觀察看看。」

當時百丈懷海的師弟「華林覺和尚」為首座，百丈懷海命令侍者去請他前來。

百丈懷海問說：「這個人如何呢？」

司馬頭陀請華林覺和尚「謦欬（ㄑㄧㄥˋㄎㄞˋ，咳嗽）」一聲，再行走數步，便說：「這個人不適合。」

司馬頭陀又命令侍者去請溈山靈祐前來，當時溈山靈祐擔任「典座（負責寺院伙食）」的職務。

司馬頭陀一看到後，便說：「這個人正是我要找的溈山主人。」

百丈懷海在當夜就召喚溈山靈祐進入方丈室，囑咐他說：「我的化緣之地在此，而溈山的勝境，你應當去住持，以傳續我的宗法，廣度後學。」

華林覺和尚道這件事之後，向百丈懷海提出異議說：「再怎麼說我居為上首，靈佑禪師只是一位典座，怎能當住持呢？」

百丈懷海說：「如果你們能當著大眾，對得一句特殊的話，就請他去擔任住持。」

百丈懷海集合大眾，在地上擺了一個淨瓶，指著淨瓶說道：「不可以稱做淨瓶，那你要稱它為什麼？」

華林覺和尚問說：「也不可以稱做『木楔（ㄐㄩㄝˊ，短木樁）』嗎？」

百丈懷海問溈山靈祐，溈山靈祐二話不說就踢倒淨瓶，轉身走了出去。百丈懷海就笑著對大家說：「這個首座，竟然輸給山僧靈祐！」溈山靈祐於是奉百丈懷海之命前往溈山住持，從此開啟了「溈仰宗」的因緣。

為什麼百丈懷海會說「華林覺和尚」首座，會輸給「溈山靈祐」典座呢？答案是：「佛曰不可說，離一切相，是名諸佛。」所以，溈山靈祐用踢倒淨瓶的方式，來暗寓破相顯性，說明他的悟境。

我們再繼續往下，看這個傳奇故事發展。

大溈山的山勢非常險峻，廣闊遙遠，是一個沒有人居住的地方。溈山靈祐自從來到此山，整天與猿猴為伍。這樣過了五至七年，竟然沒有一個人上山來。

溈山靈祐自言自語：「我住持在此山的本意，是想要利益眾生，可是住在這裡，卻是與世隔絕，只能獨善其身，有什麼用呢？」

當下，溈山靈祐想放棄他搭建的「小庵（圓頂草舍）」，要去其它的地方。當他下山走到山口的時候，只見路上蛇、虎、狼、豹成群交錯，擋住了他下山的去路。

溈山靈祐說：「你們這些野獸，不用攔住我的去路。我假如和此山有緣分，你們就各自散去；我假如和此山無緣，你們就不用動，我從此路過時，就任由你們吃我。」話剛說完，蛇、虎、狼、豹四散而去。於是溈山靈祐重新回到他原來居住的小庵，繼續等待因緣。

過了不到一年的時間，「懶安和尚（長慶大安，百丈懷海的法嗣）」帶領幾位僧人，從洪州大雄山的百丈巖（百丈懷海在此住持）前來，輔佐溈山靈祐。懶安和尚對溈山靈祐說：「我前來給和尚當典座（負責寺院伙食），等到入住此山的僧眾達到五百人，不管什麼時候，我就不再當典座負責伙食，到時候請你放我下山。自此以後，山下的居民，率領眾人共同建造佛寺。

會昌五年，唐武宗推行「廢佛政策」，勒令僧尼還俗，時間長達兩年，溈山靈祐不得不遣散僧眾，包頭巾成為平民，過著自耕自食的生活。

唐武宗時的宰相「裴休」，因為勸諫直言，被貶為潭州刺史。後來到寧鄉縣的溈山居住，和溈山靈祐成為好友。

到了會昌六年，唐武宗逝世，唐宣宗即位後，又重新尊佛。唐宣宗拜請裴休重新擔任宰相。裴休親自拜訪禮敬溈山靈祐，請溈山靈祐重剃髮為僧，宣揚佛教，開演禪法。後來裴休更置田飯僧、布施金錢，上奏朝廷請建佛寺。得到唐宣宗敕封「密印禪寺」的匾額。唐宣宗年間，宰相裴休曾經咨詢溈山靈祐有關禪學的神奇奧妙，從此天下的禪學都聚集在此。

後來，統管湘潭一帶的「連帥（地方高級長官）」「李景讓」，因為尊崇溈山靈祐的禪法，也奏請朝廷求賜名號給寺院的大門，名號為「同慶」。遭逢「會昌法難」摧殘的道場，從此才漸漸復興，恢復往日叢林的規模。

三、「溈山靈祐」的核心思想

溈山靈祐禪法的核心思想是「三種生」，分別為：「想生」、「相生」和「流注生」三種，這是他為了接引學法者，證得「大圓鏡智」，達到無礙境界而設的三種禪機法。

《人天眼目》卷四原文：

師（溈山靈祐）謂仰山曰。吾以鏡智為宗要。出三種生。所謂想生相生流注生。楞嚴經云。想相為塵。識情為垢。二俱遠離。則汝法眼應時清明。云何不成無上知覺。想生即能思之心雜亂。相生即所思之境歷然。微細流注。俱為塵垢。若能淨盡方得自在。

《人天眼目》卷四翻譯：

溈山靈祐告訴弟子仰山慧寂說：「我以『大圓鏡智』為禪理的要義，產生三種『生』，分別為『想生』、『相生』和『流注生』。《楞嚴經》上說：『想相為塵。識情為垢。二俱遠離。則汝法眼應時清明。云何不成無上知覺。』『想生』就是能夠思慮的心雜亂；『相生』就是所思慮的境界清晰；八識微細的『流注』，都是灰塵汙垢。假如能夠一點都不剩，才能夠得到自在。

溈山靈祐說「三種生」的這一段話，出自於「唯識學」、《楞嚴經》和《楞伽經》。我先簡單介紹一下重點：

首先是「鏡智」，溈山靈祐說：「吾以鏡智為宗要。」意思是：他以「大圓鏡智」為禪理的要義。什麼是「鏡智」？「鏡智」就是指「大圓鏡智」，即指可如實映現一切法的佛智。這種佛智，如同「大圓鏡」一般，可以映現一切萬物的形像。

依據「唯識宗」所說，成佛以後，「煩惱」即轉變為「智慧」。這種智慧可以分為四種：

(1)轉「前五識」為「成所作智」；
(2)轉「第六識」為「妙觀察智」；
(3)轉「第七識」為「平等性智」；
(4)轉「第八識」為「大圓鏡智」。

在證入佛果時，第八識「阿賴耶識」捨斷一切煩惱習氣，轉依而成純粹的「無漏智（無煩惱智）」。這個智遠離一切的執著，處於一切境界時，能不愚迷、不忘失；能夠明察三世一切諸法，現眾生的諸善惡業，萬德圓滿，無所欠缺，就好像一面大圓鏡一般，能顯現一切的色像，所以稱為「大圓鏡智」。

接下來，我們來說明「想生」及溈山靈祐所提到《楞嚴經》上的一段經文。其實，「想生」的概念，就是出自於這段經文裡的「想相」。但是，我們要先追溯這段經文的前一段，再連結溈山靈祐所提到的那段經文，才能夠完整的了解溈山靈祐的心得。

前一段經文如下：

《楞嚴經》卷四原文：

以諸眾生從無始來。循諸色聲。逐念流轉。曾不開悟性淨妙常。不循所常。逐諸生滅。由是生生雜染流轉。若棄生滅。守於真常。常光現前。根塵識心應時銷落。

溈山靈祐所提到的經文如下：

《楞嚴經》卷四原文：

想相為塵，識情為垢，二俱遠離。則汝法眼應時清明。云何不成無上知覺。

連結這二段經文，《楞嚴經》卷四翻譯：

因為所有的眾生從無始久遠以來，便順著習性攀緣眾多的物質和聲音，追隨心的憶念而輾轉於三界、六道的輪迴，生死相續不斷，竟然不能開悟了解到自性清淨常住的妙用。眾生不去遵循自己常住的自性，而去追逐所有的生滅事物，因此持續不斷的混雜汙染在六道輪迴之中。如果離棄生滅的事物，守護常住的真心（自性），常住的「自性光」便顯現於眼前，六根（眼根、耳根、鼻根、舌根、身根、意根）、六塵（色、聲、香、味、觸、法）和六識心（眼識、耳識、鼻識、舌識、身識、意識）立刻消失。

思想這個形像狀態就好像是灰塵，認知情感的心識就好像是汙垢，一旦同時遠離「思想」和「心識」這二樣塵垢，那麼你那徹見真理的智慧的法眼，立刻清淨明亮，怎麼能夠不成就那無上的真知真覺呢？。

最後，我們來說明「相生」和「流注生」，這二個概念出自於《楞伽經》。

《楞伽經》卷第一原文：

爾時大慧菩薩摩訶薩復白佛言：「世尊！諸識有幾種生住滅？」佛告大慧：「諸識有二種生住滅，非思量所知。諸識有二種生：謂流注生，及相生。有二種住：謂流注住，及相住。有二種滅：謂流注滅，及相滅。」

《楞伽經》卷第一翻譯：

這時大慧菩薩再問佛說：「世尊！所有的識（八識）有幾種『生（生起）』、『住（存在）』、『滅（壞滅）』的作用呢？」

佛告訴大慧菩薩說：「所有的識（八識）有兩種『生（生起）』、『住（存在）』、『滅（壞滅）』的作用，都不是思慮考量所能夠知道的。」所有的識（八識）有兩種『生（生起）』：即為『流注生』和『相生』；有兩種『住（存在）』：稱為『流注住』，及『相住』；有兩種『滅（壞滅）』：稱為『流注滅』，及『相滅』。」

《楞伽經》卷第一分析：

什麼是「流注」？「流」是移動；「注」是灌入、傾瀉。「流注」的意思是「連續不斷」，「有為法」剎那間，前滅後生，連續不斷，有如水的流注。「相」的意思是「相狀，形像狀態。」

在《楞伽經》裡，大慧菩薩聽完釋迦牟尼佛用一百零八句詩偈，回答一百零八個問題後，再向釋迦牟尼佛請法：「請問八識各有幾種生住滅呢？」釋迦牟尼佛回答說：「有二種生住滅，非意識思量所能知之。」

釋迦牟尼佛回答大慧菩薩的問題，說明「宇宙萬有」都是八識變化的過程，依序為「生（生起）、住（存在）和滅（消失）」等三個階段，而且這三個階段，也都各有「流注」與「相」這兩種情況。

下面來解析什麼是「流注」和「相」的「生、住、滅」？

（一）什麼是「流注生」和「相生」？

「流注生」就是「八識」如流水注入般的，連續不斷的產生「覺知感受」；意思是：「八識」對外境中的諸法萬物，連續不斷的「生起」種種的「覺知感受」。

「相生」就是因為「八識」連續不斷的流注，才產生「形像狀態」的認知，意思是：因為「八識」生起這些連續不斷的「覺知感受」，外境被「覺知感受」分析解讀後，才產生「形像狀態」的相貌，就稱為「相生」。

（二）什麼是「流注住」和「相住」？

「住」就是從「生出」到「壞滅」的中間的「過程」，這個「過程」就是我們會認為萬物「存在」的錯覺。

「流注住」就是「八識」如流水流注般的，連續不斷的安住形式，意思是：此流注現象會維持連續運作一段時間，此段時間的「流注現象」維持不斷，才會感覺「安住、存在」就稱為「流注住」。

「相住」就是，因為有連續不斷的安住形式，才有一切「現象界」的存在。

（三）什麼是「流注滅」和「相滅」？

「流注滅」就是「八識」所「覺知感受」連續不斷存在的事物，不斷的在消失。

「相滅」就是，隨著連續不斷存在的事物，不斷的在消失，「現象界」也同時跟著不斷的在消失。

在《楞伽經》裡，釋迦牟尼佛向大慧菩薩說明，「宇宙萬有」都是八識變化的過程，依序為「生（生起）、住（存在）和滅（消失）」等三個階段，而且這三個階段，也都各有「流注」與「相」這兩種情況。

其實，這一段經文，就是迦牟尼佛」所說的「三界唯心，萬法唯識。」的概念，是說明宇宙萬有的作用，都只是八識的變化。

有人懷疑「三界唯心，萬法唯識。」的理論，有科學根據嗎？有的！當代的量子物理科學家做了一個「雙縫實驗」，這個實驗的結論，告訴我們：

(1)沒有意識的觀察，就沒有物質的存在。

(2)沒有意識的觀察，宇宙萬物（物質世界）只是一團無形的能量。

(3)有情眾生的意識觀察，創造了宇宙（物質世界）。

也就是說：宇宙（物質世界）是你的「意識觀察」所創造的。

所以八識的「流注滅」和「相滅」，就是說明「沒有意識的觀察，就沒有物質的存在。」這個情況。

以現在「量子科學」所講的「量子波動現象」，我們的世界所存在的萬物，其實都只是「量子」不斷的在運動，所產生的現象，這個講法完全符合釋迦牟尼佛的說法。

上面的說明雖然詳細，但是可能有人還是看不懂。我再簡單舉個例子，來說明「八識」的「流注」和「相」的「生、住、滅」現象：

1.什麼是「八識」的兩種「生」呢？就是所謂「流注生」及「相生」。

(1)「流注生」就是用手機錄影，啟動錄影功能。

(2)「相生」就是錄影的影像。

2.什麼是「八識」的兩種「住」呢？就是所謂「流注住」及「相住」。

(1)「流注住」就是關閉錄影。

(2)「相住」就是暫存的錄影影像

3.什麼是「八識」的兩種「滅」呢？就是所謂「流注滅」及「相滅」。

(1)「流注滅」就是關閉手機錄影功能。

(2)「相滅」就是沒有選擇儲存，暫存的錄影影像消失。

另外，再舉個簡單例子來說明「相」的「生、住、滅」現象：例如：燒一鍋水，當水已經開始在沸騰冒泡，就是「相生」；當水劇烈的沸騰，就是「相住」；當水被燒乾，就是「相滅」。

其實釋迦牟尼佛所說的「流注」和「相」，就是現代心理學所說的「視覺暫留」現象。

「視覺暫留」現象是光線對「視網膜」所產生的「視覺」，在光線停止作用後，仍然保留一段時間的現象，這種現象的產生，是因為「視神經」的反應速度所造成的。

人的眼睛觀看物體時，生成「形像」於「視網膜」上，並且將「光信號」轉換為「神經電流」，藉由「視神經」傳回「大腦」產生「視覺」，感覺到物體的「形像」。

但是當物體消失時，「視神經」對物體的影像不會立即消失，眼睛仍然能夠繼續保留其影像大約0.1-0.4秒左右的「殘留視覺」，這種現象被稱為「視覺暫留」。

「視覺暫留」現象，普遍存在我們的日常生活中，例如：

(1)傳統的日光燈，每秒大約閃爍120次，但是我們感覺不到日光燈的閃爍；

(2)下雨的時候，可以看到雨滴呈現一條線的狀態落下；

(3)在每頁書的角落畫上連續的小人圖，然後快速的翻頁，小人就會動起來；

(4)其它像我們常看到的卡通動畫、電影、走馬燈等。

「視覺暫留」現象，說明了「日光燈、下雨、卡通動畫、電影和走馬燈等，實際上都是眾生的錯覺，但是眾生都認為是真的。

解釋了那麼多，我們再回過頭來看「溈山靈祐」的禪修宗旨。

前面提到：溈山靈祐告訴弟子仰山慧寂說：「我以『大圓鏡智』為禪理的要義，產生三種『生』，分別為『想生』、『相生』和『流注生』。《楞嚴經》上說：『想相為塵。識情為垢。二俱遠離。則汝法眼應時清明。云何不成無上知覺。』，『想生』就是能夠思慮的心雜亂；『相生』就是所思慮的境界清晰；八識微細的『流注』，都是灰塵汙垢。假如能夠一點都不剩，才能夠得到自在。

後來，有一位「石佛忠禪師」，對於「想生」、「相生」和「流注生」，有很精闢的解答。

《人天眼目》卷四原文：

後有僧問石佛忠禪師。如何是想生。忠云。兔子望月。如何是相生。忠云。山河大地。如何是流注生。忠云。無間斷。

《人天眼目》卷四翻譯：

後來有僧人問「石佛忠禪師」：「怎樣是想生？」

石佛忠禪師回答說：「兔子望月。」

僧人又問：「怎樣是相生？」

石佛忠禪師回答說：「山河大地。」

僧人再問：「怎樣是流注生？」

石佛忠禪師回答說：「無間斷。」

《人天眼目》卷四分析：

(1)「怎樣是想生？」石佛忠禪師回答說：「兔子望月。」「兔子望月」不是「兔子」看「月亮」，而是「眾生」看「月亮」時，腦中產生妄想的心思。在中國的古代神話傳說中，「月亮」上住著一隻「玉兔」，在「廣寒宮」裡和「嫦娥」相伴，並且搗製長生不老藥。石佛忠禪師的意思是：「想生」是對於塵境產生妄想的心思，就像「眾生」看到「月亮」時，腦中就產生「月亮」上住著一隻「玉兔」的妄想。

(2)「怎樣是相生？」，石佛忠禪師回答說：「山河大地。」依據釋迦牟尼佛所說「三界唯心，萬法唯識。」的佛法，「山河大地」只是「眾生」的心識所產生的形像狀態，是一種假象，不是真實的東西。

(3)「怎樣是流注生？」「石佛忠禪師」回答說：「無間斷。」因為「眾生」的八識，連續不斷「無間斷」的流注，和外塵境和合，才會產生「覺知感受」，才有「妄想執著」，也才有煩惱的產生。

最後，我們對「溈山靈祐」禪法的核心思想做個結論：

(一)第八識「阿賴耶識」是三界萬法的主體。

溈山靈祐以「大圓鏡智鏡」為宗要，「大圓鏡智鏡」就是轉化第八識「阿賴耶識」所得到的佛智。「大圓鏡智鏡」是「法相宗」的重要學說，「法相宗」認為成佛以後，第八識「阿賴耶識」轉變為清淨智，就如同一面「大圓鏡」可以如實的映現一切影像一樣。這種可以如實映現一切法的清淨智，就稱為「大圓鏡智鏡」。

(二)三界萬法只是第八識「阿賴耶識」所生起的現象與作用而已。

眾生的「八識」會產生「想生」、「相生」和「流注生」。

(1)「想生」：就是能夠思慮的心雜亂；

(2)「相生」：就是所思慮的境界清晰可見；

(3)「流注生」：八識微細的「流注」，都是如同灰塵汙垢一般的蒙蔽我們的自性，不斷的生起煩惱。

假如能夠一點都不剩，才能夠顯現內在「自性」的光明。一般人以這三種相，所顯現的現象與作用，認為是存在、實有，殊不知現象與作用的存在，是剎那間生滅的，不是存在、實有的。

（三）第六識「意識」和第七識「末那識」共同產生的「思想」都是灰塵，第六識「意識」和第七識「末那識」共同產生的「情緒」都是汙垢。修行從第六識「意識」下手，目標是讓第七識「末那識」停止作用，只要能夠遠離第六識「意識」和第七識「末那識」這二識，那麼你的「法眼（觀照真理的智慧眼）」立刻清澈明亮，成就無上的「佛智（大圓鏡智鏡）」。

（四）「八識」會產生「想生」、「相生」和「流注生」，這些都是灰塵汙垢，假如能夠全部清淨，才能夠遠離煩惱的束縛，自由自在，隨心所欲，做任何事都沒有障礙。

我們所認知存在的三界萬法，是因為「八識」連續不斷，如川流流注般的「生起」、「存在」和「消逝」而已。每一剎那「生起」、「存在」和「消逝」，都是因為「前滅後生，生生滅滅。」所以是不斷變化的，看起來就是真實存在，其實是一種錯覺。這種錯覺，就形成了我們所認知的世界。

溈山靈祐提倡「三種生」的思想，所要表達的核心思想是「無思」，他告誡弟子不要被外界的假相所迷惑。

四、「溈山靈祐」的得法弟子

溈山靈祐的得法弟子，《景德傳燈錄》卷第十一裡，記載有「仰山慧寂」、「香嚴智閑」等四十三人，其中，「仰山慧寂」承其後而集大成，於「仰山」宣揚師風，世人稱為「溈仰宗」，為中國禪宗五家七宗最早建立的一宗。「溈仰」合稱，說明了他們師徒間的切磋唱和，是「溈仰宗」的重要特色。

溈山靈祐有《潭州溈山靈祐禪師語錄》一卷，記載許多和仰山慧寂師徒之間的對話，內容充滿了智慧禪趣，意氣相投，默契十足，談笑聲中機鋒不斷。

因此，《人天眼目》評論說：「溈仰宗者。父慈子孝。上令下從。爾欲捧飯。我便與羹。爾欲渡江。我便撐船。隔山見烟。便知是火。隔牆見角。便知是牛。溈山一日普請摘茶。次謂仰山曰。終日只聞子聲不見子形。仰山撼茶樹。溈山云。子只得其用不得其體。仰曰。和尚如何。師良久。仰曰。和尚只得其體不得其用。溈山云。放子三十棒。乃至仰山過水。香嚴點茶。推木枕展坐具。插鍬立舉鍬行。大約溈仰宗風。舉緣即用忘機得體。不過此也。」

五、「仰山慧寂」的生平

《景德傳燈錄》卷第十一翻譯：

袁州（今江西省）「仰山慧寂」禪師是韶州懷化人（今廣東番禺人），俗姓葉。十五歲的時候，想要出家，父母不允許。十七歲時仰山慧寂自斷手二指，跪求父母讓他出家。發誓求得正法，以報答父母的養育之恩。父母見他的意志如此堅定，最後只好答應他的請求。

於是仰山慧寂就到「南華寺」請「通禪師」幫他落髮出家。仰山慧寂悟道心切，在還沒有受「具足戒（指佛教信眾在出家加入僧團成為出家眾後，成為比丘或比丘尼時所應接受與遵行的戒律，也就是指『波羅提木叉』。發誓遵守『波羅提木叉』，是成為僧團成員的先決條件。成為出家眾，就必須要遵守完整的『波羅提木叉』，所以稱為『具足』。只有接受『具足戒』之後，正式成為僧團成員，才能被稱為『比丘』或『比丘尼』。）」的時候，就以「沙彌（佛教對年齡不足二十歲，或其他未受『具足戒』

的初級出家男子的稱呼。）」的身分，開始遊方參學。

最初拜見耽源山的「應真禪師（「南陽慧忠」國師的法嗣）」，向他學習禪法，就已經領悟到深奧的義理。之後，參訪溈山靈祐學習，就到達禪法高深的境界。

六、「仰山慧寂」的開悟

仰山慧寂是因為聽到師父溈山靈祐的一番話而頓悟，這件事記載在《祖堂集》。

《祖堂集》卷一八原文：

師（仰山慧寂）問：「如何是佛？」溈山云：「以思無思之妙，返靈燄之無窮。思盡還源，性相常住。理事不二，真佛如如。」師於語下頓悟，禮謝指要。

這段話裡，有二個重點：

⑴無思之思：

「以思無思之妙，返靈燄之無窮。思盡還源，性相常住。」這句話是說：以思慮去考量「沒有思慮考量」的妙處，就可以返回「靈燄（自性）」的無限境界。去除「思慮考量」就可以返回到「自性」的源頭，「性相（指「體性」與「相狀」，不變而絕對的真實本體，或事物之自體，稱為「性」；差別變化的現象的相狀，稱為「相」。）」永恆不變。

用「唯識學」來解釋就是：「無思」是處於「沒有思慮考量」的狀態，也就是第六識「意識」處於「定中獨頭意識」的狀態。這時候，因為第六識「意識」停止「分析判斷」的功能，所以無法傳遞「分析判斷」的資訊給第七識「末那識」，於是第七識「末那識」就停止作用。

「思無思」的第一個「思」，就是指會思考的第六識「意識」停止「分析判斷」的功能；第二個「思」是指第七識「末那識」停止作用的狀態。

能夠「思無思」，才能夠讓第七識「末那識」的「妄想執著」，無法產生，自然就顯現「靈燄（自性本體）」。「思盡」就是指第六識「意識」和第七識「末那識」，同時停止作用的狀態。

「性相常住」就是指沒有第七識「末那識」的「妄想執著」，不變而絕對的「自性本體」，和由「自性本體」作用出來的差別變化的現象的相狀，就永遠存在。」。

(2)理事不二：

「理」是道、道理、真諦、出世間法，指不生不滅的無為法，指真實不妄的義理，指「空理」。即由般若智慧所觀照的結果，萬法是緣起的、沒有固定不變的本體。

「事」是一切世間的事相、俗諦、世間法，指因緣所生的有為法，指世間的事實與俗知的道理。

「理事不二」，事不棄理，理在事中，圓融無礙。「事」雖然隨因緣而生，而不生不滅的「理」卻在其中；「理」雖然是寂靜無為，不動的「真如」，但是假如沒有由因緣而生的「事」，就無法顯現「理」的存在。「不二」是指對一切現象沒有兩邊的分別，因此，「事」就是「理」，「理」就是「事」，稱為「理事不二」。

「真佛如如」是說：無相的法身，遍布於宇宙中真實的本體，為一切萬有的根源。

七、禪宗的「體用觀」

以下從《潭州溈山靈祐禪師語錄》中，列舉一個溈山靈祐和仰山慧寂師徒之間禪機對話的例子。在舉例之前，要先談一個重要的概念，就是「禪宗的體用觀」。因為這些例子都脫離不了這個概念，沒有這個概念，這些例子是看不懂的，所謂「體用觀」就是「體」和「用」的關係。

「體」和「用」是中國古代哲學的專有名詞，指「本體、實體」和「作用、功用」。「體」是最根本的、第一性的、內在的、本質的；「用」是「體」的外在表現、表象，因為有「體（本體）」，才產生「用（作用）」。但是，「體」和「用」並不是分為二個部分，而是「體用不二、體用一如、由體起用」。

「體」和「用」的關係，就好像「樹木」和它的「樹影」一樣；就好像「手影戲」裡，「手」和它的「手影」一樣。「手」是「體」是「本體、實體」；「手影」是「作用、功用」，有「手」才有「手影」，二者看起來不同，實際上是一體的。

「體」和「用」的概念，在《周易》和《論語》都有提到，但是「體」和「用」的概念一起出現，最早見於《荀子》一書。

《荀子》富國篇原文：

> 萬物同宇而異體，無宜而有用為人，數也。

《荀子》富國篇翻譯：

萬物共同並存在宇宙之中，而且形體各不相同，它們的用處不同，卻對人類都有用處，這是一種法則。

這裡的「體」是指「萬物的形體」，「用」是指「萬物的功用」。

在古代中國哲學的長期發展過程中，「體」和「用」被定義為：「實體和它的作用、功能」以及「主、從屬性的關係」，逐漸形成一種「有體有用、體用一如」的思想模式。

從魏晉南北朝到隋唐時期，流行「玄學」的「體用之辯」，這對於盛行在魏晉南北朝和隋唐時期的「佛教」產生了深刻影響。

在印度佛教中，有所謂「真俗二諦」之說，即「真諦」和「俗諦」二諦。「真諦」是佛智所見的真實之理；「俗諦」是凡人所見的世間事相。

中國佛教的學者把「真俗二諦」和玄學的「體用觀」連結起來，演化成佛學的「體用觀」，並且用來解釋佛教的「性相、理事、寂照、定慧、空色、法界緣起」等理論。

什麼是佛學的「體用觀」？我們人類認知這個世界的方法，只有「感知」和「思知」。人類有「感覺器官（眼睛、耳朵、鼻子、舌頭和身體）」，對於實際的物體，能有「感覺」；人類有「思量的功能」，對於無形的道理，能有「概念」。可是，對於不可思議和推論的「自性本體」而言，我們無法用「感覺器官」和「思量的功能」去知道它的存在。

「自性本體」是「不可思議」和「不可言說」的。「禪宗」提出在頓悟「明心見性」之後，才能夠由「體」起「用」，才能體會「自性本體」的存在。

人類認知這個世界的方法，只有「感知」和「思知」兩種，以「唯識學」來講，就是第六識「意識」和第七識「末那識」的互相作用而已。要感受到「自性本體」的存在，必須要透過第六識「意識」

的修行，最後讓第七識「末那識」停止作用，才可以做得到。

六祖惠能在《六祖壇經》裡，把禪宗的「體用觀」解釋的很詳細。

(1)《六祖壇經》般若第二原文：

善知識！心量廣大，遍周法界，用即了了分明，應用便知一切。一切即一，一即一切。去來自由，心體無滯，即是般若。

天上一輪明月，普現於一切水中，一切水中的月，總歸於天上的一輪明月，證明了「一切即一，一即一切」的「體用不二」的觀念。

(2)《六祖壇經》般若第二原文：

用即遍一切處，亦不著一切處。但淨本心，使六識出六門，於六塵中無染無雜，來去自由，通用無滯，即是般若三昧、自在解脫。

「用即遍一切處，亦不著一切處。」說明了「用」是由「體」而起，可是「體」並非附著於「用」之上。

(3)《六祖壇經》般若第二原文：

見性之人，立亦得、不立亦得，去來自由，無滯無礙，應用隨作，應語隨答，普見化身，不離自性，即得自在神通游戲三昧，是名見性。

在悟道之後，一切都是由「體」起「用」，而「用」不離「體」。「去來自由，無滯無礙，應用隨作，應語隨答，普見化身，」，這是見性之人的「用」；「不離自性」，這是見性之人的「體」。

(4)《六祖壇經》定慧第四原文：

師示眾云：「善知識！我此法門，以定慧為本。大眾！勿迷，言定慧別。定慧一體，不是二。定是慧體，慧是定用。即慧之時定在慧，即定之時慧在定。」

六祖惠能的修行法門是以「定慧為本」，要明白「定慧一體，不是二。」，定是慧「體」，慧是定「用」。

(5)《六祖壇經》定慧第四原文：

善知識！定慧猶如何等？猶如燈光。有燈即光，無燈即闇。燈是光之體，光是燈之用；名雖有二，體本同一。此定慧法，亦復如是。

六祖惠能闡述「體」和「用」的關係後，禪宗的「體用觀」由此建立，以後的禪宗傳人，繼續發揚光大。

介紹完「禪宗的體用觀」，我們再回到《潭州溈山靈祐禪師語錄》中，列舉一個溈山靈祐和仰山慧寂師徒之間禪機對話的例子，這個例子說明了「體」和「用」的關係。

八、「溈山靈祐」和「仰山慧寂」的禪機對話

《潭州溈山靈祐禪師語錄》原文：

師摘茶次。謂仰山曰。終日摘茶。祇聞子聲。不見子形。仰山撼茶樹。師曰。子祇得其用。不得其體。仰山曰。未審和尚如何。師良久。仰山曰。和尚祇得其體。不得其用。師曰。放子三十棒。仰山曰。和尚棒某甲喫。某甲棒教誰喫。師曰。放子三十棒。

《潭州溈山靈祐禪師語錄》翻譯：

溈山靈祐採茶的時候，對弟子仰山慧寂說：「終日採茶，只聽到你的聲音，看不見你的形相。」

仰山慧寂搖動茶樹。

溈山靈祐說：「你只得到了它的用，沒有得到它的體。」

仰山慧寂說：「不知道和尚您怎麼回答這個問題樣？」

溈山靈祐沉默很久。

仰山慧寂說：「和尚您只得到了它的體，沒有得到它的用。」

溈山靈祐說：「打你三十棒。」

仰山慧寂說：「和尚的棒子我承受，我的棒子讓誰承受呢？」

溈山靈祐說：「打你三十棒。」

《潭州溈山靈祐禪師語錄》分析：

這一段禪機就是溈山靈祐和弟子仰山慧寂在摘茶時，辨論「體用」的關係。

溈山靈祐對弟子仰山慧寂說：「終日採茶，只聽到你的聲音，看不見你的形相。」溈山靈祐所說的「形」，就是指眾生本來具有的「自性本體」，但是眾生到處尋找，卻找不到，所以說看不見仰山慧寂的「形」，這是溈山靈祐在詢問弟子仰山慧寂對「自性本體」的見解。

仰山慧寂用搖動茶樹的動作，來回答師父溈山靈祐的問題。「茶樹」是「體」，「茶樹搖動」是「用」，仰山慧寂就地取材，用搖動茶樹這個動作，來解釋「自性」的妙用。眾生的「自性本體」雖然無形無相，尋找不可得，但是卻從來沒有離開眾生日常生活中的「用」。

「自性本體」無形，唯一可以顯示的，只有「作用」而已。所以溈山靈祐看了仰山慧寂搖動茶樹的這個動作，只是「自性本體」的「作用」，並不是「自性」的「本體」，所以才說仰山慧寂只得到了它的「用」，沒有得到它的「體」。

仰山慧寂聽了師父溈山靈祐對他答案的評價，所以就問師父說：「不知道和尚您對這個問題又是會怎麼回答呢？」

溈山靈祐沉默很久，沒有任何行動。意思是：「本體無形相。」，「自性本體」離語言文字，不可言說。言說了，就只是第六識「意識」和第七識「末那識」一起在作用而已。

仰山慧寂看溈山靈祐沉默很久，沒有任何行動。對溈山靈祐說：「和尚您只得到了它的體，沒有得到它的用。」

溈山靈祐聽了仰山慧寂的回答，就說：「打你三十棒。」這是溈山靈祐提醒仰山慧寂，他這樣的回答，是沒有真正理解自己的答案。

溈山靈祐沉默很久，沒有任何行動的這個動作，是說明「自性本體」不可言說的特點，這一點仰山慧寂理解的是沒有錯。但是，仰山慧寂卻沒有理解到溈山靈祐這個沉默很久，沒有任何行動的這個動作，也是一個動作，這個動作也是「自性」的作用。

溈山靈祐這個「良久（無任何行動）」的動作，既表示了「自性」理體言語道斷心行處滅的特點，也體現了「自性」的事用，可以說是體用兼備。所以，仰山慧寂給溈山靈祐的答案評價是錯誤的，溈山靈祐才說「打你三十棒。」

然而，仰山慧寂並不知道自己對溈山靈祐的答案理解不夠，反而不服氣的跟溈山靈祐爭辯說：「和尚的棒子我承受，我的棒子讓誰承受呢？」意思是說，他的答案是錯誤的，應該接受挨打；那麼溈山靈祐的答案也是錯誤的，是不是也應該挨他的打。

溈山靈祐看仰山慧寂並沒有發現自己的錯誤，反而和他爭辨，這更是一錯再錯，所以他又說：「打你三十棒。」。

九、「仰山慧寂」偏好畫「圓相（○相）」

仰山慧寂承接溈山靈祐的師風，除了「禪宗的體用觀」之外，又特別偏好以畫「圓相（○相）」代表「自性本體」，來教導學人和弟子。

《五家宗旨纂要》第三卷指出：「溈仰宗風。父子一家。師資唱和。語默不露。明暗交馳。體用雙彰。無舌人為宗。圓相明之。」可見「圓相」的運用，確實是「溈仰宗」的禪風特色。

《五家宗旨纂要》第三卷有說明「圓相起因」：「圓相之作。始於南陽忠國師。以授侍者躭源。源承讖記。傳於仰山。遂目為溈仰宗。總有六名。曰圓相。曰暗機。曰義海。曰字海。曰意語。曰默論。躭源謂仰山曰。國師傳六代祖師圓相九十六箇。授與老僧。國師示寂時。復謂予曰。吾滅後三十年。南方有一沙彌來。大興此道。次第傳授。毋令斷絕。吾詳此讖。事在汝躬。我今付汝。汝當奉持。仰山既得。遂焚之。一日。又謂仰山曰。向所傳圓相。宜深秘之。仰曰。燒卻了也。源曰。此乃諸佛相傳至今。何乃燒卻。仰曰。某甲一覽。已知其意。能用始得。不可執本也。源曰。於子即得。來者何如。仰曰。和尚若要。重錄一本。乃重錄呈似躭源。一無差失。」

這段說明有四個重點：

(1)「圓相」這個創意開始於「南陽忠國師」：

「南陽忠國師」就是「南陽慧忠」，他是禪宗六祖惠能門下的五大宗匠之一（「荷澤神會」、「永嘉玄覺」、「南嶽懷讓」、「青原行思」），他與菏澤神會共同在北方弘揚六祖禪風。南陽慧忠備受唐朝三代皇帝「唐玄宗」、「唐肅宗」和「唐代宗」的禮遇，受封國師，常被尊稱為「慧忠國師」。

(2)南陽慧忠把「圓相」傳授給侍者「躭（ㄉㄢ）源」，「躭源」再傳授給仰山慧寂。

(3)「圓相」總共有六種：圓相、暗機、義海、字海、意語、默論：

①圓相：「圓相」代表「體（自性本體）」而言，其餘五種都是它的「用（作用）」。

②暗機：指「圓相」暗藏機鋒，所謂「師資辨難。互換機鋒。只貴大用現前。不存軌則耳。」

③義海：指「圓相」包含無窮的義理，所謂「覺海變為義海。體同名異。」

④字海：指在「圓相」中，可書寫任何文字和符號。

⑤意語：指用「圓相」來表達意思語言。

⑥默論：指「圓相」雖然是有形無聲，但是沉默中暗藏妙論。

(4)仰山慧寂把「躭源」所傳授的「圓相法本」燒掉又重新抄寫：

「躭（ㄉㄢ）源」把「圓相法本」傳授給仰山慧寂後，告訴仰山慧寂說：「國師（南陽慧忠）傳六代祖師「圓相法本」九十六個，傳授給我。國師過世之前，交代我說：『我過世三十年後，南方有一個沙彌（對年齡不足二十歲，或其他未受具足戒的初級出家男子的稱呼。）會來此地，大興禪道。你要把『圓相法本』傳授給他，不要讓禪道斷絕。』我詳細看了這個預言，你就是預言裡的沙彌，我今天交付給你，你應當持守。」

仰山慧寂得到「圓相法本」後，竟然把它焚燒。

有一天，躭源問仰山慧寂說：「從前傳給你的『圓相法本』，應該非常祕密的藏好。」

仰山慧寂回答說：「燒掉了。」

躭源問說：「這本『圓相法本』是諸佛相傳到現在，為何卻燒掉了呢？」

仰山慧寂回答說：「我一看，就已經知道它的含意，能夠用它，才是真正的獲得，不可以執著這本『圓相法本』。」

躭源說：「你已經得到『圓相法本』的心法，後代的學人如何能得到呢？」

仰山慧寂回答說：「和尚你假如需要，我重新抄寫一本。」

仰山慧寂就重新抄寫一本「圓相法本」給予躭源，躭源一看，和原版的「圓相法本」相同，果然沒有一處遺漏偏差。

為什麼仰山慧寂看完「圓相法本」後，就已經知道它的含意了呢？一來他是上等慧根的人，二來他對《周易》非常熟悉。在《五燈會元》裡，有一段記載仰山慧寂是個精通《周易》的達人。

《五燈會元》卷九原文：

師（仰山慧寂）問一僧。汝會甚麼。曰。會卜。師提起拂子。曰。這箇六十四卦中阿那卦收。僧無對。師自代云。適來是雷天大壯。如今變為地火明夷。

《五燈會元》卷九翻譯：

仰山慧寂問一位僧人：「你會什麼？」

僧人回答說：「會占卜。」

仰山慧寂提起拂子（撣拭塵埃或驅除蚊蠅的用具），問僧人說：「這個是六十四卦中的哪個卦？」

僧人回答不出來。

仰山慧寂自己代替他回答說：「剛才是雷天『大壯』卦，現在變為地火『明夷』卦。」

《五燈會元》卷九分析：

《大壯》卦是《周易》六十四卦中的第三十四卦，本卦「下乾上震」相疊，內卦為乾，乾為天；外卦為震，震為雷。乾剛震動，天鳴雷，雲雷滾，代表「聲勢宏大，陽氣盛壯，萬物生長。剛壯有力。」

《明夷》卦是《周易》六十四卦中第三十六卦，本卦「下離上坤」相疊，內卦為離，離為日；外卦為坤，坤為地，代表「太陽沒入地中、失意」的意思。

仰山慧寂借用這兩個卦象，來諷刺這位僧人。剛才僧人說「會占卜」的時候，有如《大壯》卦的「氣壯如雷」，而現在回答不出來的樣子，就如《明夷》卦的「太陽日落」，顯現出失意的樣子。

這個例子，說明了「仰山慧寂」對《周易》六十四卦很有研究。

禪宗的「圓相法本」，是仿效《周易》「聖人立象以盡意」的方法，用符號來表現出哲學的思想。「圓相」是禪宗借用《周易》裡，「無極、太極」的符號形式，來代替佛經所說「不可言說」的傳法方式。

上述「圓相」仿效《周易》的推論，在《五家宗旨纂要》第三卷裡，有提到「圓相」與「河洛（河圖與洛書）」的關係：「三山來頌云。河洛交呈。鳥蟲迭變。剖羲畫之奇踪。劃蒼頡之異撰。月印川以無痕。珠入盤而自轉。看看。具眼阿師薦不薦。」」。

《周易》的源頭，就是來自於「河洛（河圖與洛書）」。

《周易》〈繫辭．上傳〉第十一章原文：

> 是故，天生神物，聖人則之；天地變化，聖人效之；天垂象，見吉凶，聖人象之。河出圖，洛出書，聖人則之。易有四象，所以示也。繫辭焉，所以告也。定之以吉凶，所以斷也。

印度的「禪宗」傳到中國之後，逐漸與中國的儒家和道家的思想融合，尤其是《周易》「無極、太極」符號的思想，道家的「無極」就是「道」，等同於佛家所說的「自性本體」。

既然佛曰「自性不可說」；印度佛教又常以圓形狀的「法輪」來表達佛法體用的內涵；《周易》「無極」的概念，也等同於是「道」，是「自性本體」，所以中國「禪宗」後來的祖師們，就常用符號形式或手勢，來代替佛經所說「不可言說」的傳法方式。

畫「圓相（〇相）」就是典型的一種傳法方式，所謂「圓相（〇相）」，是指「自性真如的圓滿」，「禪宗」的師徒一般是用拂子、柱子或手指等，在地上或空中畫一個圓圈，或者用筆畫一個圓形圖案，以象徵「自性、真如、法性、實相、佛性」。

「圓相（〇相）」的「圓」，追朔它的由來，是來自於佛經的觀念，「圓相（〇相）」就是農曆十五夜「滿月相」。因為許多佛經都用十五夜的「滿月」來比喻「如來智慧」，例如《文殊師利問菩提經》裡說：「又初發心如月新生。行道心如月五日。不退轉心如月十日。一生補處心如月十四日。如來智慧如月十五日。」。

農曆十五夜「滿月相」也常在佛經中，被用來比喻「自性」，因為「自性」本來清淨圓滿，皎潔如明月一般；「自性」被蒙蔽，就好像「滿月」被烏雲遮蔽一樣。

例如《佛說月喻經》中說：「皎月圓滿。行於虛空。清淨無礙。……又如明眼人。或入大水深廣之中。或涉江河險惡之處。或履山巖高下之所。以明眼故。而悉能見。離諸疑懼。……今我所說。猶月行空。清淨無礙。譬明眼人。涉履諸險。離諸疑懼。」

這裡指出「自性、佛性」本自清淨，就好像「滿月」行走在空中，修行者一旦覺悟自身的「自性、佛性」，就可以和明眼人一樣，對世間萬法不疑不懼。

釋迦鎔尼佛在《大般涅槃經》裡，特別用「滿月」來比喻「自性、佛性」，說明「滿月（自性、佛性）」有陰晴圓缺的現象，實在是因為人類自身處在無明的狀態，就好像用手遮蓋擋住了「滿月（自性、佛性）」，「滿月（自性、佛性）」的本性原本是圓滿自足的。眾生看「滿月（自性、佛性）」有圓缺的變化，其實「滿月（自性、佛性）」不論在何時何地，是圓滿自足，光照四方，就像「自性、佛性」本自清靜無染一樣。

《大般涅槃經》卷九「月喻品第十五」原文：

佛告迦葉：「譬如有人見月不現，皆言：『月沒。』而作沒想，而此月性實無沒也。「轉現他方，彼處眾生復謂：『月出。』而此月性實無出也。何以故？以須彌山障故不現。其月常生，性無出沒。如來、應供、正遍知亦復如是，出現三千大千世界或閻浮提，示有父母，眾生皆謂：『生閻浮提。』或閻浮提示現涅槃，如來之性實無涅槃，而諸眾生皆謂：『如來實般涅槃。』譬如月沒。善男子！如來之性實無生、滅，為化眾生示有生、滅。

……如十五日盛滿之月，或復示現三十二相、八十種好以自莊嚴。而現涅槃喻如月蝕。如是，眾生所見不同，或見半月、或見滿月、或見月蝕，而此月性實無增、減、侵蝕之者，常是滿月。如來之身亦復如是，是故名為常住不變。

……如來實性喻如彼月，即是法身、是無生身、方便之身，隨順於世，示現無量本業因緣，在在處處示現有生，猶如彼月。以是義故，如來常住，無有變異。

復次，善男子！如羅睺羅阿修羅王以手遮月，世間諸人咸謂月蝕。阿修羅王實不能蝕，以阿修羅障其明故。是月團圓，無有虧損，但以手障故使不現。……如來之身無有血、肉、筋、脈、骨、髓，如來真實，實無惱壞。眾生皆謂：『法、僧毀壞，如來滅盡。』而如來性真實無變、無有破壞，隨順世間如是示現。

復次，善男子！譬如明月，眾生樂見，是故稱月號為樂見。……，故言如來譬如明月。」

「圓相（〇相）」後來在禪宗裡，就變成追求「自性、佛性（無相三昧）」的象徵。

《景德傳燈錄》第一卷原文：

第十四祖龍樹尊者。西天竺國人也。……尊者復於座上現自在身如滿月輪。一切眾唯聞法音不覩師相。彼眾中有長者子。名迦那提婆。謂眾曰。識此相否。眾曰。目所未覩安能辨識。提婆曰。此是尊者現佛性體相以示我等。何以知之。蓋以。無相三昧形如滿月。佛性之義廓然虛明。言訖。輪相即隱復居本座。而說偈言：身現圓月相。以表諸佛體。說法無其形。用辨非聲色。

禪宗常用「棒喝」和「機鋒」來做為接引學人的方法，但是「棒喝」能夠截斷思路，但是不能表達思想；「機鋒」能夠表達思想，但是又容易陷入語言的包袱。只有畫「圓相（〇相）」，能夠同時擁有「棒喝」和「機鋒」的優點，既能夠表達「自性、佛性」的存在，又能夠符合「無思、無言、無文字」

的原則，又能夠表現「理事圓融」的精神。所以，畫「圓相（○相）」才成為「潙仰宗」的最愛。

禪宗畫「圓相（○相）」的作用，是一種隨機應變、接引學人、傳授禪法的方法。「圓相（○相）」也是一種「禪機」，能否識得「圓相（○相）」的意義，是禪宗祖師鑑定學人是否悟道的方法之一。

其實以畫「圓相（○相）」來表達禪理的手法，並不是「溈仰宗」這一派的專利，其他各宗派也有許多位禪師借用「圓相（○相）」來表達禪理甚為高明，例如：「南陽慧忠（「六祖惠能」門下的五大宗匠之一）」、「南泉普願（洪州宗「馬祖道一」的法嗣）」、「圭峰宗密（「華嚴宗」第五祖）」、「曹山本寂（「洞山良价」弟子，為「曹洞宗」第二祖）」等。

只是「溈仰宗」的仰山慧寂偏愛畫「圓相（○相）」來闡揚禪意，可說是個善用「圓相（○相）」達人，他把「圓相（○相）」用得淋漓盡致，變化多端，才讓「圓（○相）」成為「溈仰宗」的一大特色，「溈仰宗」還因此被稱為「圓宗」。

「圓相（○相）」是指「禪宗」用筆畫一個圓形圖案，以象徵「自性、真如、法性、實相、佛性」的圓滿。下面舉五個「仰山慧寂」的公案例子來說明：

《景德傳燈錄》卷第十一原文：

問如何是祖師意。師（仰山慧寂）以手於空作圓相。相中書佛字。僧無語。

《景德傳燈錄》卷第十一原文：

師（仰山慧寂）閉目坐次。有僧潛來身邊立。師開目於地上作一圓相。相中書水字顧視其僧。僧無語。

《人天眼目》卷之四原文：

一日梵僧來參。仰山於地上畫〇此相示之。僧進前添作相。復以腳抹卻。山展兩手。僧拂袖便行。

《人天眼目》卷之四原文：

仰山閉目坐次。有僧潛來身邊立。山開目見。遂於地上畫〇相。顧示其僧。僧無對。

《人天眼目》卷之四原文：

仰山在洪州觀音寺。粥後坐次。有僧來禮拜。山不顧。僧問山。識字否。山云隨分。僧乃右旋一匝云。是什麼字。山於地上書十酬之。僧又左旋一匝云。是什麼字。山乃改十作卍酬之。僧又畫〇相。以兩手托。如修羅擎日月勢云。是什麼字。山畫〇相對之。僧乃作婁至勢。山云。如是如是。此是諸佛之所護念。汝既如是。吾亦如是。善自護持。善哉善哉好去。僧乃禮謝騰空而去。時有一道者。見後經五日遂問山。山云。汝還見否。者云。見出三門外騰空而去。山云。此是西天阿羅漢。特來探吾宗旨。者云。某甲雖覩此種種三昧。不辨其理。山云。吾以義為汝解釋。此是八種三昧。覺海變為義海。體同名異。然此義合有因有果。即時異時。總別不離隱身三昧也。

其實，「溈仰宗」「圓相（〇相）」符號的運用，在仰山慧寂的師父溈山靈祐時，就已經開始在使用了。

《潭州溈山靈祐禪師語錄》原文：

師（溈山靈祐）。因僧問。如何是祖師西來意。師豎起拂子。後僧遇王常侍。侍問。溈山近日有何言句。僧舉前話。常侍云。彼中兄弟。如何商量。僧云。借色明心。附物顯理。常侍云。不是這箇道理。上座快回去好。某甲敢寄一書到和尚。僧得書遂回持上。師拆開見。畫一圓相。內寫箇日字。師云。誰知千里外有箇知音仰山侍次。乃云。雖然如是。也秖是箇俗漢。師云。子又作麼生。仰山卻畫一圓相。於中書日字。以腳抹卻。師乃大笑。

本來，畫「圓相（〇相）」來表示「自性、本體」，是最符合禪宗「不立文字」的宗旨。但是，遺憾的是，「溈仰宗」後來畫「圓相（〇相）」，經常和文字互相結合，逐漸變成一種固定的符號和象徵意義，所以才有「九十七種圓相」，也就有了九十七種象徵意義。

另外，畫「圓相（〇相）」常常把簡單直接的禪理，弄得艱深複雜。「當下即是」的禪理佛法，變成玄虛隱晦的神祕暗示。這種狀況違背了「南宗禪」方便接人的態度，後來帶來很大的弊病，也是「溈仰宗」最早沒落勢微的原因。

十、「溈仰宗」的法脈傳承

溈仰正宗流派傳承如下：

第一世「溈山靈佑」
第二世「仰山慧寂」
第三世「西塔光穆」
第四世「資福如寶」
第五世「報慈德韶」
第六世「三角志謙」
第七世「興陽詞鐸」

第八世「虛雲德清」

「虛雲德清」（一八四〇年九月五日～一九五九年十月十三日），籍湖南湘鄉人，生於泉州，俗姓蕭，名古岩，字德清，六十歲後改字幻遊，號虛雲，世稱「虛雲老和尚」，是近代「一身而繫五宗法脈」的禪宗大師。

「虛雲老和尚」傳承禪宗五宗的法脈如下：

「曹洞宗」第四十七代；

「臨濟宗」第四十三代；

「雲門宗」第十二代；

「法眼宗」第八代；

「溈仰宗」第八代。

以一身而係五宗法脈，為海內外佛教界所公認的「禪宗泰斗」。「虛雲老和尚」的法脈傳遍中國疆域，其中最有名的徒孫，為創立「中華禪法鼓山」的「釋聖嚴」法師，以及創立「中台禪寺」的「釋惟覺」法師。其中，「釋聖嚴」法師是禪宗「曹洞宗」的五十代傳人，「臨濟宗」的五十七代傳人。

第九世「釋宣化」禪師

「釋宣化」（一九一八年四月二十六日～一九九五年六月七日）。一九四八年，「宣化上人」去廣州曹溪「南華寺」，拜師於「虛雲老和尚」。後來，「虛雲老和尚」就將禪宗「溈仰宗」的法脈傳給「宣化上人」，任命「宣化上人」為釋迦牟尼佛傳承的第四十六代傳人、禪宗「溈仰宗」第九代傳人，並賜名「宣化」，「宣化上人」從此成為「虛雲老和尚」的十大弟子之一。

五家七宗之「臨濟宗」

一、「臨濟宗」簡介

「臨濟宗」是繼「溈仰宗」之後所形成的一個門派，由於此宗的創始人「臨濟義玄」，在河北鎮州（今河北省正定縣）的「臨濟院」發揚一家宗風，後世就稱為「臨濟宗」。

「臨濟宗」是禪宗南宗五個主要流派之一，自「洪州宗」門下分出，創始於臨濟義玄。臨濟義玄跟從「黃檗希運」學法三十三年，之後往鎮州滹沱河畔建立「臨濟院」，廣為弘揚黃檗希運所提倡「般若為本、以空攝有、空有相融」的禪宗新法。這種禪宗新法，因為臨濟義玄在「臨濟院」舉一家宗風而大張天下，後世遂稱之為「臨濟宗」，而「臨濟寺」也因此成為「臨濟宗」的祖庭。

「臨濟宗」的法脈傳承：

(1)六祖惠能→(2)南嶽懷讓→(3)馬祖道一→(4)百丈懷海→(5)黃檗希運→(6)臨濟義玄

二、臨濟義玄的生平

《景德傳燈錄》卷第十二翻譯：

鎮州（今河北省境）「臨濟義玄」禪師，曹州南華（今山東曹縣）人，俗姓邢，幼年就立下出家的志向，等到落髮受「具足戒」，就敬仰「禪宗」。

最初，臨濟義玄參訪黃蘗希運，跟隨著眾人加入服侍黃蘗希運的行列。當時，堂中的「第一座（指居大眾中的首位，儀表可以做為大眾的典範者。）」勉勵眾人提出問題，臨濟義玄於是就提出問題。

臨濟義玄問說：「如何是祖師西來的的用意？」黃蘗希運聽完便打臨濟義玄。如此，臨濟義玄問三次同樣的問題，被黃蘗希運同樣打三次。於是臨濟義玄就向第一座告辭，說道：「之前承蒙第一座激勸問話，卻只有遭受師父黃蘗希運給予棒打。遺憾的是我愚昧魯鈍，於是我決定暫時雲遊四方，前往各地尋師求法。」

第一座就告訴黃蘗希運說：「臨濟義玄雖然是年輕人，卻是非常奇特，他來向你辭行時，希望和尚你改變教導方式，提示誘導來接引臨濟義玄。」

隔日，臨濟義玄來向黃蘗希運辭行。黃蘗希運就指引他去見高安（今江西省宜春市下轄的一個縣級市）的「大愚禪師（「大愚守芝」，為「汾陽善昭」的法嗣）」，臨濟義玄就前往參訪大愚禪師。

大愚禪師問臨濟義玄說：「你從什麼地方來的？」

臨濟義玄回答說：「我從黃蘗希運那邊來的。」

大愚禪師問說：「黃蘗希運對你有什麼言教？」

臨濟義玄回答說：「我親自問祖師西來的的用意？卻受到黃蘗希運的鞭打。如此三問三被打，不知道我的過錯在什麼地方？」

大愚禪師說：「你師父黃蘗希運，心中像老婆婆一樣的急迫，只是為了使你能夠早日開悟，你還在問你有什麼過錯？」

臨濟義玄聽了，頓時大悟說：「原來我師父的佛法也『無多子（沒有多少）』。」

（「無多子」意思是「沒有多少」，這是當時宋朝人的口頭禪。例如：宋．張耒《王晉卿惠詩因次其韻督之》：「遙知美味『無多子』，猶令此老氣如虎。」宋．史浩〈青玉案．閒忙兩字『無多子』〉詞：「閒忙兩字『無多子』，嘆舉世，皆由此。」臨濟義玄的意思是說：原來師父黃蘗希運的佛法沒有別的，就只有一件事，就是「開示令眾生直接悟人佛知見」，除此之外，沒有第二件事。佛法的根本要義，只要機緣成熟，一點就破，沒有多餘的話。）

大愚禪師一把抓住臨濟義玄的衣領說：「你剛才還在問有過無過，現在又怎說你師父黃蘗希運的佛法『無多子（沒有多少）』？是多少來？是多少來？」。

臨濟義玄便向大愚禪師的肋下打了一拳。

大愚禪師用手推開臨濟義玄說：「你的師父是黃蘗希運，不干我的事。」

臨濟義玄辭別大愚禪師，回到黃蘗希運的住處。

黃蘗希運問說：「你怎麼這麼快就回來呢？」

臨濟義玄回答說：「只因為師父您的老婆心切。」

黃蘗希運問說：「這個大愚禪師也太多事，我若遇見了，非痛打他一頓不可！」

臨濟義玄回答說：「說什麼等到遇見了，現在就揍他一頓！」

臨濟義玄一邊說著，一邊向黃蘗希運拍擊一掌。

這時候，黃蘗希運開心的哈哈大笑。

「臨濟宗」的創始人臨濟義玄從「黃蘗（ㄅㄛˋ）希運」學法三十三年，之後往鎮州（今河北正定）滹沱河畔建立「臨濟院」，廣為弘揚黃蘗希運所自創的新禪學「即心是佛、無心是道、空如來藏」。後來，臨濟義玄在「臨濟院」弘揚這種新禪學，而聲名大噪於天下，後世就稱之為「臨濟宗」。而他的師父黃蘗希運在「黃蘗禪寺（位於江西宜豐黃蘗山）」駐錫弘揚禪宗新法的場所，也因此成為「臨濟宗」的祖庭（指佛教開創各大宗派的祖師所居住、弘法佈道的寺院）。

三、臨濟義玄的核心思想

臨濟義玄禪法的核心思想是「三玄三要」、「四料簡」、「四賓主」和「無位真人」等，這是他為了接引學法者，所採用的方式。

（一）「三玄三要」：

「三玄三要」是臨濟義玄接引學人的方法，在《教外別傳》卷八裡，臨濟義玄說：「大凡演唱宗乘。一句中須具三玄門。一玄門須具三要。有權有實。有照有用。」可是臨濟義玄並沒有進一步說明「三玄門」與「三要」的詳細內容。

所以，自古以來，學禪的學人對這「三玄三要」，究竟是哪「三玄」？是哪「三要」？都各自表述，爭論不休，相持不下。

「玄門」是指「玄妙之法門、深奧之妙理、入真理之門」，就是「佛法」的總稱；「三要」是三個「要點、要旨、重點」。

我研究眾人的說法之後，採信吳汝鈞先生在其編著的《佛教思想大辭典》裡的解釋：「三要」是指「體（本質）、相（現象）、用（作用）」。每一個「玄門」中，都要兼顧「體、相、用」這三方面。

按照臨濟義玄所說的「三玄三要」架構：「一句中須具三玄門。一玄門須具三要。」這是說：「一句話中，要具備有三玄門，每一玄門要具備有三要。」那麼一句話共有九要，臨濟義玄說了三句話，三三得九，總共有九玄門，二十七要。

有一派的學者認為「三句話，九玄門，二十七要」，這種解釋方法是錯誤的。理由是臨濟義玄批評大多數的學人「認名認句」、「向文字中求意度佛法」，難道會提出這種繁瑣的接引方法嗎？應該是不可能，不合常理。

《鎮州臨濟慧照禪師語錄》原文：

云何是法。法者是心法。心法無形通貫十方目前現用。人信不及。便乃認名認句。向文字中求意度佛法。天地懸殊。

《鎮州臨濟慧照禪師語錄》原文：

爾若能歇得念念馳求心。便與祖佛不別。爾欲得識祖佛麼。秖爾面前聽法底。是學人信不及。便向外馳求。設求得者皆是文字勝相。終不得他活祖意。莫錯諸禪德。

另外，這派學者又提出臨濟義玄說過「三即一皆是空名。而無寔（ㄕˊ，同實字）有。」來證明「三玄三要」不是「三句話，九玄門，二十七要。」的意思。

《鎮州臨濟慧照禪師語錄》原文：

問如何是真佛真法真道。乞垂開示。師云。佛者心清淨是。法者心光明是。道者處處無礙淨光是。

三即一皆是空名。而無寔有。

這派學者認為，臨濟義玄認為向學人說法，應該要有深妙的內容，並且每句話都要抓住要點，不做繁瑣的哲學式說法。使學人能夠快速領悟禪法，所以臨濟義玄從來沒有對「三玄三要」做出具體的解釋。

這派學者認為「三玄三要」的意思：「三」代表多數，不是三句；「玄」意思是「玄妙、奧妙」，無法用語言文字來表達；「要」意思是「要點、要旨」。

再者，臨濟義玄說「一句中須具三玄門」，其中「一句」是個比喻，不是特別指哪一句話，是指講解禪法。

這派學者認為，「三玄三要」是把學禪者修禪悟道的過程，由最初的「悟解」，其次是「行解相應」，最後是「保任」，歷經「發心」，「練心除習氣」，到最後「明心見性」的三個階段，詳述如下：

(1)悟解：即了解佛法道理，開啟智慧，覺悟真理；

(2)行解相應：即結合「修行」與「理解」，也就是開悟後要進一步的體證；

(3)保任：是「保守任運」，「保守」就是在禪悟以後，守在自性上，還必須加以保持、維護，也就是維持覺悟的成果；「任運」就是任由自心做事，隨順諸法而運作，不經由人的妄想習氣來造作。

但是，有另外一派的學者認為「三句話，九玄門，二十七要」，這種解釋方法是正確的。理由是臨濟義玄認為眾生的「慧根」不同，所以要用三種層次的禪法，來渡化上根、中根和下根三種層次的眾生。

這和「淨土宗」的看法一樣，「淨土宗」把眾生對修行佛道的能力，稱為「根或品」，共分為九種等級，稱為「九根、九品」，即在上品、中品、下品中，每一品再分為三等，就形成「上上、上中、上下、中上、中中、中下、下上、下中、下下」等九個品位。

「九玄門」就是渡化「九品」層次眾生的方法，而且每一個「玄門」，都要符合「體（本質）、相（現象）、用（作用）」這「三要」，這三個原則。

「體（本質）、相（現象）、用（作用）」這「三要」的概念，是由《大乘起信論》所提出。

《大乘起信論》相傳是古印度的「馬鳴菩薩」依據《楞伽經》所著作，是自隋、唐起對漢傳佛教影響很大的一部論著。《大乘起信論》主要闡述大乘佛教生起正信的理論，簡明扼要的概述「如來藏唯識學派」思想。

《大乘起信論》在中國佛教史上的影響是廣泛而且深遠的，對天台宗、華嚴宗、禪宗、淨土宗的影響尤其顯著。禪宗和《大乘起信論》都起源於《楞伽經》，所以《大乘起信論》的思想，自然的就受到禪宗的重視。

這就是為什麼，在我研究眾人的說法之後，我會採用吳汝鈞先生在其編著的《佛教思想大辭典》裡的解釋：「三要」是指「體（本質）、相（現象）、用（作用）」。每一個「玄門」中，都要兼顧「體、相、用」這三方面。

《大乘起信論》原文：

所言法者。略有三種。一體大。謂一切法真如在染在淨性恒平等。無增無減無別異故。二者相大。

謂如來藏本求具足無量無邊性功德故。三者用大。能生一切世出世間善因果故一切諸佛本所乘故。一切菩薩皆乘於此入佛地故。

《大乘起信論》原文：

摩訶衍者，總說有二種：云何為二？一者、法，二者、義。所言法者，謂眾生心；是心則攝一切世間法出世間法；依於此心，顯示摩訶衍義。何以故？是心真如相，即示摩訶衍體故；是心生滅因緣相，能示摩訶衍自體相用故。所言義者，則有三種：云何為三？

一者、體大，謂一切法真如平等不增減故；

二者、相大，謂如來藏具足無量性功德故；

三者、用大，能生一切世間出世間善因果故。一切諸佛本所乘故，一切菩薩皆乘此法到如來地故。

《大乘起信論》說，我們的心，它的「體（本質）、相（現象）、用（作用）」廣大無限，所以稱為「體大、相大、用大」。

所謂「法」在佛學當中，是指一切萬事萬物。包括具體的和抽象的、物質的和精神的、形而下的和形而上的，一般可從「體（本質）」、「相（現象）」、「用（作用）」三個角度來分析宇宙的萬事萬物。

《大乘起信論》所提出的「體（本質）、相（現象）、用（作用）」，是什麼意思呢？

「體」是「本體、本質」，萬法的本體，就是萬法的「性質」。所謂「性」，是不生不滅，永遠不變。宇宙的萬事萬物都有「性」，「無情眾生」的「性」，稱為「法性」；「有情眾生」的「性」稱為「佛性」。「性」是無形無相，例如：西瓜屬性寒的水果，味道雖然好卻不可多食，吃多了容易傷脾胃，引起腹痛或腹瀉；眾生都有「佛性」，眾生的一切行為，都是「佛性」在運作，但是眾生都不自覺。就好像我們每天都呼吸著「空氣」，卻忽略「空氣」的存在。

所謂「質」是指「本質」，宇宙的萬事萬物都是有生有滅，而且沒有實體。例如，我們穿的衣服，材料是「布」；「布」是由「棉花」製作而來；「棉花」是由「種子」所長成；「種子」是原子、中子、電子等等的組合，分析到最後，是「空」而沒有實體。

「相」是「現象、表相」，包括有三種，「物理現象」、「生理現象」和「心理現象」。宇宙萬事萬物的「本體」雖然是「空」，但是當因緣條件具足時，就顯現出現象來。例如：土石可以堆積成山，把山挖開，又變回土石。所以，宇宙萬事萬物一切的現象，都是暫時的假有，不能永遠存在。

「相」的「物理現象」會產生「成、住、壞、空」的變化；「生理現象」會有「生、老、病、死」的過程，「心理現象」會有「生、住、異、滅」的流轉。所以，不論「物理現象」、「生理現象」和「心理現象」，都是因緣假合，沒有實體，因此《金剛經》才會說：「凡所有相，皆是虛妄」。

「用」是「作用、功用」，宇宙萬事萬物的「作用」，會隨著「相」而改變。例如，水的三態（液體、氣體、固體）變化，各有不同的作用力，水能滋潤萬物，蒸氣能推動火車，冰能冷藏儲存食物。所以，可知「相」轉變，它的作用也隨著改變。

釋迦牟尼佛教化眾生，都是因材施教，依據眾生的慧根，有的時候說「體」（本體自性，不生不滅）；有的時候說「相」（如來有法身相、報身相和應身相）；有的時候說「用」（善有善報）。

舉三個簡單的例子，來說明「體（本質）、相（現象）、用（作用）」：

⑴一個「銅鐘」，它的「體（本質）」是「銅」所加工製作的；它的「相（現象）」是「鐘」的形

狀；它的「用（作用）」是發出洪亮的鐘聲。

(2)以「黃金」為材料，做成一個盛物的「金盤」器具，「黃金」是它的「本體（體）」，「金盤」器具是它的形象（相），盛物是它的作用（用）。

(3)釋迦牟尼佛說「萬法唯心造」，都有「體、相、用」三個原則。心的「體」是真如本性，又稱為「自性、佛性」。「自性」清淨平等，不垢、不淨，遍法界虛空界，無所不在；心的「相」稱為「功德」，也就是「自性」本具一切的智慧、德能與神通力；心的「用」則隨緣化現，隨機教化一切有緣眾生。

《大乘起信論》的「體、相、用」概念，廣泛的被使用在「禪宗公案」中，下面舉三個例子來說明。

《景德傳燈錄》卷第三原文：

王（香至國王，達磨祖師俗家時的姪子）曰。性（體）在何處。（波羅提，達磨祖師的弟子）答曰。性（體）在作用（用）。王曰。是何作用（用）我今不見。答曰。今見作用（用）王自不見。王曰。於我有否。答曰。王若作用（用）無有不是。王若不用體亦難見。

《景德傳燈錄》卷第九原文：

普請摘茶。師（溈山靈祐）謂仰山（仰山慧寂）曰。終日摘茶只聞子聲不見子形。請現本形相見。仰山撼茶樹。師云。子只得其『用』不得其『體』。仰山云。未審和尚如何。師良久。仰山云。和尚只得其『體』不得其『用』。師云。放子二十棒。

《景德傳燈錄》卷第十七原文：

新羅大嶺和尚。僧問。只到潼關便卻休時如何。師曰。只是途中活計。曰其中活計如何。師曰。『體』即得當（相）即不得。曰『體』得為什麼當（相）不得。師曰。『體』是什麼人分上事。曰其中事如何。師曰。不作尊貴。

《大乘起信論》所提出的「體（本質）、相（現象）、用（作用）」三個方面，都可以作為修行的方法。

「體（本質）」的修行是「觀空性」，用般若智慧觀照一切境界，就可以超越「相」，直接頓悟空性。《金剛經》說：「凡所有相，皆是虛妄。若見諸相非相，即見如來。」就是從「體（本質）」來修起，完全用「般若智慧」，每看到一個「相」，就知道此「相」並非真實，你就可以見到自己的「如來」。

「相（現象）」的修行是「觀想」，例如拜佛、觀想某一尊佛、觀想某一尊佛的淨土、觀想呼吸等等。原理是讓第六識「意識」停止「分析判斷」的功能，目的是讓第七識「末那識」停止作用。

「用（作用）」的修行是「對佛法有信心」，例如持咒、念佛、頌佛經或祈求諸佛菩薩加持，心夠誠懇，一定有感應。有很深的信心與願力的修行法門，對一般大眾比較容易又有效。因為要一般大眾禪坐、研究佛經，比較困難。但是，若告訴他們要好好拜佛、念經，佛菩薩會幫助你，大部分人比較會接受。

歷代有不少的禪師，時常引用「三玄三要」，但是卻很少作出具體的解釋。宋代的「臨濟宗」大師「汾陽善昭」，在說法和所作偈頌中，曾經對「三玄三要」有不少的引述和解釋。「汾陽善昭」禪師有一位有名的弟子是「石霜楚圓」大師，下開「楊歧派」和「黃龍派」。

後來，「雲門宗」的「薦福承古（古塔主）」也對「三玄三要」做了系統化的解釋。在《人天眼目》裡，「薦福承古（古塔主）」引用「汾陽善昭」的偈頌作解釋，並且把「三玄」定義為「玄中玄」、「體中玄」和「句中玄」。

《人天眼目》卷一原文：

臨濟曰。一句語。須具三玄門。一玄門須具三要。大機大用。其容以句義名數。劈析之邪。諸方問答玄要。亦只言如何是第一第二第三。汾陽偈曰。三玄三要事難分。得意忘言。道易親。一句明明該萬像。重陽九日菊花新。至古塔主始裂。為體中玄句中玄玄中玄。而三要。

《人天眼目》卷一原文：

三玄三要

師云。大凡演唱宗乘。一語須具三玄門。一玄門須具三要。有權有實。有照有用。汝等諸人作麼生會。後來汾陽昭和尚。因舉前話乃云。那箇是三玄三要底句。

僧問。如何是第一玄。汾陽云。親囑飲光前。吾云。釋尊光射阿難肩。

如何是第二玄。汾云。絕相離言詮。吾云。孤輪眾象攢

如何是第三玄。汾云。明鏡照無偏。吾云。泣向枯桑淚漣漣

如何是第一要。汾云。言中無作造。吾云。最好精麁照

如何是第二要。汾云。千聖入玄奧。吾云。閃爍乾坤光晃耀

如何是第三要。汾云。四句百非外。盡踏寒山道。吾云。夾路青松老。

清代的「三山燈來」禪師，著有《五家宗旨纂要》三卷，裡面也有解釋「臨濟宗」的「三玄三

要」。但是，書中解釋「玄中玄」、「體中玄」和「句中玄」的意思，很顯然這三個專有名詞，是沿用「薦福承古（古塔主）」對「三玄」的定義。

《五家宗旨纂要》第一卷：

濟宗三玄要

第一玄中玄　如趙州答庭柏話。此語於體上又不住於體。於句中又不著於句。妙玄無盡。事不投機。如雁過長空。影沉寒水。故亦名用中玄。

三山來云。如趙州答庭柏話。此則就其現前指點。拈來便是。何等明淺。而目為玄中玄耶。且焉得以玄中玄看作用中玄。豈有用中玄而為第一玄之理。蓋凡演唱宗乘。何語不從體中發出。未有能離體說法者。還直以第一玄假立為體中玄者近是。

如何是第一玄。

三山來云。金剛兩頭肩。

頌曰。第一玄。烏龜飛上天。單剩一隻腳。踏著威音前。

第二句中玄　如張公喫酒李公醉。前三三後三三。六六三十六。其言無意路。雖是體上發。此一句不拘於體故。

三山來云。如六六三十六之語。此正是親切指點。焉得謂之言無意路而目為句中玄耶。須知第二句中玄即用中玄。蓋有體而後有用。凡所發揮。皆是從體起用。故宜以用次於體。還直以第二玄假立為用中玄者近是。

如何是第二玄。

三山來云。空手把金鞭。

頌曰。第二玄。騎馬上高竿。噴地翻筋斗。弔下一文錢。

第三體中玄 此乃是最初一句。發於真體。此一句便具體中玄。因言顯理。以顯玄中之體。雖明此理。乃是機不離位故。

三山來云。如云體中玄是最初一句。發於真體。既是最初一句。發於真體。豈得以最初真體之句而目為第三玄耶。須知第三玄。乃是玄中玄。蓋兼前體用兩者。盡在當機拈出。名為體。不得名為用。不得名為非體非用。不得逈出意言。難於測度。非單就體而言也。還直以第二玄假立為玄中玄者近是。

如何是第三玄。

三山來云。虛空打鞦韆。

頌曰。第三玄。囫圇沒中邊。東洋飄大海。架箇無底船。

第一要。當風誰敢道。千聖一時興。那能窮此妙。

三山來云。看此頌。猶是擬玄中玄而言者錯。

如何是第一要。

三山來云。頭頂烏紗帽。

頌曰。第一要。寥廓空浩浩。路斷烟水寒。行人那得到。

第二要。明鏡當臺照。胡漢用皆深。透匣青蛇躍。

三山來云。看此頌。亦是擬用中玄。而言者近之。

如何是第二要。

三山來云。午夜金雞叫。
頌曰。第二要。妍媸一齊照。縱橫妙用分。秦鏡當臺耀。
第三要。劫前者一竅。擬議問如何。拍手呵呵笑。
三山來云。看此頌。猶是擬體中玄而言者錯。
如何是第三要。
三山來云。城市街頭鬧。
頌曰。第三要。漫把朱絃操。流水與高山。彈出無生調。
第一玄中有三要。木人空裡翻筋斗。八面玲瓏知是誰。
第一玄中第一要　青天腦裂霜無限。一葉凋時萬葉凋。
第一玄中第二要　天地漫漫無所在。亂山深處一山高。
第一玄中第三要　玉龍用處應無浪。萬派江流萬派清。
頌曰。天高地厚足窮根。帝網重重不許論。剎剎塵塵無盡藏。不須彈指叩玄門。
第二玄中有三要。莫道鐵牛無伎倆。不憂水草不知閑。
第二玄中第一要　鐵馬嘶聲無蕩意。一波纔動萬波隨。
第二玄中第二要　懶臥木牛忘水草。亂山堆裡一身閑。
第二玄中第三要　玉兔不知身照世。萬家樓上萬家明。
頌曰。木人石女鬭玄機。電火光中尚笑遲。萬物會歸還委悉。一聲百雜碎須彌。
第三玄中有三要。劫外風光劫外春。不拘此際自相親。

第三玄中第一要　空劫那邊留不住。一塵中現剎塵身。

第三玄中第二要　豎窮橫徧空王外。帝網重重獨自遊。

第三玄中第三要　蹋倒虛空無罣礙。亂雲深處亂雲閑。

頌曰。劫外靈枝劫外香。天然種草自清涼。二邊不溺非為妙。一喝青霄透大方。

三山來云。看此如上語句頌子。則是就三玄而分為九要矣。豈臨濟當時之意旨哉。聽吾頌。

如何是三玄三要。

三山來云。不妨疑著。

頌曰。三玄三要事如何。擬涉思惟蹉過多。揭諦揭諦僧揭諦。娑婆娑婆娑婆訶。

附山堂淳辨三玄語。臨濟一句中具三玄門。一玄門具三要。大機大用。豈容以句義劈析之耶。諸方問答玄要亦直言第一第二第三。汾陽偈曰。三玄三要事難分。得意忘言道易親。一句明明該萬象。重陽九日菊花新。至古塔主列為體中玄・句中玄・玄中玄。而三要說不行。付諸瞞盱而已。如必一一分析。則是蹈塔主之覆轍。不可不辨。

三山來云。臨濟宗旨妙在三玄三要。而從上諸老過為區分。未免十分破碎。山堂之言。誠為確論。止因臨濟語中有三玄三要字面。是以古塔主列為體中玄・句中玄・玄中玄。於三字上乃有著落。猶自有理。如以第一為玄中玄。第二為句中玄。第三為體中玄。前後顛倒。又必一玄分為三要。太煞零星。則已一一註出。尚得謂之玄要耶。總之。玄則不可思議。要則喫緊機關。就一語之中而有體有用。體用難窮。玄如是。而要亦如是。所以為一句具三玄。一玄具三要。大意如此而已。畫蛇添足者鑒諸。

可是，實際上臨濟義玄從未對「三玄三要」作出具體的解釋。所以，「汾陽善昭」、「薦福承古

（古塔主）」和「三山燈來」三人的解釋，只是他們自己的看法和見解，不能認為是臨濟義玄本人的觀點。

雖然如此，後世的習禪者，對「三玄三要」的解釋，大多以「三山燈來」禪師，著作的《五家宗旨纂要》為主，或許是因為「三山燈來」對於「三玄三要」的解釋最為詳細的緣故。

簡單說明「三山燈來」對「三玄三要」的解釋：

（一）體中玄：指語句全無修飾，是依據所有事物的真相與道理，所表現的語句。

（二）句中玄：指不涉及分別心識的實語，即不拘泥於言語而能悟其玄奧。

（三）玄中玄：又稱為「用中玄」，指離於一切對待的理論和語句束縛的玄妙句。

又依據《人天眼目》卷一所記載，「汾陽善昭」對「三要」的解釋：

第一要為「言語中無分別造作」；

第二要為「千聖直入玄奧」；

第三要為「言語道斷（只能用心體會，不能用語言文字來表達。）」。

臨濟義玄在提出「三玄三要」之前，曾經提到「三句」，被稱為「臨濟宗三句」。或許我們了解這「三句」的意思之後，比較能夠體會臨濟義玄對於「三玄三要」的說法。

《教外別傳》卷八原文：

山僧今日見處。與祖佛不別。若第一句中薦得。堪與祖佛為師。若第二句中薦得。堪與人天為師。若第三句中薦得。自救不了。僧便問。如何是第一句。師曰。三要印開朱點窄。未容擬議主賓分。曰如何是第二句。師曰。妙解豈容無著問。漚和爭負截流機。曰如何是第三句。師曰。但看棚頭弄傀儡。抽牽全藉裡頭人。乃曰。大凡演唱宗乘。一句中須具三玄門。一玄門須具三要。有權有實。有照有用。汝等諸人。作麼生會。

《教外別傳》卷八翻譯：

（臨濟義玄問說）山僧！你今日的見解，和諸祖師及諸佛不同。假如能夠領悟第一句中的佛法，可以做為諸祖師和諸佛的老師；假如能夠領悟第二句中的佛法，可以做為人界和天界眾生的老師；假如能夠領悟第三句中的佛法，只能用第六識「意識」理解到禪的宗旨，還執著自己的第七識「末那識」為「真我」，這樣的人連自己都救不了。

山僧就問：「第一句是什麼？」。

臨濟義玄回答說：「三要印開朱點窄，未容擬議主賓分。」

山僧又問：「第二句是什麼？」

臨濟義玄回答說：「妙解豈容無著問，漚和爭負截流機。」

山僧再問：「第三句是什麼？」

臨濟義玄回答說：「但看棚頭弄傀儡，抽牽全藉裡頭人。」

又補充說：「凡是演說禪宗各宗的教法，一句中必須具備有三種玄妙的法門。每一種玄妙的法門，必須具備有三個要點。有權宜方便的方法，有真實不虛的方法；有照（指禪機問答；另一解為「對客體的認識」），有用（指「打」、「喝」等動作；另一解為「對主體的認識」），你們這些人理解嗎？」

臨濟義玄所說的「三句」，是說明傳授禪法時，應當注意的三個原則。

第一句是「三要印開朱點窄，未容擬議主賓分。」

第二句是「妙解豈容無著問，漚和爭負截流機。」

第三句是「但看棚頭弄傀儡，抽牽全藉裡頭人。」

下面我們來探討這「三句」的意思。

（一）第一句：「三要印開朱點窄，未容擬議主賓分」

「朱點」是什麼？古人在校讀書籍時，用朱筆（紅筆）圈點畫重點，就稱為「朱點」，臨濟義玄用「朱點」來比喻我們的「真心、自性、佛性」。

為什麼說「朱點窄」？「窄」是「狹窄、不廣闊」。當你還沒有「見性悟道」時，你的「朱點（自性、佛性）」還是處於第八識「阿賴耶識」的狀態，你的身體還是第七識「末那識」在做主，所以說「朱點窄」，這是指「你還沒有見性悟道」。

「三要」是什麼？臨濟義玄並沒有說明清楚，所以後人很難去理解，只能由他說的整個語意，去推測好像是在闡述修行人所悟到的境界。因此，「三要」應該是指「修行禪法的三個要點」。

「印」是「符合」；「開」是「引導、啟發」。

所以，前段「三要印開朱點窄」是說：「修行禪法有三個要點，可以使狹窄的第八識『阿賴耶識』，轉變成廣大無邊的『自性』，進而『見性成佛』。」

後段「未容擬議主賓分」，先了解什麼是「主賓」？「主賓」是指「主人」和「賓客」。臨濟義玄把「自性」比喻做「主人」，「外境」比喻做「賓客」。所謂「萬法唯心造」，我們的「心」，也就是「自性」的另外一個名字第八識「阿賴耶識」，才是自己真正的「主人」，「外境」的「萬法」都是「賓客」，都是第八識「阿賴耶識」所創造出來的。

「分」是「分辨、分別」，「未容擬議」是說：還沒有經過第六識「意識」的分析判斷。所以，第一句：「三要印開朱點窄，未容擬議主賓分」是說：修行禪法有三個要點，可以使狹窄的第八識「『阿賴耶識」，轉變成廣大無邊的「自性」，進而「見性成佛」。已經見性的人，明白「自性」才是自己真正的「主人」，不用經過第六識「意識」的分析判斷，就清楚覺知「外境」的「萬法」都是「賓客」，都是第八識「阿賴耶識」所創造出來的。

臨濟義玄說，假如能夠領悟第一句中的佛法，可以做為諸祖師和諸佛的老師。因為，這一類的人，已經懂得讓第七識「末那識」停止作用，讓「自性」顯現光明的佛法。

（二）第二句：「妙解豈容無著問，漚和爭負截流機。」

這是一句「倒裝句」，先還原成「漚和爭負截流機，妙解豈容無著問。」。

「漚（ㄡˋ）和」：即「漚和俱舍羅」，是梵文「方便、智巧」的音譯，意譯為「方便善巧、方便勝智、善巧方便」，是指為了誘引眾生入於真實法而權設的法門，所以稱為「權假方便、善巧方便」，這是佛菩薩因應眾生的根機，而用種種方法施行教化，是「十波羅蜜」之一。

「十波羅蜜」是菩薩到達大涅槃所必備的十種殊勝的修行，全稱「十波羅蜜多」，又作「十勝行」，或翻譯為「十度」。亦即：

⑴布施波羅蜜：分為財施、法施、無畏施三種。
⑵持戒波羅蜜：持戒而常自省。
⑶忍辱波羅蜜：忍耐迫害。
⑷精進波羅蜜：精勵進修而不懈怠。

(5)禪定波羅蜜：攝持內意，使心安定。
(6)般若波羅蜜：開真實之智慧，曉了諸法實相。
(7)方便波羅蜜：以種種間接方法，啟發其智慧。
(8)願波羅蜜：常持願心，並付諸實現。
(9)力波羅蜜：培養實踐善行，判別真偽之能力。
(10)智波羅蜜：能了知一切法之智慧。

「爭負」：「爭」是「怎」，「負」是「辜負」，意思是「怎能辜負」。

「截流機」：「截流」是「截斷眾流」，意思是「截斷分別妄想心」。禪法經常只用一句話，就可以截斷一切分別妄想心的作用，讓第七識末那識停止作用，當下立即呈現「自性」。

「機」：關鍵的時機。

「妙解」：妙語如珠的解說

「豈」：難道

「容」：允許

「無著」：是指唐代的「無著文喜」禪師，是「仰山慧寂」的法嗣。根據《宋高僧傳》卷第二十的記載，「無著文喜」聲稱在五台山見到「文殊菩薩」顯化，與他有問答。

「漚和爭負截流機，妙解豈容無著問。」意思是：傳授學人禪法時，平時要善用「方便波羅蜜」的善巧方便法門，然後在適當的關鍵時機，用一句話截斷學人的分別妄想心，讓他的第七識「末那識」停止作用，當下「見性」。學人對禪法理解得再妙，終就是用自己的第六識「意識」，在做分析判斷的作用。但是，要想見到「自性」，即使是最會提問題的「無著文喜」禪師，也無法開口再提問題問下去。因為，不停止第六識「意識」的分析判斷作用，就無法讓第七識「末那識」停止作用，也就無法「見性」。

臨濟義玄說，假如能夠領悟第二句中的佛法，可以做為人界和天界眾生的老師。因為，這一類的人，已經懂得善用「方便波羅蜜」，然後在適當的關鍵時機，用一句話截斷學人的分別妄想心，讓他的第七識「末那識」停止作用，立即「見性」。

（三）第三句：「但看棚頭弄傀儡，抽牽全藉裡頭人。」

「但」：只要。

「棚頭」：戲棚上。

「弄」：表演。

「傀儡」：木偶戲中受人在幕後操縱的木偶。

「抽牽」：牽引。

「裡頭人」：實際操縱木偶的人。

「但看棚頭弄傀儡，抽牽全藉裡頭人。」意思是：只要看戲棚上，木偶戲師傅操控表演木偶，牽引控制木偶傀儡一舉一動的來源，全部依賴幕後的木偶戲師傅。

此句是以木偶的動作全部依賴幕後人操縱的情景，來比喻學人「初見性」，認識「自性」。我們的身體能動、手能做事、腳能走路、頭腦能思考等，這些動作是什麼東西在起作用呢？木偶是依賴幕後的木偶戲師傅在操控，而操控我們這個身體的，就是我們內在的「自性」。

禪宗常常問：「念佛的是誰？」就是「裡頭人」是誰？這一問是直指「主人公」的一問，是學佛修道的基本方向，要先明白自己的內在有個「自性」。無論哪一部佛經，無論哪一種法門，目的只有一個，就是「見性」。學佛人要先知道自己有個「裡頭人」，找回這個「裡頭人」，回歸這個「裡頭人」，這是學佛教的目的。

學人認識「自性」，只是「初見性」，只是自己的第六識「意識」，透過分別判斷的功能，知道自己有個「自性」。這時候還存在有思考疑惑，還不能脫離六道輪迴。

所以學人悟到本來的「自性」，還要隨時「保任（保守、保持）」，做去除習氣的功夫。所以禪宗講「牧牛」的功夫，而這頭「牛（第七識『末那識』」的「野性（習氣）」很強，我們要抓緊「牛鼻繩子（呼吸守意法）」，時時看住它（第七識『末那識』），不讓它陷入妄念，不讓它被境界所轉，時時刻刻用功，做「保任」功夫，才能夠除盡習氣，見性成佛。

臨濟義玄說，假如能夠領悟第三句中的佛法，但是只用第六識「意識」去理解禪的宗旨，而沒有做「保任」的功夫。這樣，實際上還是執著自己的第七識「末那識」為「真我」。只知有「裡頭人」，而未徹證「裡頭人」，這樣的人連自己都救不了。

要記住一件事！臨濟義玄並沒有說明「三玄三要」的內容，所以我們要從臨濟義玄所說的「三句」裡面，去體會真正的說法。

（二）「四料簡」

就是四種「簡別法（揀擇分別的方法）」，又稱作「四料揀（選擇、挑選）」。

什麼叫做「料簡」呢？「料」是「處理、稱量、計算、清點」；「簡」同「揀」，是「選擇、挑選、清點」。「料」就是「要處理的問題」，「簡」就是「選擇何種方法」，「料簡」就是「選擇何種方法，來處理問題。」

一般人的執著都抓的很緊，都不會輕易的放手。所以，為了幫助學人破除執著，臨濟義玄就用一個「奪」字，給學人激烈的破除，一下子把學人的執著破除掉。

「四料簡」是根據學人的根器，來因材施教，臨濟義玄提出四種方法，選擇一種適合該根器的方法，給予點撥。

有一天晚上，臨濟義玄開示大眾說：「我開示學人，有時奪人不奪境，有時奪境不奪人，有時人境俱奪，有時人境俱不奪。」當時有位僧人就問臨濟義玄這四句各是什麼意思？臨濟義玄對每一問題，都用詩句來回答。

《鎮州臨濟慧照禪師語錄》原文：

師晚參示眾云。有時奪人不奪境。有時奪境不奪人。有時人境俱奪。有時人境俱不奪。

時有僧問。如何是奪人不奪境。

師云。煦日發生鋪地錦。瓔孩垂髮白如絲。

僧云。如何是奪境不奪人。

師云。王令已行天下遍。將軍塞外絕烟塵。

僧云。如何是人境兩俱奪。

師云。并汾絕信獨處一方。

僧云。如何是人境俱不奪。

師云。王登寶殿野老謳歌。

「四料簡」是臨濟義玄所創立，是隨機應變教導學人的四種方法。「四料簡」就是：「奪人不奪境」、「奪境不奪人」、「人境俱奪」、「人境俱不奪」。

所謂「奪」是「掃除、破除」；「人」是指「我執、主觀意識的我」；「境」是指「法執、客觀的人事物等環境」。

先詳細說明「人」和「境」的意思，「人」是指「我執、主觀意識」，「我執」是執著於我，以為「我」是永恆不變的存在。實際上，是第七識「末那識」執取第八識「阿賴耶識」的「見分（為認識外境事物的主體）」為我。

我們的身體，原來是「五蘊」的假和合，但是我們卻「妄想執著」這個身體是真實的實體，是真實的我，這就是「我執」，我們一切的煩惱障，都是從「我執」而生。

「境」是指「法執、客觀環境」，「法執」是執著於「法（凡意識所能想得到的）」，以為「法」是真實的存在。我們「妄想執著」心識以外，有「有為法（有造作的一切因緣所生法）」和「無為法（離因緣造作的法）」的妄念。我們一切的「所知障（指執著於所證明之法而障蔽自己的「自性」）」，都是從「法執」而生。

宇宙的萬物，世間的一切，是由「因」與「緣」和合所產生的結果，都是「因緣和合」而成。「因」是指引生結果的直接內在原因；「緣」是指由外來相助的間接原因。

一切萬有都是由「因緣」的聚散而生滅，稱為「緣起緣滅」，而由「因」與「緣」和合所產生的結果，稱為「因緣和合」。一切萬有都是由「因緣和合」而假生，沒有「自性」，這就是「因緣即空」的道理。

眾生的煩惱和執著，都不出「我執」和「法執」兩個方面。臨濟義玄提出他的看法，禪師在接引學人的時候，應該根據學人執著的情況，因材施教，分別採取四種不同的方法來教育，稱為「四料簡」，「四料簡」就是以破除「我執」和「法執」為宗旨的禪宗教育方法。

下面詳細解說「四料簡」的內容：

(1)奪人不奪境：如果學人的「我執」比較重、「法執」比較輕，那麼禪師就應該想辦法用破除他的「我執」，不破「法執」的方法，來加以接引。

例如：教導他「唯識學」八識的道理。「自己的身體」和「主觀意識」，都是自己的第七識「末那識」在主導做主，不是自己的「自性」在做主。

臨濟義玄解釋說：「煦日發生鋪地錦。瓔孩垂髮白如絲。」「煦（ㄒㄩˇ）」是溫暖，「煦日」是日出；「鋪」是攤開；「瓔（ㄧㄥ）」是像玉的美石，「瓔孩」是像玉一般的嬰兒。

早上剛升起的太陽，光芒萬丈四射照耀大地，好像攤開的一片錦繡一般，這是指「法、客觀環境」。初生的嬰兒（我執、主觀意識）頭髮就很多，可是他的頭髮白的就像銀絲一般。「我執」重的人，就像初生的嬰兒一般，剛出生不久，頭髮就變白。嬰兒長白頭髮，這是一個不合邏輯的現象，所以要把這種不合理的現象破除掉，但是保留有外在一切環境。

(2)奪境不奪人：如果學人的「我執」比較輕、「法執」比較重，那麼禪師就應該想辦法用破除他的「法執」，不破「我執」的方法，來加以接引。

例如：教導他「因緣生滅」的道理，一切萬有皆由因緣的聚散而生滅；由「因」與「緣」和合所產生的結果，稱為「因緣和合」；一切萬有皆由「因緣和合」而假生，沒有「自性」，就是「因緣即空」的佛法。

臨濟義玄解釋說：「王令已行天下遍。將軍塞外絕烟塵。」

這一句是借用朝廷派兵出征沙場來形容「法執」重，「我執」輕的情況。意思是「皇上出兵作戰的命令已經傳遍天下（我執），將領在邊疆作戰，卻按兵不動（法執）。」

這一句詩句可以用一句成語來解釋，就是「將在外，君命有所不受」。這句成語的出處，源自於中國春秋戰國時期的著名軍事家「孫武」，所編著的《孫子兵法》：「城有所不攻，地有所不爭，君命有所不受。」。

《孫子兵法》九變篇第八原文：

孫子曰：凡用兵之法，將受命于君，合軍聚眾，圮地無舍，衢地交和，絕地勿留，圍地則謀，死地則戰。途有所不由，軍有所不擊，城有所不攻，地有所不爭，君命有所不受。

「將在外，君命有所不受」的意思是：將領在外帶兵作戰，必須隨機應戰，在某些情況下可以不遵守君王的命令。用這種軍事狀況，巧妙的來形容「奪境不奪人」。就是說，學人對外在的事物執著不放（法執），比「我執」的情況，還嚴重的狀況。「法執」重的人，要先破除他對「法」的執著。

(3)人境俱奪：如果學人的「我執」和「法執」都重，那麼禪師就應該想辦法同時破除他的「我執」和「法執」，來加以接引。

臨濟義玄解釋說：「并汾絕信獨處一方。」

況。

這是臨濟義玄借用當時的政治狀況，來做「人境俱奪」的比喻。先簡單說明一下，當時的政治狀況。

詩句中所說的「并（ㄅㄧㄥˋ）」，是指「并州」。相傳大禹治洪水，劃分中國為九州。根據《周禮》、《漢書．地理志上》的記載，「并州」為九州之一，「并州」在唐代別稱為「太原府（今山西太原）」。

詩句中所說的「汾（ㄈㄣˊ）」，是指「汾州（今山西汾陽縣）」，是中國北魏時設置的州，隋朝時改為「西河郡」，到了唐代又恢復為「汾州」，別稱「西河郡」。

在唐末的時候，位於山西的「并州」和「汾州」二州，當時的朝廷中央已經無法控制局面，那裡的節度使（軍閥）各據一方，各自為政。

臨濟義玄借用節度使（軍閥）割據「并州（今山西太原）」和汾州（今山西汾陽縣）兩處，各據一方，朝廷政令不能通行，來比喻人（朝廷中央；我執）和境（節度使各據「并州」和「汾州」；法執）都執著。就像朝廷中央對地方政府（節度使）無法調遣一樣。這個時候既要收復失地，又要恢復朝廷中央的權力，所以叫做「人境俱奪」。

(4)人境俱不奪：如果學人的「我執」和「法執」都不執著，那麼禪師就不用破除他的「我執」和「法執」，直接接引。

臨濟義玄解釋說：「王登寶殿野老謳歌。」

野老：鄉下的老百姓。

謳（ㄡ）：歌唱。

國王登上了寶殿，朝政清明，國泰民安。人民安居樂業，鄉下的老百姓能夠安份守己，平安過日，開心的一邊種田，一邊唱歌。

這是形容「我執」和「法執」都不執著的人，屬於上根人的境界。詩句描繪一幅天下太平的景象，用來比喻「人境俱不奪」。

簡單的說明「奪人、奪境」：

「人」就是我們的「我執」；「境」就是我們的「法執」。

(1)對「我執」較嚴重而「法執」比較輕的人，臨濟義玄就「奪人不奪境」；

(2)對「法執」比較嚴重而「我執」比較輕的人，臨濟義玄就「奪境不奪人」；

(3)如果「法執、我執」都嚴重，臨濟義玄就「人境俱奪」；

(4)如果「法執、我執」都不執著，臨濟義玄就「人境俱不奪」。

「四料簡」這種方法，不過是臨濟義玄用來接引學人的一種權宜方法，不能把它當做固定的模式，一旦把它定為一種模式，它就不是「禪法」了，因為「禪法」是活用的，不能被固定成一個公式。

但是，很不幸的，歷代的禪師大多把「四料簡」看成是「臨濟宗」禪風的特色。「臨濟宗」的禪風，到了後來都被公式化了，比如說「三句」、「三玄」、「四賓主」等等，結果把「臨濟宗」的禪風變成一種刻板的方法，要成就「禪法」的人才，也就變得困難。

（三）「四賓主」

「四賓主」又稱做「臨濟四賓主」，是臨濟義玄就「賓」與「主」之間的關係，創立「賓看主、主看賓、主看主、賓看賓」等這四句話，來教導禪師在指導學人時，如何提示禪機。禪師可以透過師徒之間的問答形式，來測試對方對禪法的見解。

《人天眼目》原文：

四賓主

師一日示眾云。參學人大須仔細。如賓主相見。便有言說往來。或應物現形。或全體作用。或把機權喜怒。或現半身。或乘師子。或乘象王。如有真正學人。便喝先拈出一箇膠盆子。善知識不辨是境。便上他境上。做模做樣。學人又喝。前人不肯放。此是膏肓之病。不堪醫治。喚作賓看主。或是善知識。不拈出物。隨學人問處即奪。學人被奪抵死不放。此是主看賓。或有學人。應一箇清淨境界。出善知識前。善知識辨得是境。把得住拋向坑裡。學人言。大好善知識即云。咄哉不識好惡。學人便禮拜。此喚作主看主。或有學人披枷帶鎖。出善知識前。善知識更與安一重枷鎖。學人歡喜。彼此不辨。喚作賓看賓。

「賓」是「客人」的意思，在這裡比喻做「學人；參禪者；不懂禪理的人」；「主」是「主人」的意思，在這裡比喻做「善知識；禪師；懂得禪理的」」。

臨濟義玄說，「學人」參問「禪師」，「禪師」會採取言語、動作甚至棒喝各種方法來測試「學人」對禪法的見解程度，並且應機以開示「學人」；「學人」為了表明自己的悟境，以求得「禪師」的指導或印證，也會有各種不同的表現或者提出問題。

在正常的情況下，「禪師」是「主」，「學人」是「賓」。但是，有時候「禪師」對禪法的見解，不見得比來參訪的「學人」高。所以，「臨濟四賓主」將可能發生的情況歸納為四種。

「賓（學人）」與「主（善知識；禪師）」之間的關係有四種：

⑴賓看主：指「學人」悟禪機，而「善知識」不悟禪機。

「學人」對禪法的見解程度高，為試探「禪師（善知識）」的程度，先大喝一聲，提出一個問題。如果「禪師（善知識）」對此做出不對的回答或表示，又自以為他的禪法境界很高。「學人」便大喝一聲，暗示他要自我反省。「禪師（善知識）」如果仍然不覺悟，表示他的執著很種，已經病入膏肓，不堪醫治。此時禪法高明的「學人」，看著自以為是的「禪師（善知識）」，就形成了「賓看主」的情況。

⑵主看賓：指「善知識」悟禪機，而「學人」不悟禪機。

「禪師（善知識）」針對「學人」提出的問題，以恰當的言語或動作，向「學人」指點出他的錯誤之處，而「學人」不了解，仍然自以為是，就形成「主看賓」的情況。

⑶主看主：指「善知識」和「學人」都悟禪機。

「學人」提出一個正確的禪法問題，向禪師提問或作試探，「禪師（善知識）」立即指點出其中奧妙；「學人」也立即體會，並且禮拜表示尊敬。此時，雙方對禪法的悟境旗鼓相當，就形成「主看主」的情況。

⑷賓看賓：指「善知識」和「學人」都不悟禪機。

「學人」提出一個違背禪法的問題，「禪師（善知識）」不僅沒有指點出其中的錯誤，反而附和「學人」錯誤的禪法，雙方都執迷不悟，還認為彼此禪法的悟境旗鼓相當，就形成「賓看賓」的情況。

到了北宋，有一位「風穴延沼」禪師將「賓看主、主看賓、主看主、賓看賓」這四句話改為「賓中主、主中賓、主中主、賓中賓」。

《景德傳燈錄》卷第十三

汝州風穴延沼禪師餘杭人也。……問如何是賓中主。師曰。入市雙瞳瞽。曰如何是主中賓。師曰。迴鑾兩曜新。曰如何是賓中賓。師曰。攢眉坐白雲。曰如何是主中主。師曰。磨礱三尺刃。待斬不平人。

（四）「無位真人」

《鎮州臨濟慧照禪師語錄》原文：

上堂云。赤肉團上有一無位真人。常從汝等諸人面門出入。未證據者看看。時有僧出問。如何是無位真人。師下禪床把住云。道道。其僧擬議。師托開云。無位真人是什麼乾屎橛（ㄐㄩㄝˊ，稻麥的殘根）。便歸方丈。

「赤肉團」是指人的心臟，古人認為人的意識、精神都寄託在肉體，附著於心臟（紅色肉團心）。「無位」的「位」是指「菩薩五十二位階」，「菩薩」由「凡夫」修行到成「佛」，一共要經過五十二個階位，即「十信、十住、十行、十迴向、十地」，再加上「等覺、妙覺」等。在《菩薩瓔珞本業經》裡，提到五十二位大乘菩薩的階位，開始從「發菩提心」，最後到「成就佛果」，其間可分成五十二個階位。

「真人」這個名詞，最早出現在春秋戰國時代的《莊子》內篇大宗師。

《莊子》內篇大宗師原文：

何謂真人？古之真人，不逆寡，不雄成，不謨士。……古之真人，其寢不夢，其覺無憂，其食不甘，其息深深。真人之息以踵，眾人之息以喉。……古之真人，不知說生，不知惡死；其出不訢，其入不距；翛然而往，翛然而來而已矣。不忘其所始，不求其所終；受而喜之，忘而復之。是之謂不以心捐道，不以人助天。是之謂真人。

「真人」是指道家洞悉宇宙和人生本源，真正覺悟的人。「真人」這個名詞，原本是中國「道家」的用語，但是在佛家的《太子瑞應本起經》也出現「真人」這個名詞，意思是「羅漢」。

《太子瑞應本起經》原文：

一心之道。謂之羅漢。羅漢者真人也。聲色不能汙。榮位不能屈。難動如地。已免憂苦。存亡自在。

《太子瑞應本起經》是佛教早期的經典，翻譯者借用「道家」的用語「真人」，來和「佛家」的「羅漢」畫上等號。

但是，臨濟義玄所說的「真人」，並不是「羅漢」的意思。因為「無位」是超越「菩薩五十二位階」，「無位真人」是已經得到解脫之人，也就是「佛」。所以，臨濟義玄所說的「無位真人」，是指不住於菩薩五十二位階的任何階位的自由人，亦即人人本來具有的「佛性」。

臨濟義玄說，每個人的身體內部，都有一個能夠自由從「面門」出入的「無位真人」。「面門」是指「眉心的玄關處」，這是「道家」的概念和用語。

當時有位僧人站出來問什麼是「無位真人」時，臨濟義玄下禪床，一把抓住僧人，問他說：「說！說！」。僧人嚇一跳，想要回答時，臨濟義玄卻推開他說：「無位真人是什麼乾屎。」說完就回到住持所居住的房間。

為什麼臨濟義玄要這麼做呢？因為「無位真人（佛性）」不能用語言文字來表達，臨濟義玄一把抓住僧人的動作，讓僧人嚇一跳，此時僧人的第七識「末那識」短暫不起作用，在電光火石之際，「無位真人（佛性）」一閃而過。上根的人會馬上頓悟，而下根的人只會驚嚇的不知所措。

僧人想要回答時，臨濟義玄卻推開他說：「無位真人是什麼乾屎。」說完就回到他所居住的房間。一般人都嚮往見到「無位真人（佛性）」，但這卻是「妄想執著」，臨濟義玄把一般人奉為聖物的「無位真人（佛性）」說成是「乾屎橛」，這句話就足以讓第六識「意識」的「分別判斷功能」暫停作用，同時第七識「末那識」也短暫不起作用，在電光火石之際，「無位真人（佛性）」再度一閃而過。

四、臨濟義玄的「臨濟喝」

臨濟義玄後來到河北鎮州傳法，更「多行喝棒」，成為禪宗著名的「臨濟喝」。

《祖堂集》卷第十九原文：

自後師於鎮府匡化，雖承黃蘗，常讚大愚。至於化門，多行喝棒。

《鎮州臨濟慧照禪師語錄》裡，有一段關於「臨濟喝」的記載：

《鎮州臨濟慧照禪師語錄》原文：

上堂。僧問。如何是佛法大意。師竪起拂子。僧便喝。師便打。又僧問。如何是佛法大意。師亦竪起拂子。僧便喝。師亦喝。僧擬議。師便打。師乃云。大眾。夫為法者不避喪身失命。我二十年在黃蘗先師處。三度問佛法的的大意。三度蒙他賜杖。如蒿枝拂著相似。如今更思得一頓棒喫。誰人為我行得。時有僧出眾云。某甲行得。師拈棒與他。其僧擬接。師便打。

臨濟義玄上堂說法，就豎起拂子，又用棒喝，可說是集「洪州禪」的大成。在南宗禪的傳統中，通常學人問「如何是佛法大意」，禪師通常會用「風馬牛不相干的句子」來回答。而「臨濟宗」不僅有問無答，而且是誰問「如何是佛法大意」，誰就要被打。這是為什麼呢？這是因為學人的提問（「擬議」），就是第六識「意識」正準備「思慮考量」，用「棒喝」的方法，可以讓第六識「意識」的「分別判斷功能」暫停作用，同時第七識「末那識」也短暫不起作用，在剎那之間，「無位真人（佛性）」一閃而過。

臨濟義玄的師父「黃蘗希運」注重頓悟，他接引信徒的方式是「單刀直入、機鋒激烈」，要拜「黃蘗希運」為師的人，入門之前必定遭到當頭一棒，能對棒擊有領悟的人，才有資格被收為弟子。

臨濟義玄曾經三次向黃蘗希運請問禪法，三次被黃蘗希運當頭棒打，只好離開黃蘗希運。後來經過大愚禪師的指點，臨濟義玄才恍然大悟，又回去找黃蘗希運，終於得到黃蘗希運的同意，收為弟子。

後來，臨濟義玄在接引徒弟的時候，也援用黃蘗希運當頭一棒的方法，同時大喝一聲，所以才有「當頭棒喝」的這句成語。

臨濟義玄的「當頭棒喝」法門只有上根的人，才能夠領悟那一喝聲，是為了讓自己的第六識「意識」的「分析判斷功能」暫停作用，同時第七識「末那識」也短暫不起作用，在剎那間，感受到和自己的「自性」擦身而過。

臨濟義玄還有一句「逢佛殺佛，逢祖殺祖，逢羅漢殺羅漢，逢父母殺父母。」的禪法名句。主要目的是勸人在學習禪法和禪定中，不要執著拘泥於「名相、形象」，才能夠見到自己的「自性」，就如《金剛經》上所說：「凡所有相皆是虛妄，若見諸相非相，則見如來。」。

《鎮州臨濟慧照禪師語錄》原文：

爾欲得如法見解。但莫受人惑。向裡向外逢著便殺。逢佛殺佛。逢祖殺祖。逢羅漢殺羅漢。逢父母殺父母。逢親眷殺親眷。始得解脫。不與物拘。透脫自在。

後來，屬於「臨濟宗」系統的宋代「風穴延沼」和「汾陽善昭」，在傳禪法中，大力宣揚臨濟義玄當年所提出的「三玄三要」、「四料簡」、「四賓主」和「無位真人」等禪法以後，這些傳授禪法的方式，就成為「臨濟宗」禪法的主要特色。

五、「臨濟宗」的法脈傳承

「臨濟宗」傳到「石霜楚圓」禪師的門下時，又分出「楊岐派」和「黃龍派」。

「楊岐派」開宗者為「楊岐方會」，因為住在楊岐山（在今江西萍鄉北）而得名。到南宋時，因為「楊岐派」的傳人「大慧宗杲（ㄍㄠˇ）」大力提倡「話頭禪」的影響力，使得「臨濟宗」一支獨秀，成為禪宗和漢傳佛教最具代表性的宗派。

「黃龍派」開宗者為「黃龍慧南」禪師，因為住在黃龍山（在今江西南昌）而得名。

「臨濟宗」傳到今日的台灣，也是開枝散葉般的蓬勃發展，例如：

（一）佛光山：

「佛光山」的「星雲法師」為「臨濟宗」第四十八代傳人，於一九六七年，在高雄市大樹鄉創辦，在世界各地創設的寺院與道場達二百所以上。

「佛光山」以四大宗旨致力於人間佛教：以文化弘揚佛法、以教育培養人才、以慈善福利社會、以共修淨化人心。

「星雲法師」是在南京「棲霞山」禮拜「志開上人」為師，但是「棲霞山」是屬於十方叢林，不可以收徒納眾，所以「星雲法師」的祖庭是「志開上人」出家的道場，在江蘇宜興白塔山的「大覺寺」，創建於南宋咸淳（一二六五～一二七四）年間，屬於「臨濟宗」的門下系統。

依照〈臨濟宗法脈偈語〉，「臨濟宗」法脈傳承的輩分依序是：「湛然法界。方廣嚴宏。彌滿本覺。了悟心宗。惟靈廓徹。體用周隆。聞思修學。止觀常融。傳持妙理。繼古賢公。信解行證月朗天中」，這段法脈偈語在《續藏經》裡有記載：

《續藏經》宗教律諸宗演派原文：

○臨濟源流訣

五台峨嵋。……普陀後寺從突空下通字派接續演四十八字。湛然法界。方廣嚴宏。彌滿本覺。了悟心宗。惟靈廓徹。體用周隆。聞思修學。止觀常融。傳持妙理。繼古賢公。信解行證。月朗天中。

「星雲法師」的師父「志開上人」的內號屬於「了」字輩，取名「了然」。「星雲法師」出家後的法號叫做「今覺」，內號屬於「悟」字輩，叫做「悟徹」，現在的稱號「星雲」是為了領身分證而自取的。

（二）法鼓山

「法鼓山」由「聖嚴法師」於一九八九年在台灣台北縣金山鄉創立，二零零六年「聖嚴法師」傳位於第二代方丈「果東法師」，二零零九年「聖嚴法師」圓寂。「法鼓山」的宗旨為：提昇人的品質，建設人間淨土。

「聖嚴法師」皈依於「東初老人」（師父為「太虛大師」）門下，再次剃髮出家，法名「聖嚴」，法號「慧空」，承繼「曹洞宗」法脈，為「曹洞宗」的第五十一代傳人。

「東初禪師」圓寂後，「聖嚴法師」承繼為「農禪寺」住持，另外又接受「靈源和尚（師父為「虛雲老和尚」）」的印可，法名「知剛」，法號「惟柔」，承繼「臨濟宗」法脈，為「臨濟宗」的第五十七代傳人。

一九六九年「聖嚴法師」前往日本留學，一九七五年於「立正大學」取得博士學位，是中華民國第一位赴日攻讀博士並順利完成所有學分的出家比丘。

（三）中台禪寺

「中台禪寺」由「惟覺老和尚」承接師父「靈源和尚（師父為「虛雲老和尚」）」的中國禪宗法脈而創立，二零零一年於南投縣埔里鎮正式落成。

「中台禪寺」的宗旨為：推崇「對上以敬，對下以慈，對人以和，對事以真」的中國倫理教育。

「惟覺老和尚」於二零一六年圓寂，傳給弟子「見燈法師」，繼續推廣佛教文化與藝術等淨化心靈的社會公益活動。

（四）靈鷲山

「靈鷲山無生道場」位於台灣新北市貢寮區福隆里靈鷲山，由「心道法師」於一九八四年創建。靈鷲山教團以「慈悲與禪」為宗風，展開華嚴的聖山志業，主張「三乘合一」的法教本懷。一般都將佛法傳布區分為南傳、漢傳及藏傳的佛教傳統，其實「三乘」都是佛度世的方便應化；「三乘法教」也代表了世尊圓滿無礙的宇宙觀與生命教育。

「心道法師」於一九七三年，正式於佛光山從「星雲法師」剃度出家，入「佛光山叢林大學」就讀。一九七四年，因為「心道法師」喜愛長時間打禪，無法與僧團作息配合，在「星雲法師」的同意下，到佛光山宜蘭分院「圓明寺」獨自專志禪修。

「心道法師」在二零零七年，於中國深圳「弘法寺」住持「本煥老和尚（師父為「虛雲老和尚」，為「臨濟宗」第四十四代傳人。）」座下納受法脈，號「常妙心道」，成為「臨濟宗」第四十五代傳人。

「心道法師」在二零一三年於台灣高雄「佛光山」開山宗長「星雲大師」座下受法，正式成為「臨濟宗」第四十九代傳人，法名「心道智達」。

「心道法師」繼承「臨濟宗」第四十四代傳人「本煥老和尚」，所以成為「臨濟宗」第四十五代傳人。但是，後來又繼承「臨濟宗」第四十八代傳人「星雲大師」，成為「臨濟宗」第四十九代傳人。

這表示後世所謂第幾代傳人，並不是單傳。從第六代「六祖惠能」之後，佛教禪宗地傳承從，此沒有明確的祖師傳承，法脈傳人不再稱「祖」，而以各宗派的「傳人」傳承下去。所以，會發生一個禪師身兼多種「傳人」的情況。

（五）一貫道

根據一貫道的道書《性理題釋》裡的記載，「六祖惠能」授衣鉢給「白玉蟾」、「馬端陽」，兩人並稱七祖。

《性理題釋》「三、大道之沿革」原文：

三、大道之沿革

……釋迦牟尼佛西域承續道統，渡大弟子迦葉，為佛教之始祖。道分三教，各傳一方，各留經典。
釋教單傳二十八代至達摩尊者，梁武帝之時達摩西來，真機複還中土，此謂之為「老水還潮」也。

自達摩入中國，真道心法仍然一脈相傳，達摩初祖傳神光二祖，神光傳僧燦三祖，僧燦傳道信四祖，道信傳弘忍五祖，弘忍傳六祖惠能。至六祖之時衣鉢失傳，禪宗而分南頓北漸，其實道歸庶民俗家，六祖惠能——盧氏，諱惠能，號惠能大鑒師，乃地藏王化身。曾有《六祖壇經》一部遺世。六祖渡白馬廟孫敷仁，道降傳火宅，昔日五祖將「衣鉢」傳于六祖時，曾於夜間密囑，勿令道脈絕滅，但不可傳之惡僧。

後來六祖果遇惡僧迫令傳其衣鉢，六祖逐奔至廣東曹溪。二次又被尋逐，幸遇白玉蟾于田中將六祖救護，迎至其家，六祖遂授衣鉢，後又遇馬端陽，也授以正法。

從此釋終儒起，道興火宅。此是密機，因不令僧知，故《壇經》不載。

白玉蟾、馬端陽並稱七祖，……。在《六祖大師法寶壇經》裡有記載，「六祖惠能」滅度之前囑咐弟子，他滅度七十年之後，有二位菩薩從東方來，一位是出家人，一位是居士，同時興化佛法，建立禪宗法脈。

《六祖大師法寶壇經》宣詔第九原文：

吾去七十年，有二菩薩從東方來，一出家、一在家。同時興化，建立吾宗，締緝伽藍，昌隆法嗣。

但是，「六祖惠能」這個預言，並沒有明說究竟是哪二位菩薩？佛教中有一說是：「出家」是指「馬祖道一」禪師；「在家」為「龐蘊居士」。但是「龐蘊居士」並未興化一方，所以不符合「六祖惠能」的預言。

又有一說是：「出家」是指「黃蘗禪師」；「在家」為「裴休」。但是，這種說法也不能成立，因為「裴休」是一位沒有開悟的相國，也沒有興化一方地事實。

所以「六祖惠能」這個預言是個謎，是一個X檔案。

在「一貫道」的道統傳承裡，記載「六祖惠能」把法脈傳給「白玉蟾」和「馬端陽」，並且認為這符合「六祖惠能」的預言：「出家」是指「馬端陽」；「在家」為「白玉蟾」。

在「一貫道」的另一本道書《道統寶鑑》裡，認為「馬端陽」就是「馬祖道一」，是西方第十二祖「馬鳴大士」的化身；而「白玉蟾」是「南嶽大帝」的化身。

「一貫道」有一說是：「出家」是指「馬祖道一」禪師；「在家」為南宋道教南七真之一的「白玉蟾」。

又有一說是：「出家」是指南宋道教北七真之一的「馬鈺（馬丹陽）」；「在家」為南宋道教南七真之一的「白玉蟾」。

但是，在中國宗教史上，並沒有「馬端陽」這個人的資料，一般都將「馬端陽」解釋為唐代的著名禪師，開創「洪州宗」的「馬祖道一」。

不管是哪一種解釋，都說明一件事情：「一貫道」認為七祖之後的祖師法脈傳承，都來自於「六祖惠能」。尤其，七祖是「洪州宗」的「馬祖道一」，他下面傳承的「臨濟宗」禪法，當然也成為「一貫道」的修行法門之一。

在「一貫道」十八祖線之一的「安東組」，已經圓寂的創辦人「高斌凱」老前人（厚德大帝），生前每年都會開靜坐班，稱為「修道實驗班」，就是教導「禪宗」的心法。開班前「高老前人」規定學員要讀「永嘉禪師」的著作《證道歌》；結束前會用「普明禪師」的著作《牧牛圖頌》來印證參班學員的境界。開班中，「高老前人」會使用「香板（一種木棒）」，一旦發現有人在靜坐的過程中精神渙散或昏昏欲睡，便會用「香板」敲擊他的肩部或腿部，以示提醒。「香板」木棒其實並沒有打在骨頭上（因為是空心的），所以不會痛。

「香板」又稱為「警策」或「竹篦（ㄅㄧˋ）」，是古代禪師教導學員靜坐時，先輕打瞌睡者的右肩，以示提醒，之後再重打給予警惕。「香板」上刻有「警策」字樣；「警」有告誡的意思，「策」為騎馬時用以驅馬前進的馬棰。「警策」就是「警覺策勵」，「香板」是用來糾正坐禪行者怠惰、昏沉、妄想、姿勢不正確等的警醒用具。

使用「香板」是源自於唐代「德山宣鑑」禪師，「德山宣鑑」常以棒打為接引學人的方法，世稱「德山棒」。

「德山宣鑑」對棒打的舉動沒有做任何解釋，在「以心傳心，不立文字」的宗旨下，不得開口說話，只能以棒打點醒學人。其目的是截斷學人的第六識「意識」，使學人在剎那間無法思索，停止「意識」活動，當下第七識「末那識」短停止作用，得於當下見性。

（六）日本的「臨濟宗」：

西元一一八七年，日本僧人「明庵榮西」將「黃龍派」傳入日本，使「臨濟宗」在日本開枝散葉，迅速發展。

西元一二四六年，中國僧人「蘭溪道隆」東渡到日本，傳播「楊岐派」的禪法。日本在「鎌倉時代」時，在「禪宗二十四派」中，就有二十派是出自於「楊歧派」系。

到了二十世紀八零年代，日本「臨濟宗」的信徒，已經超過五百萬人。「臨濟宗」對日本的茶道、書法、武術、繪畫、文學、建築、能樂、連歌、園藝、料理等都有很大的影響。

第十單元

五家七宗之「曹洞宗」

一、「曹洞宗」簡介

「曹洞宗」是佛教禪宗南宗五家（五家七宗）之一，「曹洞宗」自「石頭宗」門下分出，由於開創人「洞山良价（「价」念ㄐㄧㄝˋ，不是「價」的簡體字）」及其弟子「曹山本寂」先後在江西省宜春市宜豐縣的「洞山」，以及江西省撫州市宜黃縣的「曹山」弘揚一家宗風，後人因為讀音之便，次序作顛倒，不稱「洞曹宗」而稱為「曹洞宗」。

「曹洞宗」的宗名還有另一個說法，就是取六祖惠能所居住的「曹溪」以及洞山良价所居住「洞山」名稱，故稱為「曹洞宗」。

「曹洞宗」的法脈傳承：

(1)六祖惠能→(2)青原行思→(3)石頭希遷→(4)藥山惟嚴→(5)雲巖曇晟→(6)洞山良价→(7)曹山本寂

二、「洞山良价」的生平

《景德傳燈錄卷》第十五翻譯：

筠（ㄩㄣˊ）州「洞山良价」禪師，唐代會稽（浙江）人，俗姓俞。幼年出家，師父教他讀誦《般若心經》，當他念《般若心經》，念到「無眼、耳、鼻、舌、身、意」這句經文時，忽然用手摸臉，然後問師父：「我有眼睛、耳朵、鼻子、舌頭等，為什麼《般若心經》上卻說沒有？」

他的師父驚訝於他的超年齡智慧，就對他說：「我不夠資格做你的師父。」就指點他到「五洩山」禮拜「靈默禪師（馬祖道一的法嗣，在馬祖座下，勤苦修行，久未參透悟性。後來遇到石頭希遷的開導而頓悟。）」而出家「披剃（根據佛教的戒律，僧尼出家，必須剃頭髮，披上袈裟所以稱為「披剃」。）」

洞山良价二十一歲時，在嵩山受「具足戒（指佛教信眾在出家加入僧團成為出家眾後，成為比丘或比丘尼時所應接受與遵行的戒律，也就是指『波羅提木叉』。『波羅提木叉』是佛教出家眾，所應遵守的戒律，發誓遵守『波羅提木叉』，是成為僧團成員的先決條件。要成為出家眾，就必須要遵守完整的『波羅提木叉』，所以稱為『具足』。接受『具足戒』之後，正式成為僧團成員，才能被稱為『比丘』或『比丘尼』。）」，然後便遊方參學，首先參訪「南泉普願（洪州宗「馬祖道一」法嗣。）」禪師。

洞山良价到達南泉普願所住持的寺院的時候，正好趕上寺院為馬祖道一的忌辰準備齋事。南泉普願詢問大眾說：「明日準備『馬祖道一』師父的齋宴，不知道『馬祖道一』師父會不會來？」

眾人都無言以對，因為馬祖道一不是已經圓寂了嗎？他怎麼會來赴齋宴呢？

這時候，洞山良价走出來回答道：「等候有同伴就來（事實上是沒有伴，所以馬祖道一不會來。）。」

南泉普願一聽便讚嘆說：「這位年輕人雖然年紀輕，但是可以雕琢栽培。」

洞山良价回答說：「和尚不要壓良為賤。」

（「壓良為賤」的本意為「強買平民女子為奴婢」，在禪宗裡比喻「不了解自己的『自性佛』，卻外在求佛。」洞山良价是說，對他內在的「自性」而言，根本是不能雕琢栽培的。）

後來，洞山良价參訪溈山靈祐問說：「聽說『南陽慧忠』國師（六祖惠能門下的五大宗匠之一）有『無情說法』一事，我不知道奧妙在哪裡？」

溈山靈祐回答說：「我這裡也有『無情說法』，只是很難找到能領悟的人（意思是說：無情說法，無情得聞，有情終難體會。）」

洞山良价說：「就請師父說說看。」

溈山靈祐說：「由父母所生的這個嘴巴，始終不能對你講（因為禪法不可言說）。」

洞山良价問說：「還有與師父您同時參禪悟道的人嗎？」

溈山靈祐說：「從這裡去湖南省的澧陵，在攸縣和石室兩地之間，有一位『雲巖曇晟（起初跟從百丈懷海禪師學禪法，未悟道。後跟從藥山惟儼禪師，證得心法。）』禪師。你如果能夠善於觀察雲巖曇晟所說的禪理，必定被你所器重。」

洞山良价見到雲巖曇晟之後，就把前面所說的「無情說法」公案再述說一遍，然後問雲巖曇晟說：「無情說法，什麼人得聞？」

雲巖曇晟說：「無情說法，『無情』得聞。」

洞山良价問說：「和尚您得聞嗎？」

雲巖曇晟說：「我假如得聞，你就不得聞我說法。（因為有所聞，就執著在塵境裡，無聞才是真聞，也就是「無言說」，無言可說。）

洞山良价問說：「假如是這樣，我為什麼不聞和尚您說法呢？」

雲巖曇晟說：「我說法你仍然不聞，更何況無情說法呢？」

洞山良价說了一首偈詩呈給雲巖曇晟：「也大奇，也大奇，無情解說不思議，若將耳聽聲不現，眼處聞聲方可知。」。

於是洞山良价向雲巖曇晟辭行，雲巖曇晟問說：「你要去何處？」

洞山良价說：「雖然離開和尚您，卻還沒有決定去處。」

雲巖曇晟說：「莫非是要去湖南？」

洞山良价說：「不是。」

雲巖曇晟說：「莫非是要回去家鄉？」

洞山良价說：「不是。」

雲巖曇晟說：「何時回來？」

洞山良价說：「等和尚您有住處時，我就回來。」

雲巖曇晟說：「你這次離開，就很難再相見。」

洞山良价說：「應該是難得不相見。」

洞山良价又問雲巖曇晟說：「和尚您圓寂之後，忽然有人問我，你還能見到你師父嗎？（意思是：得到師父的真傳）我如何對他說呢？」

雲巖曇晟說：「只要向他說：『就是這個』。」

洞山良价聽完沉默很久。

雲巖曇晟說：「你要承當見性這件事，還要審慎仔細。」

洞山良价這個時候還是有疑惑。

後來，洞山良价因為過河水的時候，看見河水中自己的影子，才恍然大悟明白師父雲巖曇晟所說「就是這個」的意思。

因此，洞山良价作了一首詩偈說：

切忌從他覓，迢（ㄊㄧㄠˊ）迢與我疎（ㄕㄨ）；我今獨自往，處處得逢渠；渠今正是我，我今不是渠；應須恁麼會，方得契如如。

這首詩偈的意思是說：

學習禪法不要向心外求，否則就和自性越離越遠；我現在的心境是絕對的，對外境不取不捨，就處處時時能夠見到真如自性；河水中的影子，就是我自己自性的顯現，但是我的自性不是影子，因為自性是無相的，不可執著在有相；修道人應該這樣去體悟，才能夠自性常住，與如如不動的自性相契合。

洞山良价問師父雲巖曇晟說：「您圓寂之後，忽然有人問我，你得到師父的真傳嗎？我要如何回答他呢？

雲巖曇晟回答他說：「但向伊道即遮箇是。」意思是說：「只要向他說：『就是這個』。」

「遮箇」就是「這個」，而「這個」就是指第八識「阿賴耶識」轉變之後的「自性」。為什麼不明白說清楚是「自性」呢？因為要領悟到自己的「自性」，是不能夠用語言文字來說明的。

用語言文字來說明，你會用你的第六識「意識」來分析判斷「自性」，這不是你真正的見到「自性」，而是紙上談兵，你一直在想像「自性」的模樣，但是實際上還是不明白「自性」是什麼？

你要真正見到你的「自性」，反而是要先停止你的第六識「意識」的分析判斷功能，如此才能讓你的第七識「末那識」停止作用，最後讓你的第八識「阿賴耶識」轉變成「自性」，你才能夠真正領悟「自性」是什麼？所以，歷代的禪師都喜歡用「這個」來代替說明「自性」。

唐代大中十三年（八五九年），洞山良价來到「宜豐洞山（今江西宜豐境內）」，當他涉水過「洞水」時，看見水面上自己的人影，剎那間頓悟，原來「自性」才是真我，水中的人影，甚至我這個肉體，都是「自性」所創造出來的。

洞山良价因此終止雲遊，從此駐錫在「洞山」，宣講他所領悟的禪法，一時四方徒眾紛紛前來學習禪法。

洞山良价著有《寶鏡三昧歌》、《玄中銘》、《五位君臣頌》、《五位顯訣》、《綱要偈》、《新豐吟》等傳世。洞山良价的言語經過他的弟子們整理成《曹州洞山良价禪師語錄》和《筠州洞山悟本禪師語錄》各一卷，被「曹洞宗」信徒視為經典。

三、「洞山良价」的門下弟子

洞山良价的著名弟子有「曹山本寂」、「雲居道膺」、「龍牙居遁」、「華嚴休靜」、「青林師虔」等二十六位高僧。

洞山良价圓寂後，他的弟子們推舉「道全」為洞山住持，「曹山法係」四傳之後便斷絕。

洞山良价的另一個法嗣「道膺（一ㄥ）」一脈綿延趨盛，傳到「宏智正覺」時，「曹洞宗」再度揚名天下。當時香火鼎盛，殿堂有千餘人，後世稱為「曹洞中興」。但是，「宏智正覺」的門下也後繼無人，在南宋之後也傳承衰微。

「宏智正覺」開創「默照禪法」，與「臨濟宗」的「大慧宗杲（ㄍㄠˇ）」所提倡的「看話禪」齊名，當時人稱他們為「二甘露門」。

「曹洞宗」門下的宏智正覺，有鑑於「臨濟宗」叫人「看話頭、看公案」，流於空洞，所以提倡「只管打坐」，以靜坐為主的「默照禪」。

「默照禪」是「曹洞宗」的代表性修行法門，它的來源很早，源自於「般若學」與「止觀」。宏智正覺著作《默照銘》和《坐禪箴》來介紹這種禪修方法。「默」是指「不受自己內心以及環境的影響，讓心保持安定的狀態」；「照」是指「清楚的覺知自己內心與周遭一切的變化。」。

但是，當時「臨濟宗」的大慧宗杲，卻批評「曹洞宗」的「默照禪」造成學人終日只知靜坐，是在「斷佛慧命」、「墮在黑山下鬼窟裡」，有默無照，是「默照邪禪」。而有趣的是，大慧宗杲和宏智正覺兩人私下卻是好朋友。

大慧宗杲為「臨濟宗」法脈「楊歧派」的第五代傳人，提倡「看話禪（又稱為「話頭禪」）」。「看話禪」是要學人參趙州從諗禪師的「無」字話頭，大慧宗杲鼓勵學人起「疑情」，以「疑情」參究公案，而得到開悟。趙州從諗是「南泉普願」的門下弟子，馬祖道一傳下「洪州宗」的傳人。

大慧宗杲的「看話禪」是取自趙州從諗的「無」字公案，就只參一個「無」字，而成為「話頭禪」。

在《大慧普覺禪師書》裡，記載大慧宗杲的「話頭禪」心法：

《大慧普覺禪師書》卷第二十六

若要徑截理會。須得這一念子嚗地一破。方了得生死。方名悟入。然切不可存心待破。若存心在破處。則永劫無有破時。但將妄想顛倒底心。思量分別底心。好生惡死底心。知見解會底心。欣靜厭鬧底心。一時按下。只就按下處看箇話頭。

大慧宗杲所提倡的「無」字公案，是禪宗最直接頓悟的一個法門，它的特色就是要把我們的一切雜念、思量、分別、判斷，徹底斬斷，寸草不留。

我們要怎樣學習「看話禪」，來參好這個「無」字公案呢？

大慧宗杲說：「須得這一念子（當下這一念）嚗地一破。」就是說：要讓自己的第六識「意識」停止思量、分別、判斷的功能，一念不生，讓第七識「末那識」停止作用「嚗地一破」，「方了得生死，方名悟入」，才能夠見到自己的「自性」。

大慧宗杲說：「若存心待破，則永劫無有破時。」假如你一直用第六識「意識」來等待開悟，就永遠沒有開悟的時候。因為你還在以妄心在追求，以第六識「意識」來做思量、分別、判斷，就無法讓第七識「末那識」停止作用，也就無法進入「無念」的狀態，就永遠無法「見性」。

大慧宗杲認為修行必須在日常生活之中，反對遠離塵世，獨自修行。因此，他大力反對當時流行的「默照禪」，認為它會造成學人終日只知道靜坐，是在「斷佛慧命」、「墮在黑山下鬼窟裡」，是「邪禪」。

大慧宗杲把禪宗的「楊歧派」推到最高峰，他的「看話禪」禪法對後世的禪宗影響深遠。

四、「洞山良价」的核心思想

洞山良价禪法的核心思想是「五位君臣說」、「接引三路」、和「三種滲漏」等，這是他為了接引學法者，所採用的方式。洞山良价的禪法，著重在「理事俱融」，吸收了「華嚴宗」的看法，也是遠承「青原行思」和「石頭希遷」的思想。

「華嚴宗」的宇宙觀，主張「法界緣起」，「法界」有「理、事」之別：

（一）事法界：指差別的現象界。「事」為「事象」，「法」是「諸法」，「界」是「分界」。即宇宙的各種事物皆由因緣而生，各有其區別與界限；但是世俗所認識的觀念，是以事物的「差別性」，作為認知的對象。

（二）理法界：指平等的體界。「理」為「理性、真如、本心、佛性、」。即宇宙的一切萬物，本體都是「理性、真如」，平等而無差別，此現象的共同性，皆為「空性」。

「現象界」與「本體界」具有「一體不二」的關係。即「理（真如本體）」無法顯現，必須藉由「事」來顯發；而「事（現象世界）」則皆為「理」的隨緣變現。

洞山良价的思想淵源，可以追溯到「石頭宗」的「石頭希遷」。他受到「石頭希遷」所著述《參同契》中，「回互說（指事物間相互涉入，相依相存，無所區別。）」的影響，特別重視「真如本體（理）」和「現象世界（事）」的關係，主張「即事而真」的見解，「即事而真」一語出自《大毘盧遮那成佛經疏》。

《大毘盧遮那成佛經疏》卷第一原文：

譬如幻師。以咒術力加持藥草。能現種種未曾有事。五情所對悅可眾心。若捨加持然後隱沒。如來金剛之幻亦復如是。緣謝則滅機興則生。「即事而真」無有終盡。

「即事而真」的意思是說：世間生滅的現象（事），就是常住平等的真理（理），「事」和「理」本來就是不二，是同一體的。

洞山良价因為過河水看見自己的影子，才恍然大悟明白師父雲巖曇晟所說「就是這個」的意思。原來「真理」並沒有離開「現實的現象」，就好像一面「鏡子（真理）」和「鏡中影子（現實的現象）」的差別；而且由「現實的現象」上，能夠顯現出「真理」的理體。

下面介紹洞山良价禪法的核心思想：

（一）「五位君臣」說

《人天眼目》卷之三原文：

五位君臣

僧問曹山五位君臣旨訣。山云。正位即屬空界。本來無物。偏位即色界。有萬形像。偏中正者。舍事入理。正中來者。背理就事。兼帶者。冥應眾緣。不隨諸有。非染非淨。非正非偏。故曰虛玄大道無著真宗。從上先德。推此一位。最妙最玄。要當詳審辨明。君為正位。臣為偏位。臣向君是偏中正。君視臣是正中偏。君臣道合。是兼帶語。時有僧出問。如何是君。云妙德尊寰宇。高明朗太虛。如何是臣。云靈機弘聖道。真智利群生。如何是臣向君。云不墮諸異趣。凝情望聖容。如何是君視臣。云妙容雖不動。光燭本無偏。如何是君臣道合。云混然無內外。和融上下平。又曰。以君臣偏正言者。不欲犯中。故臣稱君不敢斥言是也。此吾法之宗要也。

洞山良价首先提倡「五位君臣」之說，以「正、偏、兼」三者，配以「君、臣」之位，藉以分析「佛性真如」和「世界萬有」的關係。

洞山良价在「五位君臣」說中，認為「佛性真如」是世界的根源，是「萬法」最根本的本體；而「世界萬有」只不過是這個「佛性真如」所顯現出來的現象而已。

在「五位君臣」說中，所謂「正位、偏位、君位、臣位、兼」之間的關係如下：

(1)「正位」就是「君位」，比喻「空界」，指世間本來無一物，唯有「真如（理）」是本位。

(2)「偏位」就是「臣位」，比喻「色界」，指世間的「萬事萬物（事）」。

(3)「兼」就是「君臣合道」，指將「理」和「事」統一起來，「正、偏」兼有，「事、理」融合，不垢不淨，非「正位」非「偏位」。

「五位君臣」就是指「君、臣、臣向君、君視臣、君臣道合」等五種關係，這五個關係，可以有系統的顯示修道層次的不同境界。

「五位君臣」是借由「君」和「臣」的關係，來比喻「理」和「事」的關係。同時配合「正（體、空、真、理淨）」、「偏（用、有、俗、事染）」和「兼（非正、非偏）」這三個概念，來說明「君」和「臣」的五種關係。

「五位君臣」的概念，解釋如下：

(1)「正位（君位）」是指「真如本體（自性、佛性）」本來是空，無任何差別相，沒有分別心。

(2)「偏位（臣位）」是指「萬有事相」，臣受君之命，發揚君之聖道，象徵宇宙萬物是「現象界」。

(3)「偏中正（臣向君）」是指「只見真如，不見事相」，「捨事入理」。「臣向君」就是臣以忠貞赤誠的心事君，去除一切階級差別，一切差別的事相（偏位），都歸於無差別平等界的真如本體（正位）。

(4)「正中偏（君視臣）」是指「只見事相，不見真如」，「背理就事」。「君視臣」就是君以公正無私的心，一視同仁，只以臣的才能來任用，使臣各得其所。這是比喻「正位（真如本體）」融入「偏位（差別的事象）」中，以成就各事象的差別性；也就是宇宙萬物（現象界）都是「真如本體」所變現出來的。

(5)「兼帶（君臣道合）」是指將「體、用、真俗、理事、淨染」等統一，不偏於任何一邊。「君臣道合」就是君臣打成一片，相得益彰，混然圓融，天下太平，這表示「空色相融、事理不二」。

《五燈會元》卷第十三原文：

五位君臣旨訣。師曰。正位即空界。本來無物。偏位即色界。有萬象形。正中偏者。背理就事。偏中正者。舍事入理。兼帶者冥應眾緣。不墮諸有。非染非淨。非正非偏。故曰虛玄大道無著真宗。從上先德。推此一位。最妙最玄。當詳審辯明。君為正位。臣為偏位。臣向君是偏中正。君視臣是正中偏。君臣道合是兼帶語。

洞山良价提出「偏位」和「正位」的關係有五種：「正中偏、偏中正、正中來、兼中至、兼中到」等，並且作《五位君臣頌》、《玄中銘》、《五位顯訣》等偈頌，來解釋其中的意思。

《人天眼目》卷之三

五位頌（此依僧寶傳作偏中至）

正中偏。三更初夜月明前。莫怪相逢不相識。隱隱猶懷昔日嫌。
偏中正。失曉老婆尋古鏡。分明覿面更無他。休更迷頭猶認影。
正中來。無中有路出塵埃。但能不觸當今諱。也勝前朝斷舌才。
偏中至。兩刃交鋒不須避。好手還同火裡蓮。宛然自有衝天志。
兼中到。不落有無誰敢和。人人盡欲出常流。折合終歸炭裡坐。

「五位君臣」說，是為了接引根器不同的學人，所設立的權宜方法。主要是依據「偏、正」回互之理，生出「正中偏」等五位之別，也就是學人開悟的五個階段。

《五位君臣頌》的詳解如下：

（一）正中偏（凡夫位）：

《五位君臣頌》第一頌：正中偏。三更初夜月明前。莫怪相逢不相識。隱隱猶懷昔日嫌。

第一頌解說：

(1)「三更初夜月明前」：

「三更」是「子時」，就是晚上十一點鐘到隔天凌晨一點鐘，又稱為「夜半」，「三更初夜」是比喻凡夫自己的「無明」；「月亮」是比喻凡夫的「自性（佛性）」。「月明前」意思是在「月亮（自性、佛性）」出現之前，「三更初夜月明前」是比喻：凡夫見到「自性（佛性）」之前的狀態。凡夫不知道「自性（佛性）」是什麼？只知道認取外境的色相，被無明遮蓋，他的內心一片漆黑。

(2)「莫怪相逢不相識」：

這是說「不要怪罪相遇卻不認識」，這是比喻：凡夫都有「自性（佛性）」，但是卻不知道自己本來就具有。凡夫時時刻刻都在「自性（佛性）」當中，每天在一起生活，與「自性（佛性）」時時相見，但就是不認識。既然「自性（佛性）」本來就存在，為何「相逢不相識？」，不要怪罪「自性（佛性）」難以認識，其實是我們的「妄想執著」，也就是「無明」蒙蔽的緣故。

(3)「隱隱猶懷昔日嫌」：

「隱隱」是不明顯的樣子；「猶」是仍舊、還；「懷」是心中存有某種意念；「昔日」是往日；「嫌」是怨隙、仇怨，指凡夫累世的習氣。在第一階段，凡夫累世妄想執著的習氣，隱隱約約不時在作怪，平時只顧往外境貪取、追求和執著，不知道往內自省，看看自己身體能起作用的是誰？自己真正的「真我」在何處？

《五位君臣頌》的第一頌「正中偏」，意思是：凡夫本在「正位」，但是因為不認識自己的「自性（佛性）」，就偏離成為「偏位」，在「偏位」上執著外境的事相。簡單的說，「正中偏」是指凡夫處在「凡夫位」，凡夫尚未認識自己的「自性（佛性）」。

（二）偏中正（見道位）：

《五位君臣頌》第二頌：偏中正。失曉老婆逢古鏡。分明覿面更無他。休更迷頭猶認影。

在解說之前，先說一個在《楞嚴經》上，釋迦牟尼佛講的一個例子，因為這一句詩偈源自於這個典故。

釋迦牟尼佛說，在「室羅城」中，有一個人叫做「演若達多」。有一天他自己照鏡子，喜愛鏡子裡的頭，眉目美麗可愛清楚可見，卻瞋恨自己的頭看不到眼睛眉毛，誤認為是妖怪，嚇得他狂跑出去。其實頭還在自己脖子上，並未失去，這是用來比喻我們不要迷惑於外相而錯認本來面目。

《大佛頂首楞嚴經》卷四原文：

佛告富樓那。汝雖除疑，餘惑未盡。吾以世間現前諸事，今復問汝。汝豈不聞室羅城中，演若達多。忽於晨朝以鏡照面，愛鏡中頭眉目可見。瞋責己頭不見面目。以為魑魅無狀狂走。

《大佛頂首楞嚴經》卷四翻譯：

釋迦牟尼佛對弟子「富樓那」說：「雖然你已經除去了疑惑，但是仍然還有殘餘的疑惑沒有除盡，我就以世間現在發生的事情再來問你。難道你沒有聽說「室羅城」裡「演若達多」的事情嗎？他早晨起床，忽然想照鏡子，他很喜歡鏡子裡的頭，眉目美麗可愛清楚可見，卻瞋恨自己的頭看不到眼睛眉毛，可能這是魑魅的頭吧？他就驚恐的狂跑出去。

洞山良价也是在過河時，看見自己的影子而開悟的。在過河前，他雖然有醒悟，但是並未徹底的明白，還是有些懷疑。直到有一天，洞山良价要過河，低下頭看見水中顯現自己的影子，剎那間「喔！」一聲，才開悟的。

第二頌解說：

(1)「失曉老婆逢古鏡」：「失曉」是不知道天亮；「老婆」是老婆婆；「逢」是遇見；「古鏡」是古老的鏡子，比喻自己的「自性（佛性）」。前面第一頌講自己的內心一片漆黑，第二頌一開頭就講「失曉」，就是「不知道天亮」，老婆婆找不到自己的面目，忽然遇見一面古老的鏡子。

(2)「分明覿面更無真」：「分明」是清楚、明白；「覿（ㄉㄧˊ）面」是見面。老婆婆和鏡中裡的影子面對面相見，鏡中清楚顯現的影子就是老婆婆，老婆婆就是鏡中裡顯現的影子，除了這鏡中的影子之外，還另有其他真的老婆婆嗎？

(3)「休更迷頭猶認影」：「休」是不要、不可；「更」是再、復；「迷頭」；「猶」是仍舊、還；「認影」是辨識影子；「猶認影」，「猶」是仍舊、還是，是說凡夫時時刻刻還是在辨識影子；「迷頭猶認影」意思是：不要再迷惑去追逐影子（執著外境）。

「迷頭認影」的典故出自於《楞嚴經》，上面已經有解釋，釋迦牟尼佛說「演若達多」的例子。這是用來勸告我們不要迷惑於外境，而錯認本來的真面目（自性）。

在第二階段，是凡夫的「悟後功夫」，這是一個「返回內心」的轉變。凡夫雖然已經領悟到自己的「自性（佛性）」，不再強烈的對外境有分別心。但是，功夫未到家，經常對所領悟的「自性（佛性）」產生懷疑。更因為受到累世無明習性的侵擾，有時候仍然被外境牽著走，忘記自己的「自性（佛性）」；有時候仍然受到旁人言語的左右而信心動搖，懷疑自己有「自性（佛性）」。

所以，初悟道的學人，仍然必須時時刻刻的保護自己所領悟到的「自性（佛性）」，念念向內護持，不可再向外求。久久之後，才能對「自性（佛性）」堅信不疑。

《五位君臣頌》的第二頌「偏中正」，意思是：凡夫悟道之後，從執著外境事相的「偏位」上，因為認識自己的「自性（佛性）」，所以偏回到本來的「正位」上。簡單的說，「偏中正」是凡夫「頓悟的經驗」，指凡夫處在「見道位」。凡夫初次認識自己的「自性（佛性）」，已經看透虛幻的外境，悟入了真實不變的「自性本體」。

（三）正中來（修道位）：

《五位君臣頌》第三頌：正中來。無中有路出塵埃。但能不觸當今諱。也勝前朝斷舌才。

第三頌解說：

(1)「無中有路出塵埃」：「無中」是指「自性（佛性）」空無一物可得；「有路」是指「脫離三界輪迴的道路」；「塵埃」是指「三界（欲界、色界、無色界）」。我們的「自性（佛性）」不著一切相，所以說「無」，說「空」。在這「自性（佛性）」的「無」中，你能夠時時「空」，不著相，就是脫離三界塵埃輪迴的道路。

(2)「但能不觸當今諱」：「但」是指「只要」；「觸」是指「冒犯」；「當今」是指「皇帝」，比我們的「自性（佛性）」；「諱」是指「避稱皇帝的名字」。只要能不冒犯皇帝的名字，這是比喻修道用功時，既要認識「自性（佛性）」，又要不執著在「自性（佛性）」上面，以為「有所得」，要切記修道必須「無所得」，也就是第七識「末那識」停止作用，才能夠真正見到「自性（佛性）」。

(3)「也勝前朝斷舌才」：「前朝」是指「自己往日的聰明智慧」；「舌才」是指「辯才無礙」，指人能言善道，辭理暢達。靜坐禪定用功，沉默不語，專注一念，把自己的第六識「意識」，從平時的「散位獨頭意識」，轉變成「定中獨頭意識」。然後，讓第七識「末那識」停止作用。這種修習的真功夫，勝過自己往日對佛學的辯才無礙。

《五位君臣頌》的第三頌「正中來」，「正」是「正位」即「自性（佛性）」。由於凡夫在第二階段已經開悟見性，因此他已經找到真正的自己，位居「正位」。從「正位」回到「現象世界」，凡夫雖然在「現象世界」生活，但是已經認清這個「現象世界」是「因緣合和」的產物，不再執著「現象世界」的事物。簡單的說，在第三階段，是凡夫的「禪定功夫」，這時候必須注意自己禪定時不要著相，執著在我要「見性成佛」，不要有「我在禪定中」的想法，不除妄想不求真。

（四）偏中至（修道位）：

《五位君臣頌》第四頌：偏中至。兩刃交鋒要迴避。好手還同火裡蓮。宛然自有衝天氣。

第四頌解說：

(1)「兩刃交鋒不須避」：打仗時刀來劍往，不要害怕，不須要躲避。這是比喻：逆境來時，不要害怕、不要煩惱。逆境來時，我的心不動，逆境來的煩惱就消失了。這裡要注意，不是逆境來了，我想著要怎樣去躲避，而是我們要放下心來，一切都無所謂。我的心不動，心無所得，心就無所畏懼。

(2)「好手還同火裡蓮」：「好手」是指「技藝高超、能力很強的人」；「還同」是指「猶如、好像」；「火裡蓮」是火裡的蓮花，意思是「稀有」，「火裡蓮」的典故源自於《維摩詰所說經》。

《維摩詰所說經》佛道品第八原文：

火中生蓮華，是可謂希有，在欲而行禪，希有亦如是。

《維摩詰所說經》佛道品第八翻譯：

火中生蓮花是可說是稀有的事情，在有欲望的人世間能夠從事禪的修行，也是稀有難得的事情。禪定能力很強的人，就好像是火裡的蓮花一樣稀有。比喻雖然身處於煩惱中而能得到解脫，達到清涼的境界。

(3)「宛然自有衝天志」：「宛然」是指「彷彿」；「自有」是指「自然有」；「衝天志」是指「衝天的大志氣」，「衝天志」這句話源自於《景德傳燈錄》。

《景德傳燈錄》卷第二十九原文：

白居易八漸偈（并序）

濁者自濁清者清。菩提煩惱等空平。誰言卞璧無人鑒。我道驪珠到處晶。萬法泯時全體現。三乘分別強安名。丈夫皆有衝天志。莫向如來行處行。

「衝天志」的原文是「丈夫皆有衝天志。莫向如來行處行」意思是：大丈夫有衝天的大志氣，也就是修道成佛的堅定決心，不必遵循釋迦牟尼佛修行過程的老路。

這話乍聽之下，好像有一點狂妄，實際上這是因為「禪宗」強調自悟，擺脫一切佛教教條的綑綁。其實，釋迦牟尼佛也提醒過修道人：「佛沒有說過任何佛法」。

《金剛經》原文：

若人言：「如來有所說法。」即為謗佛，不能解我所說故。須菩提！說法者，無法可說，是名說法。

好一個「說法者，無法可說，是名說法。」為什麼呢？因為真正懂得釋迦牟尼佛說這句話的修道人，都是在用功禪定，讓自己的第六識「意識」處於「定中獨頭意識」的狀態，讓第六識「意識」的「分析判斷功能」停止活動，目的是要讓第七識「末那識」停止作用。

當修道人自己的第六識「意識」的「分析判斷功能」停止活動時，在這個境界上，他是不會去執著釋迦牟尼佛所說過的任何佛法，因為在這個境界上，他無法去執行「分析判斷」佛法的功能，所以就不會產生執著心。

修道人用功禪定時，遇到逆境來，不要害怕、不要煩惱。《心經》上說：「菩提薩埵，依般若波羅蜜多故，心無罣礙，無罣礙故，無有恐佈，遠離顛倒夢想，究竟涅槃。」。逆境來時，我的心不動，只是靜靜的看著逆境來的煩惱，當你心無所得，心就無所畏懼；當你「心無罣礙」，煩惱就會逐漸的消失。

修道意志力很強的人，就好像是「火裡的蓮花」一樣稀有，大丈夫有衝天的大志氣，有修道成佛的堅定決心，他不必遵循釋迦牟尼佛修行過程的老路。

在第四階段，是凡夫的「進階禪定功夫」。禪宗有一句名言：「佛來佛斬，魔來魔斬」，就是要說明《金剛經》上所說「凡所有相皆是虛妄，若見諸相非相，則見如來。」的道理。

「佛來佛斬，魔來魔斬」，這裡的「佛」代表「好的境界」；「魔」代表「壞」的境界；「斬」就是不理它，看到好的，不執著；看到壞的，也不煩惱；好的境界也不理它，壞的境界也不理它，心不落兩邊，才能「離相」，達到「無相」的境界。

為什麼禪宗要說這一句「佛來佛斬，魔來魔斬」呢？因為《金剛經》上說：「若以色見我，以音聲求我，是人行邪道，不能見如來。」，「佛」和「魔」的形相本體本是空性。

一心修道的人，就好像是「火裡的蓮花」一樣稀有，大丈夫有修道成佛的堅定決心，他不遵循「釋迦牟尼佛」修行過程的老路，因為他明白「釋迦牟尼佛」教誨的道理。

《五燈會元》原文：

世尊臨入涅槃，文殊大士請佛再轉法輪，世尊咄曰：「文殊！吾四十九年住世，未曾說一字。汝請吾再轉法輪，是吾曾轉法輪邪？」

「法」事實上是不可言說的，凡有說「法」，都像「指頭」指著「月亮」一樣，只是以「指頭」指著「此不可言說的法（真如）」，而不是等於「真如」本身。

這段公案是在說，釋迦牟尼佛在四十九年間所說的「佛法」，就像是「以指頭指著月亮」的「指頭」，所以才說「未曾說一字」，來教導後世修道者不要執著相，執著釋迦牟尼佛所說的「佛法」。

《五位君臣頌》的第四頌「偏中至」，「偏」是「用」；「至」是「達到本體實相」。「偏中至」是「即用即體」，也就是在日常生活中，時時刻刻，事事不離理體（正位），能做到「理事無礙」的境界，不怕一切逆境煩惱，在逆境中鍛煉自己，不驚不懼，勇往直前，不成道誓不罷休，這是「進階的修道位」。

（五）兼中到（證道位）：

《五位君臣頌》第五頌：兼中到。不落有無誰敢和。人人盡欲出常流。折合終歸炭裡坐。

第五頌解說：

(1)「不落有無誰敢和」：「不落有無」的「落」是「歸屬」，「不落有無」是指我們的「自性、佛性」不是「有」，也不是「無」；而我們凡夫就是「執著心」強，說「有」就執著在「有」的上面，說「無」就執著在「無」的上面。你說「自性、佛性」是「有」，它卻無相可得；你說「自性、佛性」是「無」，它卻能生妙用，所以說「自性、佛性」是「非有非無」。「和（ㄏㄜˋ）」是「附和」，指自己毫無定見，隨他人意見或行動而同聲應和。「誰敢和」就是「誰敢附和」，「自性、佛性」是既非「有」，也非「無」，非「非有」，也非「非無」，都不可得，不可執著。說「有」說「無」都是第六識「意識」的「分別判斷」功能在運作。所以，「誰敢附和」，誰說「自性、佛性」是「有」或「無」，他就永遠法見到「自性、佛性」。

(2)「人人盡欲出常流」：「盡」是指「全部、都」；「常流」是指「凡夫」，因為凡夫都是在六道輪迴的生死苦海裡流轉；「出常流」就是了脫生死，跳出六道輪迴的生死苦海；「人人盡欲出常流」就是人人都想要了脫生死，跳出六道輪迴的生死苦海。

(3)「折合終歸炭裡坐」：「折合」是「在不同的貨幣、度量衡單位或實物之間進行換算。」，比喻「結果、到頭來」；「終歸」是「到底、畢竟」；「炭」是煤炭，比喻凡夫在未修佛法之前，因為妄想執著，遮蔽了「自性、佛性」的光明，好像煤炭一樣的黑暗。

凡夫修習佛法，修到最後「見性」的階段時，神通會顯現，但是到頭來還是要歸到原來還沒有修道時，凡夫的階段，就像沒有修行一樣。因為，神通會顯現，還不到究竟的境界，必須做到「一法不存」，不覺得自己有神通，不覺得自己在修道，不覺得自己要成佛。就像「青原惟信」禪師所說：「見山不是山，見水不是水。」修道的最高境界是「一法不存」，雖然外表看起來還是凡夫的樣貌，但是內心的見地已經不同凡響。修道真正到了家，看起來就像是沒有在修行一樣。

《指月錄》卷二十八

老僧（青原惟信禪師）三十年前。未參禪時。見山是山。見水是水。及至後來親見知識。有個入處。見山不是山。見水不是水。而今得個休歇處。依前見山祇是山。見水祇是水。

在第五階段，是凡夫的「證道境界」。在最後階段，修道者的心（「自性、佛性」）已經和「現象界」融合，最後一步，他必須回到這個「自性、佛性」和「現象界」融合為一的世界裡。這時候，他會發現「一花一世界，一葉一如來。」，原來生活上任何平凡的事情，都是神聖的，這更是「煩惱即菩提」的境界。

《五位君臣頌》的第五頌「兼中到」，是說「正位」和「偏位」都靠攏在一起，都兼併在一起了。這「兼中到」是講「證道位」，「正位」和「偏位」兼帶，理事圓融，內外和合，不垢不淨，非正非偏。

（二）接引三路

「接引三路」又稱為「洞宗三路」，是洞山良价為接引學人而設的三種方法。

《筠州洞山悟本禪師語錄》原文：

師示眾曰。我有三路接人。鳥道玄路展手。僧問。師尋常教學人行鳥道。未審如何是鳥道。師曰。不逢一人。云如何行。師曰。直須足下無私去。云秖如行鳥道。莫便是本來面目否。師曰。闍黎因甚顛倒。云甚麼處是學人顛倒。師曰。若不顛倒。因甚麼卻認奴作郎。云如何是本來面目。師曰。不行鳥道。

《人天眼目》卷之三原文：

洞山三路接人

僧到夾山。山問。近離甚處。僧云洞山。夾山云。洞山有何言句。僧云。和尚道。我有三路接人。夾山云。有何三路。僧云。鳥道玄路展手。山云。實有此三路那。僧云。是山云。鬼持千里鈔林下道人悲。後浮山圓鑑云。不因黃葉落。爭知是一秋。

《祖堂集》卷七原文：

其僧便舉云：「和尚示眾曰：『欲行鳥道，須得足下無絲；欲得玄學，展手而學。』」僧曰：「某甲舉和尚示眾曰：『欲行鳥道，須得足下無絲；欲得玄學，展手而學。』」

《景德傳燈錄》卷十五原文：

僧問。師尋常教學人行鳥道。未審如何是鳥道。師曰。不逢一人。曰如何行。師曰。直須足下無絲去。曰只如行鳥道莫便是本來面目否。師曰。闍梨因什麼顛倒。曰什麼處是學人顛倒。師曰。若不顛倒因什麼認奴作郎。曰如何是本來面目。師曰。不行鳥道。

《玄中銘》并序原文：

「寄鳥道而寥空，以玄路而該括。然雖空體寂然，不乖群動。於有句中無句，妙在體前。以無語中有語，迴途復妙。」又說：「舉足下足鳥道無殊，坐臥經行莫非玄路。向道莫去歸來背父，夜半正明天曉不露。」

洞山良介所提倡的「接引三路」，就是以「鳥道、玄路、展手」三種修行法門來接引學人，內容如下：

（一）鳥道：修行者應該安住於自由的境地，不留痕跡自由無礙的修行，如同飛鳥的飛行，沒有束縛。鳥在空中飛行，它飛行經過的路線，沒有形跡可追尋，比喻自性自悟的解脫之道。

《三山來禪師五家宗旨纂要》卷中原文：

洞宗三路接人

鳥道：不開口處玄關轉。未措言時鳥道玄。此是不落語言。聲前一句。

「玄關」這個名詞，最早出自於唐代，唐代時期的人們，把住宅入門處與正廳之間的空間，稱為「玄關」。

後來，道家和道教借用「玄關」這個名詞，把老子《道德經》裡「玄牝之門」的概念，定義出「玄關一竅」這個專有名詞，認為人體上有「玄關一竅」，是修煉的入口。道教的精華是「煉丹」，而「煉丹」最奧秘的機關就是「玄關」。

魏晉南北朝時期，道家「清虛無為」的思想大為盛行，是當代修行者的主流思想。就在這個時期，佛教傳入中國，達摩祖師的「祖師禪」也在這時傳入中國。達摩祖師的「祖師禪」，逐漸融入當時儒道思想的主流文化。慢慢的道家「玄牝之門」和「玄關一竅」的悟道關鍵，逐漸形成「祖師禪」關於「玄關」的說法。

禪宗的「圓相宗」禪師經常以劃圓圈，圓圈中間點出一點的方式來互相印證「玄關」這個位置的修持。現在「一貫道」傳道時的「點玄」手勢，也是承襲「圓相宗」禪師的手法而來。所以「玄關」的修持觀念，是佛教祖師禪的「圓相宗」和道家的「玄關竅」，融會貫通而來。

那「玄關」或者「玄關一竅」，是在人體的哪個部位呢？

道家的丹書對「玄關一竅」的解釋，眾說紛紜，見仁見智，沒有定位，後世各執一詞。例如：

《道德會元》卷六十七：「玄關一竅論耳、眼、口、鼻、舌、肝、心、脾、肺、腎、臍輪、尾閭、膀胱、谷道、兩腎中間一穴，臍下一寸三分、明堂、泥丸、關元、氣海皆不是。此竅無邊傍，無內外，無前無後，無長無短，無闊狹，無深淺，無大小，無東西南北之分，無青紅黑白之別，不著物，不泥象，不增減，無新無舊，無欠無餘，在人身之中，為神氣之根，虛無之谷，是曰玄牝，實天地交界之間，陰陽混合之蒂。詩訣雲：此竅非凡竅，中中復一中，萬神從此出，直上與天通。」

《道樞》卷七釋《黃庭篇》：「下丹田者，下關元也，其命曰命關，曰金關，曰玄關，曰生死關。」但是，「下丹田」在何處？說法不一，有指臍下三寸處，有指臍下一寸三分。

《性命圭旨》：「空洞無涯是玄竅，知而不守是功夫。」

《養生秘錄》內《中黃內旨》說：「宮即黃庭，即玄牝，即先天一氣，即玄關一竅。」

《張三豐煉丹秘訣》卷二《打坐淺訓》說：「修煉不知玄關，無論其他，只此便如暗室一般，從何下手？玄關者，氣穴也。氣穴者，神入氣中，如在深穴之中也。神氣相戀，則玄關之體已立。」

那佛教祖師禪「圓相宗」所說的「玄關」，又是在人體的哪個部位呢？我覺得宋末元初的「李道純」，在他所撰的《中和集》裡，描述的最接近。

李道純《中和集》卷三：「夫玄關一竅者，至玄至要之機關者。非印堂，非顖門，非肚臍，非膀胱，非兩腎，非腎前臍後，非兩腎中間。上至頂門，下至腳跟，四大一身，才著一處，便不是也。亦不可離了此身，向外尋之。所以聖人只以一中字示人，只此中字便是也。我設一喻，令爾易知。且如傀儡，手足舉動，百樣趨蹌，非傀儡能動，是絲線牽動。雖是線上關捩，卻是弄傀儡底人牽動。咦，還識這箇弄傀儡底人麼？休更疑惑，我直說與汝等。傀儡比此一身，絲線比玄關，弄傀儡底人比主人公。一身手足舉動，非手足動，是玄關使動。雖是玄關動，卻是主人公使教玄關動。若認得這箇動底關捩，又奚患不成仙乎。」

李道純《中和集》卷三：「丹書云：以心觀道，道即心也，以道觀心，心即道也。斗柄推遷者，玄關也。夫玄關者，至玄至妙之機關也。今之學者多泥於形體，或云眉間，或云臍輪，或云兩腎中間，或云臍後腎前，或云膀胱，或云丹田。或云首有九宮，中為玄關；或指產門為生身處，或指口鼻為玄牝，皆非也。但著在形體上，都不是。亦不可離此一身，向外尋寫一諸丹經皆不言正在何處者，何也？難形筆舌，亦說不得，故曰玄關。所以聖人只書一中字，示人此中字，玄關。明矣。所謂中者，非中外之中，亦非個維上下之中，不是在中之中。釋云：不思善，不思惡，正恁麼時，那箇是自己本來面目。此禪家之中也。儒曰：喜怒哀樂未發謂之中，此儒家之戶也中道曰：念頭不起處謂之中，此道家之中也。此乃三教所用之中也。《易》曰：寂然不動，中之體也，感而遂通，中之用也。老子云：致虛極，守靜篤，萬物並作，吾以觀其復。《易》云：復，其見天地之心。且復卦一陽，生於五陰之下。陰者，靜也。陽者，動也。靜極生動。只這動處，便是玄關也。汝但於二六時中，舉心動念處著工夫，玄關自然見也。」

李道純指出了幾個重點：

(1)以心觀道，道即心也；以道觀心，心即道也。

(2)他指出，時下學道的人，大多拘泥於形體上求「玄關」，有說在眉間，或臍輪，或兩腎中間，或臍後腎前，或膀胱，或丹田，或說頭有九宮，中為玄關等等。這些說法都是錯誤的，執著形體上都不對，也不可離開身體向外尋求。

(3)玄關聖人只書一中字示人，此中字玄關明矣。所謂中者非中外之中，也非四維上下之中，不是在中之中。

(4)佛家的「中」：不思善，不思惡，正憑磨時，那個是自己本來面目。

(5)儒家的「中」：喜怒哀樂未發謂之中。

(6)道家的「中」：念頭不起處，謂之中。

所以，洞山良介所說的「鳥道」，三山來禪師解釋為「不開口處玄關轉。未措言時鳥道玄。此是不落語言。聲前一句。」這裡所說的「不開口處玄關轉。未措言時鳥道玄」，就是「不思善，不思惡，正憑磨時，那個是自己本來面目。」」；就是「喜怒哀樂未發」；就是「念頭不起處」；也就是靜坐禪定時，第六識「意識」的分析判斷功能停止，所依托的第七識「末那識」也隨著停止作用。

洞山良介認為，最上乘的接引方法，不用言語來說明，只要在「玄關竅」的地方繞，把心念固定在「玄關竅」不動。就好像小鳥飛過去的道路一樣，不留下一點痕跡，恢復清靜的本來真面目，這就是「鳥道」的接引方式。

禪宗心法就是「不立文字，教外別傳。」，以心印心，遠離一切語言形象的真理。以「無言示機」的方法來接引學人，讓學人開悟見性，這是最上乘的圓頓法門。

（二）玄路：「玄路」是玄妙的道路，即「真理」。去除語言文字，直入自性之中，「玄路」是第二種接引眾生明心見性的方法。

《三山來禪師五家宗旨纂要》卷中原文：

玄路：寫成玉篆非干筆。刻出金章不是刀。此是玄音妙旨。談而不談。

「玉篆」是「篆書」的美稱，指典籍、文告、符籙上的文字；「干筆（乾筆）」也稱「枯筆、渴筆」，指畫法中含水墨甚少的筆法，作畫時用「筆枯墨少」之手法。「干筆（乾筆）」與「濕筆」對稱，是一種中國畫技法名；「金章」是金質的官印；「玄音」是佛的聲音，指佛教經義；「妙旨」是精微幽深的旨意。

開悟見性之後的境界，就好像所寫出來的金科玉篆，並不是用乾筆手法就能夠寫成的；就好像所雕刻出來的高貴印章，也不是用一般的雕刻刀所雕刻出來的。這是佛法的精義，精微幽深的旨意，只可以意會而不能言傳，無法用言語文字表達出來。

「玄路」的根本旨意，在於要求禪師在教學的過程中，在語言的運用中始終貫徹曹洞宗「偏正回互」的根本原則。洞山良介要求禪師們，要注意在日常言語間解悟佛法。當老師的應該以玄妙語言去引導學人悟解禪的宗旨，而學人也應從玄言中去體會「禪」的意義。

（三）展手：「展手」是展開兩手，禪師以種種不同的手段、方式，以肢體表現暗示修道的方法，來引導學人開悟。

《三山來禪師五家宗旨纂要》卷中原文：

展手：睒眼牙口叮嚀囑。豎拂拈槌仔細傳。此是覿面提持。隨機拈出。

「睒（ㄕㄢˇ）」是閃爍，「睒眼」是眼睛快速一瞥的樣子；「牙口」是牙齒；「叮嚀囑」是囑咐、託付；「豎」是使物體直立；「拂」是「拂塵、拂子」，是撣拭塵埃或驅除蚊蠅的用具。「拂塵」原來是印度人拂除蚊蟲的工具，在佛教表示清除煩惱、塵垢的意思；「拈」是用手指夾取、捏取；「槌」就是「椎」，是一種敲打東西的器具，通常為木製八角形；「覿面」，「覿（ㄉㄧˊ）」是「拜訪、探視」，「覿面」是訪問會面。「提持」，「提」是「舉出、揭示」，「持」是「扶助、接引。」。

「豎拂拈槌」是禪宗的禪師示機的常做動作，「槌」與「拂塵」都是寺院中常用的法器，禪師「打槌」表示要開始說法。

洞山良价閃爍著眼睛，張大著嘴巴露出牙齒，慎重的叮嚀囑付學人。又豎起拂塵，拈起槌來，非常細心的傳播佛法。當洞山良价遇到求道的學人前來拜訪時，一見面，就隨順機緣來接引學人，破除學人原有的見解，讓學人明心見性。

「豎拂拈槌」是禪宗的禪師示機的常做動作，那這個動作是什麼意思呢？這個動作可以在《楞嚴經》裡找到答案。

《楞嚴經》卷一原文：

如來於是從輪掌中，飛一寶光，在阿難右。即時阿難，迴首右盼。又放一光，在阿難左，阿難又則迴首左盼。佛告阿難。汝頭今日何因搖動。阿難言：我見如來出妙寶光，來我左右，故左右觀，頭自搖動。阿難，汝盼佛光，左右動頭，為汝頭動，為復見動。世尊，我頭自動，而我見性尚無有止，誰為搖動。佛言如是。

《楞嚴經》卷一翻譯：

釋迦牟尼佛就從他的輪掌中，射出一道寶光，在阿難右邊。這時阿難，便轉頭向右望。佛又射出另一道寶光，在阿難左邊，阿難又再轉頭向左望。

釋迦牟尼佛問阿難說：「你的頭今日為何左右搖動呢？」

阿難說：「我看見如來，放出妙寶金光，來到我的左右邊，所以我左右觀看，頭自然就左右搖動。」。

釋迦牟尼佛又問阿難說：「阿難，你看見佛光，左右動頭，究竟是你的頭來回搖動？還是你的見性，來回搖動？」。

阿難回答說：「世尊，是我的頭自己搖動，而我的見性，尚且沒有靜止的相貌，哪里有搖動呢？」

釋迦牟尼佛說：「你說得對。」

在這段經文中，釋迦牟尼佛射出左右二道寶光，然後問阿難看見佛光，左右搖動頭，究竟是他的「頭」來回搖動？還是他的「自性」來回搖動？阿難回答說，「自性」是靜止不動的，是他的頭自己搖動。

這段經文的重點是：「自性」是如如不動的，會動的是我們的第六識「意識」和第七識「末那識」。這又必須要用「唯識學」的概念來解說，才能夠解釋釋迦牟尼佛的說法。

釋迦牟尼佛在《楞嚴經》裡，也強調「唯識學」的重要性。

《楞嚴經》卷二原文：

諸善男子，我常說言，色心諸緣，及心所使諸所緣法，唯心所現。

《楞嚴經》卷二翻譯：

釋迦牟尼佛說：「諸善男子，我時常說，「色法」與「心法」諸緣，按「百法明門論」所說：「色法」有十一種，「心法」有八種，即「八識」、五十一個「心所法」、二十四個「不相應法」，再加上六種「無為法」，共成「百法」。

世間所有這種種由緣所生之法，皆不出「一個念心」所顯現。包括山河大地、森羅萬象、一切萬物，都從「一個念心」所生。一切都是包括在「一個念心」裡。如果眾生能認識本來的真心，那麼這一切萬法萬物，原來根本都是幻覺。

再回來說「豎拂拈槌」，這些動作是「唯識學」八個「心識」的實際體驗，而不是用語言文字來說明。

我們想像一下，當禪師對你做「豎拂拈槌」的動作時，你的注意力是不是停留在「拂塵」和「法槌」上，然後開始猜測禪師下個步要做什麼？其實，這時候是你的第六識「意識」和第七識「末那識」在一起運作。

你想想看，禪師是要教導你「見性」，而「見性」就必須要讓第六識「意識」的分析判斷功能停止，然後讓第七識「末那識」停止作用。

所以，禪師對你做「豎拂拈槌」的動作，是要測試你懂不懂這個道理。假如你懂，你就用「沉默不語」的姿態來回應，代表停止第六識「意識」和讓第七識「末那識」。這就是標準答案，表示我的心不動，面對任何境界不去做分別，不管禪師把手舉起來，或放下去，或是在左，或是在右，我都不被外境所迷。

假如你不懂，還用你的第六識「意識」問一些問題，那你就上了禪師的當，禪師就會對你「棒喝」，或者隊你講一個雞同鴨講，或者毫不相干的話，讓你困惑，讓你摸不著頭緒，目的都是干擾第六識「意識」分析判斷功能的運作，這就是一般人眼中的「禪機」。

「禪機」的真相，只是禪師教導學人不要有「見相著相」的心理反應，你要是在平時很容易「心隨境轉」，這樣你就沒辦法讓你的心保持不動。

「天下本無事，庸人自擾之」，外境的一切法，本來和你不相干，只是因為你沒有讓你的第六識「意識」的分析判斷功能停止，你的第七識「末那識」就會去抓住那個外境。喜歡，就生起喜歡的心；討厭，就生起討厭的心，內心的煩惱就是這樣產生的。

洞山良价所說的「接引三路」，無論是「鳥道」、「玄路」，或是「展手」，雖然名稱不同，其實是殊途同歸，希望讓學人「明心見性」的目的是一樣的。

（三）三種滲漏

「三種滲漏」是在悟道上的三種迷思和執著，也就是三種錯誤的認識，可以用來辨別參學者修行的真偽。

《人天眼目》卷之三原文：

三種滲漏

師謂曹山曰。吾在雲巖先師處。親印寶鏡三昧。事最的要。今以授汝。汝善護持。無令斷絕。遇真法器。方可傳授。直須祕密。不可彰露。恐屬流布。喪滅吾宗。末法時代人多乾慧。若要辨驗向上人之真偽。有三種滲漏。直須具眼。一見滲漏。機不離位墮在毒海。妙在轉位也。明安云。謂見滯在所知。若不轉位即在一色。所言滲漏者。只是可中未盡善。須辨來蹤始得相續玄機妙用。二情滲漏。智常向背。見處偏枯。明安云。謂情境不圓滯在取舍。前後偏枯鑒覺不全。是識浪流轉。途中邊岸事（一作途中未分邊岸事）直須句句中離二邊不滯情境。三語滲漏。體妙失宗機昧終始濁智流轉不出此三種。明安云。體妙失宗者。滯在語路句失宗旨。機昧終始者。謂當機暗昧。只在語中宗旨不圓。句句中須是有語中無語。無語中有語。始得妙旨密圓也。

洞山良价對他的傳承弟子曹山本寂說，他先前在石頭希遷的再傳弟子雲巖曇晟那裡，由雲巖曇晟親自傳授「寶鏡三昧」法門。

所謂「寶鏡三昧」，「寶鏡」是比喻佛的「大圓鏡智」，就是「真如本性」裡的佛智慧。「三昧」就是定、等持、心一境性，能夠達到不起心動念，不為外物所動的境界。「寶鏡」是「三昧」的體，「三昧」是「寶鏡」用。

如今將這個心法授與曹山本寂，命令他必須要一心護持，勿令斷絕。只有遇到真正的法器，才可以祕密傳授，不可以彰顯洩漏。此心法不可以隨意洩露，以免廣傳流布，「喪滅吾宗」。

在末法時代的修道人，大多是「乾慧（即菩薩修行階位中，「三乘共十地」的第一地；此地有慧而無定，故稱乾慧地。）」，若要勘驗學人慧根的淺深，見解是否正確，「三種滲漏」是最好的辨別工具。可見「三種滲漏」是接引學人的重要方法。

《碧巖錄》原文：

故洞山云。若要辨認向上之人真偽者。有三種滲漏。情滲漏。見滲漏。語滲漏。見滲漏。機不離位。墮在毒海。情滲漏。智常向背。見處偏枯。語滲漏。體妙失宗。機昧終始。此三滲漏。宜己知之。

洞山良价非常注重對學人的接引和檢驗，他所創立的「三種滲漏」，就是歸納修行者容易犯的三種錯誤知見，提醒學人要注意。

洞山良价將修行者容易犯的弊害歸納為三種：

（一）見滲漏：在見解上的執著，是在認識方面的錯誤。修行者還有「我見」，執著於知的對象（法見），而不見真實。「法見」不空，則難以去除「法執」的境地，而不能徹見諸法實相。

「見滲漏。機不離位。墮在毒海。」：指還有「我見」的念頭，以世俗認為的客觀世界「色」為認識對象，執著「色」為實有，所以掉入「身、口、意」三毒的毒海中，而不能見到實相。

（二）情滲漏：仍然存有取捨的念頭。

「情滲漏。智常向背。見處偏枯。」：指還存有取捨的念頭，仍然還有彼此對立的思維模式，陷入彼此相對的兩邊。

（三）語滲漏：仍然執著在語言文字上的見解，不知道語言文字，只是一種了悟真理的工具，徒然用心於語言文字的解釋說明。

「語滲漏。體妙失宗。機昧終始。」」：指滯礙於「語言文字」，不知道「語言文字」只是悟道的工具，徒然妄想執著「語言文字」去解釋佛法。佛法禪意不可說，真正的般若是「言語道斷，心行處滅，開口便錯，動念即乖。」」。

洞山良价的「三種滲漏」，就是從「見解、情識、語言文字」這三個方面來說明，人們會對這個世界產生錯誤的認識，就是由於把客觀世界（法執）和自己的身體（我執），視為實有，造成妄想執著，而不能得到真正的佛法。

洞山良价的見解，認為世界萬物都是虛幻不存在，宇宙萬物只是「自性」的反射現象而已。

五、「曹山本寂」的的生平

介紹完「曹洞宗」的「洞」，接下來，要介紹「曹洞宗」的另一位主角「曹」，也就是洞山良价的傳承弟子「曹山本寂」。後人因為讀音之便，次序作顛倒，不稱「洞曹宗」而稱為「曹洞宗」。

《景德傳燈錄卷》第十七翻譯：

撫州「曹山本寂」禪師是泉州莆田人，俗姓黃，年輕時愛慕孔孟儒學。十九歲出家，到福州福唐縣靈石山，二十五歲受具足戒出家為僧尼。唐代咸通年初，禪宗興盛，曹山本寂禪師與洞山良价禪師相見於道場之中，曹山本寂往來道場向洞山良价請益。

洞山良价問曹山本寂說：「僧人你叫什麼名字？」

曹山本寂回答說：「本寂。」

數年。

洞山良价問說：「向上求菩提，還有什麼可說的？」

曹山本寂回答說：「再向上處，就無可言說了。」，

洞山良价問說：「為什麼不可言說呢？」，

曹山本寂回答說：「既然名叫『本寂』，何須言語！」，

洞山良价聽了，相當欣賞曹山本寂的見地。曹山本寂從此就隨侍在洞山良价身邊，並且密授他心法數年。

後來曹山本寂辭別洞山良价。

洞山良价問曹山本寂說：「你要去什麼地方？」，

曹山本寂回答說：「去『不變異』的地方。」

洞山良价問說：「『不變異』的地方怎麼去呢？」

曹山本寂回答說：「去也是『不變異』。」

「不變異處」就是指「自性」，只有能夠做到「不變異處」，「自性」如如不動，才能夠隨緣不變，不變隨緣，第六識「意識」不起分別心，第七識「末那識」停止作用。

於是曹山本寂就辭行離去，隨緣放逸曠達。最初受到邀請，住在撫州曹山。後來居住在荷玉山。二處的道場，學人雲集。

六、「曹山本寂」的核心思想

曹山本寂禪法的核心思想是「五位君臣訣」、「三種墮」和「重視自性本有」。

（一）「五位君臣訣」：

《撫州曹山本寂禪師語錄》原文：

師因僧問五位君臣旨訣。師曰。正位即空界。本來無物。偏位即色界。有萬象形。正中偏者。背理就事。偏中正者。舍事入理。兼帶者。冥應眾緣。不墮諸有。非染非淨。非正非偏。故曰虛玄大道。無著真宗。

從上先德。推此一位。最妙最玄。當詳審辯明。君為正位。臣為偏位。臣向君。是偏中正。君視臣。是正中偏。君臣道合。是兼帶語。

僧問。如何是君。師曰。妙德尊寰宇。高明朗太虛。

云如何是臣。師曰。靈機弘聖道。真智利群生。

云如何是臣向君。師曰。不墮諸異趣。凝情望聖容。

云如何是君視臣。師曰。妙容雖不動。光燭本無偏。

云如何是君臣道合。師曰。混然無內外。和融上下平。

師又曰。以君臣偏正言者。不欲犯中。故臣稱君。不敢斥言。是也。此吾法宗要。乃作偈曰。學者先須識自宗。莫將真際雜頑空。妙明體盡知傷觸。力在逢緣不借中。出語直教燒不著。潛行須與古人同。無身有事超岐路。無事無身落始終。

洞山良价提倡「五位君臣」說，以「正、偏、兼」三者，配以「君、臣」之位，藉以分析「佛性真如」和「世界萬有」的關係，而曹山本寂以「五位君臣訣」來詳細說明師父洞山良价的學說，使「五位君臣」之說更加有系統。

曹山本寂指出，「五位君臣」其實是以三位為本：

(1)色界：「偏位」就是「臣位」，為事，為用；

(2)空界：「正位」就是「君位」，為理，為體；

(3)兼帶：「兼」就是「君臣合道」、「理事雙融」。指將「理」和「事」統一起來，「正、偏」兼有，「事、理」融合，不垢不淨，非「正位」非「偏位」，最妙最玄。

從修道的境界來說，「兼帶」最高，「空界」其次，「色界」最低。雖然「空界」高於「色界」，臣從於君，卻不能夠重「體」輕「用」，有「理」無「事」，若有「空」無「色」，有「體」無「用」，就會落於「頑空」，反成陷墮。

「頑空」是以其所說之理偏於空的一邊，故又稱為「偏空」。「頑空」對於諸法只見「空」的一面，而停留在「空」的見解，這會產生厭世的想法，只顧自己不管他人，這也就是「羅漢」的境界。

曹山本寂認為對於「空、色」、「理、事」、「體、用」，既不可以有分別，又不可以執著它的上下尊卑關係。

若執著在「色、事、用」上，則賓主不分；若執著在上下尊卑，就有取有捨，有分別心，陷於「邊見」。所以，「兼帶」最好，不立兩邊，不落有無，也就是第六識「意識」的「分別判斷功能」停止作用。

（二）「三種墮」

《撫州曹山本寂禪師語錄》原文：

師示眾曰。凡情聖見。是金鎖玄路。直須回互。夫取正命食者。須具三種墮。一者披毛戴角。二者不斷聲色。三者不受食。時稠布衲問曰。披毛戴角。是甚麼墮。師曰。是類墮。云不斷聲色。是甚麼墮。師曰。是隨墮。云不受食。是甚麼墮。師曰。是尊貴墮。

《五燈會元》卷十三原文：

稠布衲問。披毛帶角是甚麼墮。師曰。是類墮。曰。不斷聲色是甚麼墮。師曰。是隨墮。曰。不受食是甚麼墮。師曰。是尊貴墮。乃曰。食者即是本分事。知有不取。故曰尊貴墮。若執初心。知有自己及聖位。故曰類墮。若初心知有己事。回光之時。擯卻色聲香味觸法。得寧謐即成功勳。後卻不執六塵等事。隨分而昧。任之則礙。所以外道六師。是汝之師。彼師所墮。汝亦隨墮。乃可取食。食者即是正命食也。亦是就六根門頭。見聞覺知。祇是不被他染汙將為墮。且不是同向前均他。本分事尚不取。豈況其餘事邪。師凡言墮。謂混不得・類不齊。凡言初心者。所謂悟了同未悟耳。

「墮」是「自由、無礙、自在」的意思，曹山本寂主張「無分別心」，反對執著於「賓主、偏正」之說，而落於分別「二見」，「二見」是指「斷見」和「常見」。

《大智度初品中佛土願釋論》第十三（卷第七）原文：

常見者，見五眾（五蘊）常，心忍樂；斷見者，見五眾滅，心忍樂。一切眾生多墮此二見中。菩薩自斷此二，亦能除一切眾生二見，令處中道。

「斷見」是執著「身心斷滅不續生」之妄見，執著世間和我終歸斷滅的邪見。「斷見」認為無「因果相續」之理，世間和我僅限於此生，死後即斷滅，屬於「無見」。

「常見」是執著「身心常住不間斷」之妄見。認為人類死後，自我不滅，我為常住，而且能夠再生，再以現狀繼續，屬於「有見」。

所以，曹山本寂又立三種墮，以三種墮，說明執著於「分別」的害處：

(1)披毛戴角的「類墮」：修行者即使已經得到覺悟，仍然要投身到迷執的世間去，以救度眾生，不受覺悟所束縛。修行者要沒有「迷執」和「覺悟」的「分別心」，而隨順境遇，這才是真正無執著的覺悟。就好像佛菩薩為渡化畜生道的眾生，即使神通變化，投生到披毛戴角的畜生道去，仍然自在無礙。

(2)不斷聲色的「隨墮」：又稱為「隨類墮」，「隨」是「聽任、任憑」。所謂「隨墮」是說，修行者不斷聲色，不執著於六塵（指色塵、聲塵、香塵、味塵、觸塵、法塵等六境。眾生以六識緣六境而遍汙染六根，能昏昧真性，故稱為塵。），又不離開這個人間世界，又能超越這個人間世界，而得自在無礙。修行者不追求、不避開人間世界的聲色，透徹知道萬法皆是緣起緣滅的現象，唯一只有自己的自性不變，而得到自由無礙的境界。

(3)不受食的「尊貴墮」：飲食雖然是維持身體運做必要的事情，但是不刻意追求飲食；同樣的，雖然眾生本具佛性，但是不刻意執著此一尊貴佛性的事實，只是以平常心看待尊貴的佛性，身心無礙自在。修行者知道自己有尊貴的佛性，而不取不求，忘記此尊貴的佛性，而得自由無礙的境界。

簡單的說明「三種墮」：

(1)修行者不以披毛帶角為恥，則無類別的高低分別，就是「類墮」。

(2)修行者斷聲色求道，一旦遇聲色還是迷。生死本無何必除，聲色虛妄何須斷。真正的悟道，是不斷聲色，也不除生死。因為認得自己的自性佛，自然不隨聲色轉。所以，不斷聲色而聲色自斷，我是六塵的主人，由此可入於「隨墮」。

(3)修行者不執著自己的佛性尊貴，才是真尊貴。不生起自己尊貴的心，不受人天供養，八方來朝，不受食，而得「尊貴墮」。

（三）「重視自性本有」

曹山本寂十分重視自性本有，一切具足，無所欠缺。

《五燈會元》卷十三原文：

覺性圓明無相身。莫將知見妄踈親。念異便於玄體昧。心差不與道為鄰。情分萬法沉前境。識鑒多端喪本真。如是句中全曉會。了然無事昔時人。

「覺性」是指眾生本具的「自性、佛性」，是諸法的實性，原本靈明覺照，所以取名為「覺性」；「圓明」是說如同圓鏡的明亮光潔，比喻徹底領悟；「法身」是佛的自性真如如來藏，也就是「自性、佛性」；「無相」是一切諸法無自性，本性為空，無形相可得；「知見」指依自己的思慮分別而建立的知識見解。

曹山本寂說，「自性、佛性」如同圓鏡的明亮光潔，而且無形相可得。眾生的知識見解，就好像「龜毛兔角」一般。烏龜原本無毛，兔子也無角，但是烏龜游於水中，身上沾染水藻，人們看見就誤認水藻為龜毛；又好像誤認直豎的兔耳朵為兔角。

眾生的心識，就好像「畫蛇添足」一般。人們在解釋「自性、佛性」的時候，說真說妄，論疏分親，想要說清楚講明白，卻又越描越黑，因為要真正見到「自性、佛性」，必須要停止第六識「意識」和第七識「末那識」的功能和作用。

因此想要求知求見、捨迷求悟、說空道無、除染求淨，這些想法反而無法「見性」。「自性」本是清淨，何必求淨；「自性」本來靈覺，何必求悟。

《撫州曹山本寂禪師語錄》原文：

人問。古人曰。人人盡有。弟子在塵蒙。還有也無。師曰。過手來。乃點指曰。一二三四五六足。

「自性、佛性」人人都有，不分凡聖，雖然在凡塵之中，卻從來沒有缺少過。凡俗之人，總是不相信自身本有，一味的尋尋覓覓。

曹山本寂為弟子數手指頭，告訴他五個指頭都在，沒有缺少，意思是說：你本來就有「自性、佛性」有什麼好懷疑的，還問「自性、佛性」是有是無、在塵在淨？

《撫州曹山本寂禪師語錄》原文：

僧問。即心即佛即不問。如何是非心非佛。師曰。兔角不用無。牛角不用有。

「即心即佛」是說，凡夫的心與佛心一樣，凡夫這個心就是佛心；「非心非佛」是說，凡夫的心與佛心不同。

馬祖道一平日以「即心即佛」這句話，來指導學人；又以「非心非佛」一這句話，來打破學人對「即心即佛」的執著。「即心即佛」是初學者的功課；而「非心非佛」是修「菩薩道」者的課題，說「非心非佛」。就好像「說兔角」，本來是無，不必強調這個「無」；又好像「說牛角」，本來是有，不必強調這個「有」，強調反而是一種執著。

曹山本寂認為，「自性、佛性」本來清淨，不動不變，不生不滅，所以不立知見，不多妙解。

《撫州曹山本寂禪師語錄》原文：

問。靈衣不挂時如何。師曰。曹山孝滿。云孝滿後如何。師曰。曹山好顛酒。

「靈衣」是喪服，「孝滿」是喪期屆滿，「顛酒」是指發酒瘋；「靈衣不挂時」是說，喪期屆滿，除去喪服，比喻悟道之後的境界。曹山本寂以居喪期滿，來比喻悟道時，身心脫落的自在境界。「孝滿」之後，即悟道之後，便可隨緣放下、任運東西，處處是道，酒也飲得，自在無礙，無拘無束。

七、「曹洞宗」的法脈傳承

洞山良价從雲巖曇晟受心印，即傳承「六祖惠能、青原行思、石頭希遷、藥山惟儼、雲巖曇晟」的一脈。

洞山良价的門下有「曹山本寂」和「雲居道膺」，曹山本寂得心印，有青出於藍的美譽，能彰顯五位旨訣，於撫州曹山崇壽院及荷玉山大振禪風。其後「曹山法系」斷絕，「曹洞宗」唯賴「雲居道膺」一脈，繼嗣不絕。

雲居道膺六傳至「芙蓉道楷」，於「芙蓉湖」畔結菴接化，門下有「丹霞子淳」，「丹霞子淳」之下有「真歇清了」和「天童正覺」。

「真歇清了」之下，經「天童宗玨」、「雪竇智鑑」傳「天童如淨」，大振「曹洞宗」風。「曹洞宗」的盛衰，衰敗不若「為仰宗、法眼宗」；興盛不及「雲門宗、臨濟宗」。

「曹洞宗」傳到北宋靖康南渡的時候，「曹洞宗」門下的「宏智正覺」，有鑑於「臨濟宗」叫人「看話頭、看公案」，流於空洞，所以提倡以「靜坐」為主的「默照禪」，並且作《默照銘》與《坐禪箴》來介紹這種「靜坐」的禪修方法。

「默照禪」源自於「般若學」與「止觀」，東晉的「慧遠」曾以「照寂」二個字來總結禪修的方法，「僧肇」也作《般若無知論》來闡明「般若」以「照寂」為體。

「默照禪」的「默」是指是不受自己內心以及環境的影響，讓心保持安定的狀態；而「照」，則是指清楚的覺知自己內心與周遭一切的變化。

日本鎌倉時代著名禪師「道元禪師」，將「曹洞宗」禪法引進日本，為日本「曹洞宗」始祖。「道元禪師」提倡「曹洞宗」的「默照禪法」，提出「只管打坐」的修行法門。

但是「臨濟宗」楊歧派第五代傳人「大慧宗杲（ㄍㄠˇ）」，認為「曹洞宗」只教人靜坐，不求妙悟，造成學者終日只知靜坐，是在「斷佛慧命」、「墮在黑山下鬼窟裡」，有默無照，是「默照邪禪」，對「曹洞宗」大加批評，但是「大慧宗杲」與「宏智正覺」卻是好朋友。

大慧宗杲認為，修行必須在生活之中，反對遠離塵世，獨自修行。大慧宗杲提倡所謂的「話頭禪」，要學人參究「趙州從諗」禪師的「無字話頭」。他鼓勵學人「起疑情」，以「疑情」參究「公案」，而得到開悟。

「話頭禪」是用「看話頭」的方式來進行禪修，這種禪修方式最早始於大慧宗杲，由「公案禪」發展而成，盛行於「臨濟宗」之中，與「曹洞宗」的「默照禪」並稱。

「話頭禪」的「參」，是「觀察」的意思，即「內觀」；「話頭」是指「說話的前頭」，也就是在動念要說話、未說話之前的那個念頭。修行者把自己的念頭集中在一句話，或者一個問句上，觀察自己內心，之後起疑情，在打破疑情之後，由此來得到開悟。

宏智正覺門下後繼無人，在南宋後，在中國傳承衰微。到了明清的時候，在「曹洞宗」傳承法脈中，影響最大的是「福州鼓山系（湧泉寺）」與「鎮江焦山系（定慧寺）」，這兩處是當時「曹洞宗」固定的傳法中心。「福州鼓山曹洞宗鼓山系」的法脈，傳續至清代末年，一直到「釋虛雲」和「釋圓瑛」二人，再度發揚光大，而且是近現代中國佛教中影響最大的一系。

另外，「曹洞宗」也向國外傳播發展。新羅（今朝鮮）的僧人「利嚴」曾經嗣法於「雲居道膺」，歸國後在「須彌山」建「廣照寺」，創立「須彌山派」。「雲居道膺」是「青原行思」的正宗法系，洞山良价的法嗣。

日本鎌倉時代，公元十三世紀初，日本的「道元」禪師來到中國南宋，從學於天童寺「曹洞宗」的「長翁如淨」禪師門下開悟，得到印可傳承，傳回日本，建立永平寺，提倡「只管打坐」，為「日本曹洞宗」的開始。天童寺「長翁如淨」，是「雪竇智鑑」的法嗣，「雪竇智鑑」是「青原行思」系的「長蘆清了」的法孫。

台灣日治時期的佛教四大名山中的台北觀音山「凌雲禪寺」和苗栗「大湖法雲禪寺」都是「曹洞宗」的主要叢林。其後也有「日本曹洞宗」傳入，建立「永平寺」和「總持寺」的兩大本山台北別院（現「東和禪寺」）。

台北「凌雲禪寺」、台南「開元寺」、高雄「超峰寺」、苗栗「法雲寺」、基隆「靈泉禪寺」和彰化「員林禪寺」皆屬於「曹洞宗」法系。而後中國大陸來台的「法鼓山」，其傳承的法脈也是屬於「中國曹洞宗」。

第十一單元

五家七宗之「雲門宗」

一、「雲門宗」簡介

「雲門宗」在北宋時期相當活躍，與「臨濟宗」並駕齊驅。由於「雲門宗」的開創者「雲門文偃（一ㄢˇ）」在韶州雲門山（今廣東乳源縣北）的「光泰禪院（今名「大覺禪寺」）」，舉揚一家宗風，所以得名為「雲門宗」。

「雲門宗」出自「石頭禪」，為「青原行思」和「石頭希遷」一脈，「石頭希遷」傳「天皇道悟」，「天皇道悟」傳「龍潭崇信」，「龍潭崇信」傳「德山宣鑒」，「德山宣鑒」傳「雪峰義存」。「雪峰義存」門下，又分兩支：傳「雲門文偃」，為「雲門宗」；另一支傳「玄沙師備」，「玄沙師備」傳「羅漢桂琛」，「羅漢桂琛」傳「法眼文益」，是為「法眼宗」。

「雲門宗」的法脈傳承：

(1)六祖惠能→(2)青原行思→(3)石頭希遷→(4)天皇道悟→(5)龍潭崇信→(6)德山宣鑒→(7)雪峰義存→(8)雲門文偃

二、「雲門文偃」的生平

《五燈會元》卷第十五翻譯：

韶州雲門山（今廣東省魯源縣）「光奉院」的「雲門文偃」禪師，是浙江嘉興人，俗姓張，年少時倚託「空王寺」的「志澄律師」出家。雲門文偃生來資質就很聰明，只要一說他就懂了，他有上天所賦予的卓絕智慧辯才。等到他長大，他就落髮出家。

雲門文偃在「毗（ㄆㄧˊ）陵壇（今江蘇省常州市）」持受「具足戒（比丘所應受持的戒律）」，隨侍志澄律師數年，深入探索研究「律宗」的修行方法，但是他覺得自己還不明白如何開悟，就前去「睦州（今浙江建德）」參訪「睦州禪師（黃蘗希運的法嗣）」。

睦州禪師一看到雲門文偃前來，便把門關起來。

雲門文偃就敲門。

睦州禪師問：「誰？」

雲門文偃回答：「文偃。」

睦州禪師問：「做什麼？」

雲門文偃回答：「我還沒有悟道見性，請禪師開示。」

睦州禪師打開門，看了他一眼，又馬上把門關上。

雲門文偃就這樣連敲了三天門。

到了第三天，睦州禪師才又打開門。門一開，雲門文偃趕緊擠了進去，睦州禪師一把揪住他說：「快說！快說！」

雲門文偃猶豫該怎麼說時，睦州禪師便一把把他推了出去，就說：「這就像是秦始皇時代用來運載笨重東西的『轢鑽(錐子)』。」(「轢(ㄌㄧˋ)鑽」為一種需藉車拉轉,以使之鑽物的大錐。)於是睦州禪師狠狠的關上門,門夾住了雲門文偃的一隻腳,就在疼痛難耐的一剎那間,雲門文偃悟道了。

這一則禪機公案,同樣是禪師們慣用教導學人開悟的手法。雲門文偃想要知道如何開悟,睦州禪師採取非常的手段,逼問雲門文偃:「你快說,你快說!」把「雲門文偃」的心思逼進死角裡,到了無路可走的地步。

此時雲門文偃不知道該說什麼,因為在驚恐中,他的第六識「意識」的分析判斷功能被迫暫時關閉,第七識「末那識」剎那間不知道該如何才好?

緊接著,睦州禪師趁機又補了一句:「這就像是秦始皇時代用來運載笨重東西的錐子。」這種東西在當時的唐朝,早已經棄而不用了。這是個比喻,雲門文偃一心想追求的「開悟」這件事,竟然被「睦州禪師」說成無用的東西。

再加上同一時間,雲門文偃有一隻腳也被重重的夾傷,在當下驚恐、失望無助以及腳的劇烈疼痛之下,他的第六識「意識」的分析判斷功能暫時消失,第七識「末那識」也暫時停止作用。

就在這電光火石之際,他的第七識「末那識」的「妄想執著」暫時消失,被「妄想執著」包覆的「自性」,就顯露出來。雲門文偃見到自己的「自性」所散發出來的「自性光芒」,所以他當下開悟了,他明白原來這就是「開悟」。

雲門文偃的悟道故事,還沒有結束,還有續集。

《五燈會元》卷第十五原文:

州指見雪峰。師到雪峰莊。見一僧廼問。上座今日上山去那。僧曰。是。師曰。寄一則因緣。問堂頭和尚。祇是不得道是別人語。僧曰。得。師曰。上座到山中見和尚上堂。眾纔集便出。握腕立地曰。這老漢項上鐵枷。何不脫卻。其僧一依師教。雪峰見這僧與麼道。便下座攔胷把住曰。速道。速道。僧無對。峰拓開曰。不是汝語。僧曰。是某甲語。峰曰。侍者將繩棒來。僧曰。不是某語。是莊上一浙中上座教某甲來道。峰曰。大眾去莊上迎取五百人善知識來。師次日上雪峰。峰纔見便曰。因甚麼得到與麼地。師乃低頭。從茲契合。溫研積稔。密以宗印授焉。

《五燈會元》卷第十五翻譯：

睦州禪師叫雲門文偃到福建去見雪峰義存禪師，雲門文偃就去到雪峰義存那裡。

雲門文偃遇到一位僧人，就問他說：「上座您今日上山嗎？」

僧人回答說：「是的。」

雲門文偃說：「我請您帶幾句話給堂頭和尚（雪峰義存禪師），但是千萬不要說是別人講的。」

僧人回答說：「好的。」

雲門文偃說：「上座您到山中見到和尚（雪峰義存禪師）上堂，等待眾人聚齊，您才出來，握住手腕，站在和尚面前說：『你這個老漢，脖子上的鐵枷，為什麼不脫下來？』

這個僧人依照雲門文偃說的話去做。

雪峰義存見到這個僧人這麼說，馬上下座攔胸抱住僧人說；『快說！快說！』

僧人不知道該說什麼？

雪峰義存推開僧人說：「這些不是你的話。」

僧人回答說：「是我說的話。」

雪峰義存說：「侍者！將繩子和棍棒拿來。」

僧人害怕，於是說：「不是我說的話，是村莊上有一位上座教我來說的。」。

雪峰義存說：「大眾去村莊上，去迎取可以做為五百人的善知識（導師）來。」

雲門文偃隔天見到雪峰義存。

雪峰義存剛見到雲門文偃就問他說：「你為什麼現在有這樣的境界呢？」，這時候「雲門文偃」就低下頭。

從此，雲門文偃和雪峰義存就契合了，師徒兩人以心印心。雲門文偃隨侍雪峰義存學習多年，最後雪峰義存祕密傳授禪宗心印給雲門文偃。

這一段傳法，和當年禪宗初祖達摩祖師傳法給二祖慧可的過程，可以說是如出一轍。

達摩祖師傳法九年後，欲西返天竺，便召集門人，令他們各自做心得報告。

最後輪到二祖慧可報告時，他向走向達摩祖師的面前恭敬禮拜後，就回到原位，既不動也不說話。此時，達摩祖師隨即印可說：「你已經得到我的精髓。」便傳法給二祖慧可。

雲門文偃流傳下來的文獻，有《雲門匡真禪師廣錄》三卷傳世。另外，《祖堂集》、《景德錄》、《五燈會元》、《禪林僧寶傳》等書均收有文偃的傳記。

三、「雲門文偃」的核心思想

在雲門文偃禪法的核心思想中，最重要的是「雲門三句」，即「函蓋乾坤，截斷眾流，隨波逐浪。」，這是「雲門文偃」用來接引學人的三種語句。

《雲門匡真禪師廣錄》原文：

門人住德山圓明大師緣密述。函蓋乾坤。乾坤并萬象。地獄及天堂。物物皆真現。頭頭總不傷。截斷眾流。堆山積岳來。一一盡塵埃。更擬論玄妙。氷消瓦解摧。隨波逐浪。辯口利舌問。高低總不虧。還如應病藥。診候在臨時。

詳述「雲門三句」如下：

（一）函蓋乾坤

函蓋乾坤。乾坤并萬象。地獄及天堂。物物皆真現。頭頭總不傷。

「函蓋乾坤」是針對禪法的「本體（心、真如、佛性）」而言，意味禪法的本體是至大而無方，大而無外，包容天地，一切具足。宇宙萬有都是「本體」的呈現，而它們又是各守本位，互不妨礙，互相圓融自在的共存。

「乾坤」就是「天地、宇宙」的意思，包含時間和空間上的萬事、萬物、萬法。宇宙浩瀚無邊，沒有開始，沒有結束，時間沒有前後。

既然宇宙浩瀚無邊，第一句講「函蓋乾坤」，那是什麼東西，才能夠涵蓋無邊無際的「乾坤」呢？就是我的「心」，這個「心」不是「心臟」的心，而是指「心識」，特別是指在「唯識學」八個「心識」裡的第八識「阿賴耶識」。

釋迦牟尼佛說，我們的「自性佛」被第七識「末那識」產生的「妄想執著」所包覆，這個時候被

「妄想執著」包覆的「自性佛」，有另外一個名稱，叫做第八識「阿賴耶識」。所以，「自性佛」就是乾淨的第八識「阿賴耶識」；而第八識「阿賴耶識」就是汙穢的「自性佛」，也就是說「自性佛」就是第八識「阿賴耶識」。

宇宙是無邊又相續不斷的，但是我們的「自性佛」，也就是第八識「阿賴耶識」，卻能夠包含「乾坤」。宇宙的萬事萬物，是我們的「自性佛」，也就是第八識「阿賴耶識」的顯現，唯心所現，唯識所變。世間的萬象，上至天堂，下至地獄，我們的「自性真如」遍在，充滿法界。山河大地、天地萬物都是「自性真如」的變現。

《雲門匡真禪師廣錄》原文：

中有一寶祕在形山。拈燈籠向佛殿裡。將三門來燈籠上。

雲門文偃告訴眾弟子說：「乾坤之內，宇宙之間，中有一寶，秘在形山。拈燈籠向佛殿裡，將三門來燈籠上。」這個「雲門一寶」，就是顯現宇宙萬法的「真如本心」，也就是我們的「自性」。修禪只要能任運自在，自識本性，別無他心，便是解脫。

(二) 截斷眾流

截斷眾流。堆山積岳來。一一盡塵埃。更擬論玄妙。氷消瓦解摧。

意思是說：不管學人詢問多少問題，都要將這些問題視為塵埃。如果學人還要進一步詢問問題，就必須立即截斷學人的詢問。因為，學人參禪的時候，如果陷入義理的糾葛之中，那將無法見性，最後一無所得。

「眾流」是指第七識「末那識」產生的「妄想執著、情識糾葛」。學人問禪法於禪師，都是用他的第七識「末那識」在發問，一聽到禪師回答的支言片語，馬上用第六識「意識」做分析判斷，再把分析判斷後的結果，傳遞給第七識「末那識」做決定。

雲門文偃說，禪師應當要掌握時機，然後用一字或一語，來截斷詢問者的思緒，斬斷學人的情識糾葛，打亂第六識「意識」的分析判斷功能，使第七識「末那識」無可用心，然後短暫停止「妄想執著」的作用，令詢問者得以開悟，明心見性。

總之，「截斷眾流」就是要破除學人的「妄想執著、情識糾葛」，只要一念不生，萬法自滅，就可以開悟見性，從而達到「函蓋乾坤」的境界，雲門文偃正是由此而悟道的。

在有名的「雲門腳跛」禪門公案裡，雲門文偃想要參學，初見睦州禪師，睦州禪師突如其來的當胸抓住，令他快道，還夾傷雲門文偃的一條腿，目的就在於截斷雲門文偃的思緒，使他當下無所用心，立即開悟。

（三）隨波逐浪

隨波逐浪。辯口利舌問。高低總不虧。還如應病藥。診候在臨時。

意思是說：禪師需要有鋒利的舌辯才能，才有利於接機學人。但是，重點在於禪師能夠在剎那之間，把握住學人的根機，從而應病給藥。

雲門文偃提示禪師要能夠不著於相，平等的接化根機不同的眾生。禪師要能夠明察秋毫，不要被外境所左右。禪師要能夠因材施教，對於各種根機的學人給以施教。

在「雲門文偃」的「雲門三句」裡，「函蓋乾坤」是禪法的宗旨，而「截斷眾流」和「隨波逐浪」則是引導學人達到「函蓋乾坤」的方法和途徑，二者之間相輔相成。

四、「雲門文偃」最常用「截斷眾流」的接引方法

雲門文偃最常用「牛頭不對馬嘴」和「雞同鴨講」的回答，讓學人「丈二金剛摸不著頭腦」。這種「截斷眾流」的教育方法，是禪宗的特色，幾乎每一世代的禪宗祖師，都會使用這種方法。

這種教育方法，沒有學過「唯識學」，不懂「八識」的原理，是無法明白其中的妙理。當學人聚精會神的請教禪師時，是他的第七識「末那識」在作用，同時他的第六識「意識」隨時待命，準備分析判斷禪師的答案。

沒想到禪師的回答，是「文不對題」的答案，這會讓學人的第六識「意識」分析判斷功能，產生「混亂、短路、當機」的現象，無法傳遞分析判斷後的結果給第七識「末那識」做決定。因此，第七識「末那識」短暫無法產生「妄想執著」。

就在這電光火石之間，長久被「妄想執著」包覆的「自性」，突然出現，學人的「自性光」因此顯現。慧根高的人，當下驚鴻一瞥自己的「自性光」，立即頓悟：「原來這就是見性」。

接著，學人一回過神來，第七識「末那識」又開始起「妄想執著」的作用，「妄想執著」又重新包覆學人的「自性」。

雲門文偃也用「棒喝」的方法，來教育學人，原理和「雞同鴨講」的回答一樣。

接下來，我們來欣賞一些雲門文偃的禪機公案，看他如何使用「牛頭不對馬嘴」和「雞同鴨講」的教育方法來「截斷眾流」，開導學人。

（一）一字關

「一字關」是雲門文偃為了截斷學人情識的糾葛，破除妄想執著，所使用的一種「截斷眾流」的方法，雲門文偃善用一個字來點化接引學人。

「一字關」簡捷明快，如電光石火，在學人的第六識「意識」準備做分析判斷功能時，禪師倏然截而斷之，使學人的心靈狀態在錯愕之際，學人的第六識「意識」停止分析判斷的功能，第七識「末那識」停止作用，從而悟道，禪林稱為「雲門一字關」。

禪師以一個字回答，來破除學人情識的方式，並非創始於雲門文偃，但是運用至成為一家之宗風，則開始自雲門文偃。

下面是節錄自《雲門匡真禪師廣錄》的原文：

(1)進云。如何是默時說。師云嗄。
(2)師將棒趁問如何是雲門劍。師云祖。
(3)問如何是玄中的。師云[祝/土]。
(4)問鑿壁偷光時如何。師云恰。
(5)問如何是吹毛劍。師云骼。又云胔。
(6)問如何是禪。師云是。
(7)進云。如何是道。師云得。
(8)問殺父殺母佛前懺悔。殺佛殺祖向什麼處懺悔。師云露。
(9)問三身中阿那身說法。師云要。
(10)問父母不聽不得出家。如何得出家。師云淺。進云。學人不會。師云深。

⑾問一生積惡不知善。一生積善者不知惡。此意如何。師云燭。

在這些例子中，雲門文偃都只是用一個字，來回答學人的問題。雲門文偃運用「一字關」的手法，自是不離「雲門三句」中的「截斷眾流」的要旨。

「雲門一字關」的重點，不是在於這個字的音義本身，而是在於「雲門文偃」運用「唯識學」的原理：也就是用一個信口拈來的字，截斷學人第六識「意識」的分析判斷功能，使學人在錯愕的時候，跳脫情識的糾葛，在第七識「末那識」暫時停止作用的時候，從中見到一絲乍現的「自性」光芒。

（二）乾屎橛

《雲門匡真禪師廣錄》原文：

問如何是釋迦身。師云。乾屎橛。僧云。和尚莫別有麼。師云。乾屎橛一任咬。

「乾屎橛」，「橛（ㄐㄩㄝ）」是禾稼的殘根。「乾屎橛」又稱為「廁籌」，為竹木製的薄片，古人在上廁所以後，用來刮清汙穢的用具；即大便之後，擦拭屁屁的小竹木片，如同今日的「衛生紙」。

有人問雲門文偃說：「佛是什麼？」，「雲門文偃」回答：「乾屎橛。」也就是清除糞便的木片。乍聽之下，令人驚詫駭異。其實，雲門文偃是要破除學人的分別觀念。

在學人的觀念裡，「佛」的意思是「覺者」，是大徹大悟的偉大聖人。然而，這個解釋對學佛者有幫助，一般都只是當作知識和說明。

雲門文偃為了打破學人的妄想執著，並且使他開悟，學人問：「佛是什麼？」，就以「乾屎橛」來回答。

雲門文偃時常運用生活中，最生活化的事物，甚至是在常人眼裡，最汙穢不堪的東西，來回堵學人在分別對待意識下的清淨概念，以教示學人。

（三）還我話頭來

「還我話頭來」是「雲門文偃」在接機學人時，常常使用的語句。

《雲門匡真禪師廣錄》原文：

問一口呑盡時如何。師云。我在汝肚裡。進云。和尚為什麼在學人肚裡。師云。還我話頭來。

雲門文偃的接機原則是「先縱後擒」，他首先送給學人一個話頭，等學人因話頭而產生懷疑時，雲門文偃便突然將已經呑進學人肚裡的話頭，抽了出來。

類似這樣的接機方式，還有其他公案：

《雲門匡真禪師廣錄》原文：

(1)問如何是三昧。師云。到老僧一問。還我一句來。

(2)問如何是內外光。師云。向什麼處問。學云。如何明達。師云。忽然有人問爾。作麼生道。進云。明達後如何。師云。明即且置。還我達來。

像這樣的方法，都是把學人吃進去的話頭，再讓他吐出來，同時一併把他的分別執著連根拔起，目的就是要讓學人摒除萬緣，證入「函蓋乾坤」的雲門禪本體。

（四）好事不如無

「好事不如無」是雲門文偃多次使用過的禪機語，不過這句禪機語並不是「雲門文偃」所創立，而是當時的俗諺。「雲門文偃」最敬重的南北二位禪師，「雪峰義存」和「趙州從諗」都使用過這句禪機語。

《景德傳燈錄》卷十六原文：

問剃髮染衣受佛依蔭。為什麼不許認佛。師（雪峰義存禪師）曰。好事不如無。

《大慧普覺禪師語錄》卷十原文：

趙州（趙州從諗）一日在佛殿上。見文遠禮佛。以拄杖打一下。遠云。禮佛也是好事。州云。好事不如無。

上面這二例的「好事」，是指「佛的法身」，「好事不如無」的用法，是為了讓學人不要執著在「佛的法身」。因為「凡所有相是虛妄」，「認佛」和「禮佛」當然是好事，但是別忘了執著「佛的法身」，也是一種「妄想執著」。

下面三則是雲門文偃對「好事不如無」的用法：

《雲門匡真禪師廣錄》原文：

(1)上堂云。乾坤側日月星辰一時黑。作麼生道。代云。好事不如無。

雲門文偃上堂說法，先舉一個概念，再用「好事不如無」抹去剛才的問題。此時雲門文偃的「好事」，是指「佛的法身」，提示學人不要執著在「佛的法身」上面。

(2)或云。古人道。人人盡有光明在。看時不見暗昏昏。作麼生是光明。代云。廚庫三門。又云。好事不如無。

雲門文偃先說明人人都具有「自性」，但是一般人卻用「明、暗」的觀念來做分別，導致本來光明的「自性」，卻因此被昏暗蒙蔽。

所以，雲門文偃說「廚庫、三門」，比喻蒙蔽。隨後又說「好事不如無。」這時他所謂的「好事」，是指學人的「多事」，總糾結在第六識「意識」的分別對待裡。所以，「雲門文偃」用「好事不如無」來截斷學人的第六識「意識」。

(3)師問僧。還有燈籠麼。僧云。不可更見也。師云。猢猻繫露柱。代云。深領和尚佛法深心。代前語云。好事不如無。

雲門文偃所謂的「燈籠」，是指自己的「自性」。

《雲門匡真禪師廣錄》原文：師有時云。燈籠是爾自己。

《雲門匡真禪師廣錄》原文：或云。佛法不用學。燈籠露柱欺爾去。

雲門文偃認為「燈籠」是比喻你自己的「自性」，「自性」是「無法用言語來解釋的」，所以他說「佛法不用學」。學人不認識自己的「自性」，反而被分別妄想所蒙閉。這一句的「好事」，是指「分別妄想」。

（五）以數字說禪

《雲門匡真禪師廣錄》原文：

(1)問和尚年多少。師云。七九六十八。進云。為什麼七九六十八。師云。我為爾減卻五年。

(2)問遠遠投師。師意如何。師云。七九六十三。

(3)問如何是途中受用。師云。七九六十三。

(4)問如何是向上一路。師云。九九八十一。

(5)問如設是最初一句。師云。九九八十一。

(6)問如何是向上一路。師云。九九八十一。

(7)問以字不成八字不是。未審是什麼字。師云。九九八十一。

雲門文偃也喜歡用數字表現在禪法的論述上，讓學人無法測度，不可思量，目的同樣是截斷學人的思緒，讓學人無法產生分別判斷的功能。

有一段對話，是雲門文偃利用數字來調侃學人，想用第六識「意識」的分別判斷功能來悟道見性，真是「七顛八倒」。

《雲門匡真禪師廣錄》原文：問如何是道。師云。七顛八倒。

（六）家家觀世音

「家家觀世音」也是雲門文偃接機學人時，多次使用過的禪機語，也說明當時的民眾普遍信仰「觀世音菩薩」。這是雲門文偃針對那些個性比較平實溫和的學人，所使用的一種接機方法。目的同樣是截斷學人的思緒，讓學人無法產生分別判斷的功能。

《雲門匡真禪師廣錄》原文：

(1)問牛頭未見四祖時如何。師云。家家觀世音。

(2)一日云。京華還有棟梁也無代云。家家觀世音。

（七）其他「截斷眾流」的教育方法

雲門文偃的「截斷眾流」和「隨波逐浪」都是通往「函蓋乾坤」的教化手段，二者相輔相成。但是，為了接引根機不同的學人，有時候必須用激烈的措辭來回應；有時候又必須用柔和的方式來回應。

其他「截斷眾流」的教育方法，雲門文偃使用各種「牛頭不對馬嘴」和「雞同鴨講」的回答，來接引學人。

《雲門匡真禪師廣錄》原文：

(1)問如何是佛法大意。師云。來鋒有路。

(2)問如何是佛法大意。師云。面南看北斗。

(3)問如何是清淨法身。師云。花藥欄。進云。便與麼會時如何。師云。金毛師子。

(4)時有僧問。如何是超佛越祖之談。師云餬餅。

(5)問如何是超佛越祖之談。師云。蒲州麻黃益州附子。

(6)問如何是祖師西來意。師云。日裡看山。

(7)問如何是祖師西來意。師云。青天白日。

以上的問答，都是「牛頭不對馬嘴」和「雞同鴨講」方式的回答，這種看似風馬牛不相及的對機回答，其實正是雲門文偃用來截斷學人第六識「意識」分別判斷功能的利器。

五、「雲門文偃」的棒喝教育方法

最後，我們來看看雲門文偃的「棒喝」教育方法，他是如何來教育接機學人的。

《雲門匡真禪師廣錄》原文：

(1)問如設是最初一句。師云。九九八十一。僧便禮拜。師云。近前來。僧便近前。師便打。

(2)問不涉廉纖。請師道。師云。一怕汝不問。二怕汝不舉。三到老僧勃跳。四到爾退後。速道速道。僧便禮拜。師便打。

(3)問觀身無己。觀外亦然時如何。師云。熱發作麼。進云。與麼則氷消瓦解去也。師便打。

(4)上堂云。有解問話者。置將一問來。僧出禮拜云。請師鑒。師云。拋釣釣鯤鯨。釣得箇蝦蟇。僧云。和尚莫錯。師云。朝走三千暮走八百作麼生。無語。師便打。

(5)問古人斬蛇意旨如何。師便打。

(6)問說教當為何人。師云。近前來高聲問。僧近前問。師便打。

(7)問如何是衲僧本分事。師云。南有雪峰北有趙州。進云。請和尚不繁辭。師云。不得失卻問。學云喏。師便打。

(8)問大眾雲集合談何事。師云。今日放下令行去也。僧禮拜。師便打。

(9)問十方國土中唯有一乘法。如何是一乘法。師云。何不別問。進云。謝師指示。師便喝。

雲門文偃除了有溫和的接引方式，也偶爾施行「棒喝」的教育方法。這種以「棒喝」猛烈接機的手段，是源自於「臨濟義玄」的「臨濟喝」和「德山宣鑑」的「德山棒」。

六、「雲門宗」的法脈傳承

雲門文偃的門下頗盛，嗣法弟子有二十五人，以白雲子祥、雙泉師寬、德山緣密、雙泉仁鬱、守初宗慧、香林澄遠等為著。

「雲門宗」興盛於五代，宋代時鼎盛，到了南宋就逐漸衰微，至元初其法系已經無從查考，共計傳了二百多年。

五家七宗之「法眼宗」

一、「法眼宗」簡介

「法眼宗」和「雲門宗」都同樣是「雪峰義存」的門下，可以說是同門師兄弟。

「雲門宗」出自「石頭禪」，為「青原行思」、「石頭希遷」一脈，「石頭希遷」傳「天皇道悟」，「天皇道悟」傳「龍潭崇信」，「龍潭崇信」傳「德山宣鑒」，「德山宣鑒」傳「雪峰義存」。

「雪峰義存」門下，又分兩支：傳「雲門文偃」，為「雲門宗」；另一支傳「玄沙師備」，「玄沙師備」傳「羅漢桂琛」，「羅漢桂琛」傳「清涼文益」，是為「法眼宗」。

「法眼宗」是禪宗五家之一，以「清涼文益」為始祖，出於六祖惠能門下「青原行思」的法脈，為禪門五宗中最晚成立的一宗。雖然「法眼宗」的壽命不長，但影響卻非常深遠。

由於開創者「清涼文益」禪師圓寂後，南唐中主李璟賜諡「大法眼禪師」的稱號，後世就稱此宗為「法眼宗」。

「法眼宗」在南唐、吳越時期，有很大的發展，成為五代末期影響最大的宗脈，以浙江、福建為中心教區。宋初時，傳至「永明延壽」而達到極盛。

宋代中葉以後，「法眼宗」逐漸衰落，到宋代中期，法脈就斷絕，時間差不多一百年，但是在「高麗（南韓）」仍尚有傳承。近代「虛雲老和尚」重振禪宗，延續五宗法脈，「法眼宗」得以恢復傳承。

「法眼宗」的法脈傳承：

⑴六祖惠能→⑵青原行思→⑶石頭希遷→⑷天皇道悟→⑸龍潭崇信→⑹德山宣鑒→⑺雪峰義存→⑻玄沙師備→⑼羅漢桂琛→⑽清涼文益

二、「清涼文益」的生平

《五燈會元》卷十翻譯：

金陵清涼院「文益禪師」，餘杭（今浙江杭州）人，俗姓魯，七歲時，依從「新定智通院」的「全偉禪師」落髮出家，弱齡（二十歲）於越州（今浙江紹興）「開元寺」受具足戒。

當時，「希覺律師」正在明州鄮山「育王寺」大弘律學。清涼文益仰慕其名，前往參與聽法學習，探尋其精妙幽深的旨意。在此期間，清涼文益還涉獵儒家的典籍，並學習寫作詩文。希覺律師對他很器重，把他看做如同孔子的得意弟子「子游、子夏」一般，稱他是佛門的「子游、子夏」。

後來，由於清涼文益被禪的頓悟法門所吸引，玄機頓發，決定放棄舊學，持錫杖遠行，往南邊遊方參學。清涼文益到達福州，參訪「長慶慧稜」禪師，因為因緣不具足，不能契悟禪理。

後來，清涼文益和「紹修、法進」二位禪師結伴同行，三人準備同往嶺南參學。途中經過「地藏院」的時候，下起大雪，不能前行，三人便暫住「地藏院」休憩。

「地藏院」的方丈是「羅漢桂琛」，他的師父是「玄沙師備」，往上追朔師承，分別是「雪峰義存」、「德山宣鑒」、「龍潭崇信」、「天皇道悟」、「石頭希遷」、「青原行思」到「六祖惠能」。

有一天，清涼文益和紹修、法進三人圍著火爐取暖。「地藏院」的方丈「羅漢桂琛」看見他們三人，就走近火爐問「清涼文益」說：「你此行的目的是為了什麼？」

清涼文益回答說：「只是行腳（僧侶為尋師求法而雲遊四方）而已。」

羅漢桂琛問道：「行腳是為了什麼？」

清涼文益回答說：「不知道。」

羅漢桂琛說：「不知道最親切。」

（羅漢桂琛問清涼文益：「行腳是為了什麼？」，清涼文益回答說：「不知道。」意思是：「不執著求知，順其自然。」羅漢桂琛認為「不知道最為親切」，因為不要妄作第六識「意識」的分別，「不知」的境界是最親切自在，是最好的答案。

羅漢桂琛又向他們三個人推薦《釋僧肇》所著作的《肇論》，談論到「所以天地與我同根」這個部分。

羅漢桂琛問道：「山河大地和你自己是同類還是異類？」

清涼文益回答說：「是異類。」

羅漢桂琛直立起兩根指頭。

清涼文益回答說：「是同類。」

羅漢桂琛又直立起兩根指頭，便起身離去。

（這時候，清涼文益一定很訝異困惑，因為回答「異類」和「同類」，羅漢桂琛都同樣直立起兩根指頭，這到底是什麼意思？殊不知，這是羅漢桂琛為了讓清涼文益的第六識「意識」的分析判斷功能，暫時停止的手法。因為，萬物與自己是同源，無所謂同還是異，本來如此，本來自然。只有生起分別心，才有同異的分別。）

霜雪過後天轉晴，清涼文益一行三人向羅漢桂琛辭行。

羅漢桂琛送他們三人到門口，忽然問清涼文益說：「你曾經說『三界唯心，萬法唯識。』」

然後羅漢桂琛指著庭院前的那片石頭，繼續問道：「現在請你看看庭院前的那片石頭，你說說看，那石頭是在心內呢？還是在心外？」

清涼文益回答說：「在心內。」

羅漢桂琛說：「你這個行腳人，為什麼要放一片石頭在心上呢？」

清涼文益感到很窘困，無言以對，便放下行李，決定跟隨羅漢桂琛請教禪法的疑惑。

（「三界唯心，萬法唯識」，說明三界的一切唯心造，沒有任何離開第八識「阿賴耶識」，這一心單獨存在的事物。法界內的宇宙山河，都是透過自我第八識「阿賴耶識」的現起，才有種種功用。

羅漢桂琛問清涼文益說：「此石在心內？在心外？」清涼文益回答說：「在心內。」這是錯誤的見解。因為，以「唯識論」的理論而言，「此石」是透過人的意識所認識的「影像」而已。所以說，「此石」不在心內，也不在心外，「此石」只是一個「影像」。若回答「在心內」或「在心外」，就落入分別對待的狀態。）

清涼文益在「地藏院」一個多月的日子裡，每天都向羅漢桂琛提出新的見解，說道理。可是，羅漢桂琛都一律說：「佛法不是這樣的。」

最後，清涼文益無奈的說：「我已經辭窮理絕了。」

羅漢桂琛見時機已經成熟，便說：「若論佛法，一切現成。」

清涼文益聽了這句話，頓然大徹大悟。

（「若論佛法，一切現成。」是說：在天地萬物之中，佛法是現成的、無處不在的，可是人們心中有個第六識「意識」，會去做分析判斷的動作，產生分別對待心，才會被外境所迷惑。佛法告訴我們，眾生的本心，俱足一切的佛法，一切自然現成。）

三、「清涼文益」的核心思想

清涼文益禪法的核心思想是「佛法是一切現成」、「宗門十規論」、「唯識唯心」和「法眼四機」。

（一）佛法是一切現成

《五燈會元》卷十原文：

師曰。某甲詞窮理絕也。藏曰。若論佛法。一切見成。師於言下大悟。

《五燈會元》卷十翻譯：

清涼文益說：「我已經辭窮理絕了。」

羅漢桂琛說：「若論佛法，一切現成。」

清涼文益聽了這句話，頓然大徹大悟。

「若論佛法」的「佛法」，是指達摩祖師從印度傳到中國的心法，也就是一般所謂的「禪法」。「若論佛法，一切現成。」翻成白話，就是「佛法是一切現成」。為什麼說「佛法是現成的」呢？這句話主要是表達：天地的萬事萬物原本就存在，各自依照它們的因緣果報在運行。但是，在人類心中有個第六識「意識」，會去做分析判斷的動作，因而對天地的萬事萬物產生分別對待心，才會被外境所迷惑，無法看清楚天地萬事萬物的真相，也無法明白自己原來有個「自性」，那才是真實的我。

所謂「三界唯心，萬法唯識」，三界的一切唯心造，沒有任何離開第八識「阿賴耶識」，而能夠單獨存在的事物。法界內的宇宙山河，都是透過自我第八識「阿賴耶識」的現起，才有種種功用。因為，眾生的第八識「阿賴耶識」能造三界的一切事物，所以說「一切現成」。

一般學佛者，由於把佛經的經文一直放在心上，執著經文，卻把思想變成了攀緣的工具。事實上「一切現成」，萬法清楚的擺在面前，只要懂得停止自己的第六識「意識」，不去做分析判斷，自然明白佛法是什麼。可是，一般學佛者卻一味的去執著這些名相的境界，不能看破放下而沉迷於玄奧的佛經，這樣是永遠無法悟到真正的佛法。

雖然羅漢桂琛的一句「若論佛法，一切現成」，讓清涼文益大徹大悟。但是，「一切現成」的概念，來自於「玄沙師備」，他是羅漢桂琛的師父，也就是清涼文益的師公。

在《玄沙師備禪師廣錄》裡，「現成」一詞總共出現七次：

(1)我今為你說破。法身．報身．化身。如今「現成」。諸人還會麼。還省麼。

(2)「現成」不用外覓。法．報．化具足。人人具足。人人「現成」。

(3)法法恒然。法法如是。無有生滅去來。亘古亘今。且喚作什麼即得。如今「現成」地會麼。

(4)太尉知覺省「現成」。

(5)問。如何是「現成」底道場。師云。你不是從襲。

(6)具足「現成」是本身。心心色色只我真。法法無生本不滅。流注一如鎮目前。

清涼文益提倡「心性自然，一切現成。」，他認為古代的聖人所見到的境界，是「唯見自心」。

《景德傳燈錄》卷二十八原文：他古聖所見諸境唯見自心。

清涼文益認為，如果能夠「唯見自心」，不假外求，那就「一切聲都是佛聲，一切色都是佛色。」，心外無法，一切都是禪境。

《景德傳燈錄》卷二十八原文：一切聲是佛聲。一切色是佛色。

清涼文益認為一般人都是把心（自性）和物分開來看待，殊不知萬物是心（自性）所生，是心（自性）所顯現的；也可以說，心（自性）與萬物是一體，心（自性）與萬物是貫通的。若能把心（自性）物打成一片，就不會有「心（自性）外有法」的問題了。

清涼文益認為人心（自性）是自然之性，強調只要心地自然，心無取捨，不附於物，自由自在，「人心（自性）具足佛性，一切現成。」。

清涼文益的傳承弟子「德韶」也說：「佛法現成。一切具足。」。

《景德傳燈錄》卷第二十五原文：佛法現成。一切具足。古人道。圓同太虛無欠無餘。

「德韶」是「法眼宗」的第二祖，他進一步的解釋「佛法現成。一切具足。」的意思。

《景德傳燈錄》卷第二十五原文：

大道廓然詎齊今古。無名無相是法是修。良由法界無邊心亦無際。無事不彰。無言不顯。如是會得喚作般若。現前理極同真際一切山河大地森羅萬象牆壁瓦礫。並無絲毫可得虧闕。

德韶說，人的本心（自性）具足佛法，一切現成。本心（自性）與外界一切事物互相感應。假如「般若智慧」顯發，一切山河大地，森羅萬象，就算是牆壁瓦礫，也沒有虧闕到本心（自性）的任何一個功德。

（二）宗門十規論

《宗門十規論》全一卷，是清涼文益所撰，宗旨在痛論五代時期，各宗禪家的流弊，以矯正當時的弊病。《宗門十規論》列出十條綱目，對當時的各宗禪家提出規諫。這「十規論」是先論述禪宗的宗旨，再詳述每條規論的內容，分析禪宗的當時的弊病。

《宗門十規論》的第一規到第五規，是分析禪宗的宗旨：

（一）第一規「自已心地未明妄為人師」：

「心地」是禪宗的宗旨，指達摩祖師所傳的「菩提」。「菩提」是梵語「bodhi」的音譯，意譯為「覺、智、知、道」，是指「斷絕世間煩惱而成就涅槃的智慧」。

「妄為人師」是指當時學禪者的弊病，當時學禪者大多傲慢，怠於參禪，不選擇正宗的禪學，只急於擔任寺廟住持，誇大不實自稱有禪學知識，只注重虛名在世，斷送後人的學禪路。

清涼文益論說：「心地法門者。參學之根本也。心地者何耶。如來大覺性也。由無始來。一念顛倒。認物為己。貪欲熾盛。流浪生死。覺照昏蒙。無明蓋覆。業輪推轉。不得自由。一失人身。長劫難返。所以諸佛出世。方便門多。滯句尋言。還落常斷。祖師哀憫。心印單傳。俾不歷階級。頓超凡聖。只令自悟。永斷疑根。近代之人。多所慢易。叢林雖入。懶慕參求。縱成留心。不擇宗匠。邪師過謬。

同失指歸。未了根塵。輒有邪解。入他魔界。全喪正因。但知急務住持。濫稱知識。且貴虛名在世。寧論襲惡於身。不惟聾瞽後人。抑亦凋弊風教。登法王高廣之坐。寧臥鐵床。受純陀最後之羞。乍飲銅汁。大須戰慄。無宜自安。謗大乘愆。非小罪報。」

（二）第二規「黨護門風不通議論」：

「門風」是禪宗各宗派，世代相承的傳統，各宗派都有接人的特殊方法；「議論」是「見解」；「不通議論」是指當時的弊病，學禪者不明白各宗派的宗旨見解。

當時的學禪者，各自祖護自己的宗派，各自偏袒自己的祖師，不明白各宗派的宗旨見解，自相矛盾攻擊，不明辨黑白是非。

清涼文益論說：「祖師西來。非為有法可傳。以至于此。但直指人心。見性成佛。豈有門風可尚者哉。然後代宗師建化有殊。遂相沿革。且如能．秀二師。元同一祖。見解差別。故世謂之南宗．北宗。能既往矣。故有思．讓二師紹化。思出遷師。讓出馬祖。復有江西石頭之號。從二枝下。各分派列。皆鎮一方。源流濫觴。不可彈紀。逮其德山．林際．潙仰．曹洞．雪峰．雲門等。各有門庭施設。高下品提。至於相繼子孫。護宗黨祖。不原真際。竟出多岐。矛盾相攻。緇白不辨。嗚呼。殊不知大道無方。法流同味。向虛空而布彩。於鐵石以投鍼。角爭鬪為神通。騁唇舌作三昧。是非鋒起。人我山高。忿怒即是脩羅見解。終成外道。儻不遇於良友。難可拔於迷津。雖是善因。而招惡果。」

（三）第三規「舉令提綱不知血脈」：

「血脈」是指禪宗各宗派的傳承，而當時的學禪者，大多只知道提舉各宗派的禪風綱要，而不知道各宗派血脈的宗旨。

清涼文益論說：「夫欲舉唱宗乘。提綱法要。若不知於血脈。皆是妄稱異端。其間有先唱後提。抑揚教法。頓挫機鋒。祖令當施。生殺在手。或壁立千仞。水洩不通。或暫許放行。隨波逐浪。如王按劍。貴得自由。作用在於臨時。縱奪猶於管帶。波騰嶽立。電轉風馳。大象王遊。真師子吼。多見不量己力。剩竊人言。但知放而不知收。雖有生而且無殺。奴郎不辨。真偽不分。玷瀆古人。埋沒宗旨。人人向意根下卜度。箇箇於陰界裡推求。既懵於觸目菩提。祇成得相似般若。於無住本。建立法幢。代佛宣揚。豈同容易。不見雲門大師道。盡大唐國內。覓一箇舉話人也難得。又不見黃蘗和尚道。馬大師出八十餘員善知識。問著箇箇阿碌碌地。惟有廬山和尚較些子。是知當此位次。若會舉令提綱。便是十成宗匠。何以知之。不見古人道。從苗辨地。因話識人。直饒瞬目揚眉。早是一時驗了。況為模範。得不慎歟。」。

(四)第四規「對答不觀時節兼無宗眼」：

「時節」是時刻、時候、時機，指禪師知道學禪者的悟道時機；「宗眼」是宗門的要點。當時的禪師與學禪者對答時，不察看學禪者的悟道時機，濫用棒喝的方法；同時喪失宗門的要點，欺騙戲弄眾小人，欺騙違背聖賢。

清涼文益論說：「凡為宗師。先辨邪正。邪正既辨。更要時節分明。又須語帶宗眼。機鋒酬對。各不相辜。然雖句裡無私。亦假言中辨的。曹洞則敲唱為用。臨濟則互換為機。韶陽則函蓋截流。溈仰則方圓默契。如谷應韻。似關合符。雖差別於規儀。且無礙於融會。近代宗師失據。學者無稽。用人我以爭鋒。取生滅為所得。接物之心安在。破邪之智蔑聞。棒喝亂施。自云曾參德嶠．臨濟。圓相互出。惟言深達溈山．仰山。對答既不辨綱宗。作用又焉知要眼。誑謼群小。欺昧聖賢。誠取笑於傍觀。兼招尤於現報。所以一宿覺云。欲得不招無間業。莫謗如來正法輪。似此之輩。不可彈論。但脫師承。都乏己見。無本可據。業識茫茫。惟可哀憐。難以為報。」

（五）第五規「理事相違，不分濁淨」：

「理」是道理、真理，一真法界之性；「事」是事相、事情，一切世間之相。「理事相違」的相反詞是「理事圓融」，意思是「理事不二」、「理事合一」。

「理」就好像是「水」，「事」就好像是「水波」，無數個「水波（事）」源自於同一個「水（理）」；同一個「水（理）」產生無數個「水波（事）」。所以，理（水）事（水波）是一體兩面的，不是兩件事，「事（水波）」就是「理（水）」，「理（水）」就是「事（水波）」；從「事」看透「理」，「理」就是「事」；從「理」顯「事」，「事」就是「理」。

「事」依賴「理」而成立，「理」假借「事」而顯明，理事互相憑藉，如同眼睛和腳互相依存一樣。如果偏重「事」而捨棄「理」，便會阻礙不通；如果偏重「理」而捨棄「事」，便會漫無標準，不著邊際，沒有歸處。

但是，「理事圓融」、「理事不二」並不是不分濁、淨，當時學禪的弊病是「理事相違，不分濁淨」。

清涼文益對「理」、「事」是這樣詮釋：

《景德傳燈錄》卷第二十八原文：

理無事而不顯。事無理而不消。事理不二不事不理不理不事。

意思是說：「理」沒有「事」就不能彰顯，「事」沒有「理」就不能消除分別事相。「事」和

「理」是同一體，無「無事之理」，無「無理之事」。「事」是彰顯「理」的，「理」只能存在於「事」中，所以他特別強調「理」是不能離開「事」，以及從「事」入「理」的道理。

清涼文益又引用古人的話說：「一切聲是佛聲，一切色是佛色。」

《景德傳燈錄》卷第二十八原文：他古人道。一切聲是佛聲。一切色是佛色。

這說明在聲色之中，能夠見到佛性，「事」和「理」是不可分割的。

清涼文益論說：「大凡祖佛之宗。具理具事。事依理立。理假事明。理事相資。還同目足。若有事而無理。則滯泥不通。若有理而無事。則汗漫無歸。欲其不二。貴在圓融。且如曹洞家風。則有偏有正。有明有暗。臨濟有主有賓。有體有用。然建化之不類。且血脈而相通。無一不該。舉動皆集。又如法界觀具談理事。斷自色空。海性無邊。攝在一毫之上。須彌至大。藏歸一芥之中。故非聖量使然。真猷合爾。又非神通變現。誕生推稱。不著它求。盡由心造。佛及眾生。具平等故。苟或不知其旨。妄有談論。致令觸淨不分。譊訛不辨。偏正滯於迴互。體用混於自然。謂之一法不明。纖塵翳目。自病未能勦絕。他疾安可醫治。大須審詳。固非小事。」

《宗門十規論》的第六規到第十規，是論述參學應有的態度。

（六）第六規「不經淘汰臆斷古今言句」：

學禪者必須要選擇善知識和朋友，善知識可以指引學禪之路，朋友貴在互相切磋。當時學禪者結交善知識和朋友，不會過濾選擇，又妄自憑藉自己的主觀來臆測判斷古今，這就好像是不學劍術，而勉強飛舞著太阿劍（吳國干將所鑄的寶劍）一樣。

清涼文益論說：「夫為參學之人。既入叢林。須擇善知識。次親朋友。知識要其指路。朋友貴其切磋。祇欲自了其身。則何以啟進後學。振揚宗教。接物利生。其意安在。看他先德。梯航山海。不避死生。為一兩轉之因緣。有纖瑕之疑事。須憑決擇。貴要分明。作親偽之箴規。為人天之眼目。然後高提宗印。大播真風。徵引先代是非。鞭撻未了公案。如不經淘汰。臆斷古今。則何異未學劍而強舞太阿。不習坎而妄憑深涉。得無傷手陷足之患耶。夫善取者。如鵝王擇乳。不善取者。若靈龜矯蹤。況其間有逆順之機。回互之語。出其生而卻就死地。將其生而翻寄偏門。非可肆其狂心。輒使測他聖意。況一字法門之要。有萬端建化之方。得不慎諸以防來者。」。

（七）第七規「記持露布臨時不解妙用」：

學習般若智慧的人，不能夠沒有「師法（老師所傳授的方法）」。但是如果只是專一墨守著老師所傳授的方法，記載堅守「露布（宣布）」，這些都不是聰明過人，都是屬於見解知識而已。

清涼文益主張禪法要在日常生活起用，隨著時代的變化，而發揚師法，而不是只知道墨守師說。不可執著於言語，停滯於文字，就當作是「宗風（禪宗五家各自的教學特色）」。鼓動嘴唇，搖動舌頭，大發議論，就以為是精微深奧的解釋。

清涼文益論說：「學般若人。不無師法。既得師法。要在大用現前。方有少分親切。若但專守師門。記持露布。皆非頴悟。盡屬見知。所以古人道。見與師齊。減師半德。見超於師。方揚師教。六祖又謂明上座云。吾與汝言。皆非密事。密在汝邊。又岩頭謂雪峰云。一一從自己胸中流出。是知言語棒喝。非假師承。妙用縱橫。豈求他合。貶之則珠金喪彩。賞之則瓦礫增輝。可行即行。理事俱脩。當用即用。毫釐不差。真丈夫材。非兒女事。切忌承言滯句。便當宗風。皷吻搖唇。以為妙解。況此不假筌蹄得入。思慮能知。智出於廣莫之鄉。神會於不測之境。龍象蹴踏。非驢所堪。」

（八）第八規「不通教典亂有引證」：

禪宗雖然號稱「教外別傳」，但並不是另有他悟，與佛悟不同。因此，學禪者所悟之理和經典所闡述的佛理，應該是互相吻合的。學禪者不能只墨守門風，假如不知道經典的義理，就會胡亂引證，自取譏諷，遭人責問。

清涼文益論說：「凡欲舉揚宗乘。援引教法。須是先明佛意。次契祖心。然後可舉而行。較量疎密。儻或不識義理。只當專守門風。如輒妄有引證。自取譏誚。且如脩多祕藏。盡是指蹤。圓頓上乘。悉同標目。假使解得百千三昧沙數法門。只益自勞。非干他事。況復會權歸實。攝裔還源。於真淨界中。不受一塵。況佛事門中。不捨一法。不免據情結款。就體解紛。與我祖宗。全無交涉。頗有横經大士。博古真流。誇舌辯如利鋒。騁學富如囷積。到此須教寂默。語路難伸。從來記憶言辭。盡是數他珍寶。始信此門奇特。乃是教外別傳。後進之徒。莫自埋沒。遭他哂笑。有辱宗風。勿謂不假熏修。便乃得少為足。末既不曉。本何明哉。」

（九）第九規「不關聲律不達理道好作歌頌」：

佛教有自身的梵聲誦經唱贊，以聲樂來彰顯佛教的「教理」。可是，當時的學禪者大多迎合世俗，但又不知道音律的格式，所以任意胡亂誦經唱贊，大多類似民間傳說。

清涼文益論說：「宗門歌頌。格式多般。或短或長。或今或古。假聲色而顯用。或托事以伸機。或順理以談真。或逆事而矯俗。雖則趣向有異。其奈發興有殊。總揚一大事之因緣。共讚諸佛之三昧。激昂後學。諷刺先賢。皆主意在文。焉可妄述。稍覩諸方宗匠．參學上流。以歌頌為等閑。將製作為末事。任情直吐。多類於埜談。率意便成。絕肖於俗語。自謂不拘麤獷。匪擇穢孱。擬他出俗之辭。標歸第一之義。識者覽之嗤笑。愚者信之流傳。使名理而寖消。累教門之愈薄。不見華嚴萬偈．祖頌千篇。俱爛熳而有文。悉精純而靡雜。豈同猥俗兼糅戲諧。在後世以作經。在群口而為實。亦須稽古。乃要合宜。苟或乏於天資。當自甘於木訥。胡必強攀英俊。希慕賢明。呈醜拙以亂風。織弊訛而貽戚。無惑妄誕。以滋後羞。謂當時宗匠以歌誦為等閒，任情直吐，多類野歌。」。

（十）第十規「護己之短好爭勝負」：

當時的「叢林（寺院道場）」非常興盛，禪社極多。但是，沒有才能的人卻占居住持要位，以為自己已經得到最上乘的超世間佛法；有不少學禪者是「假如來之法服，盜國王之恩威」，祖護自己的缺點，詆毀他人的優點。虛有其表，只會口談解脫之法，其實是「心弄鬼神之事」；而許多僧人則彼此攻擊，戒律不整，「破佛禁戒，棄僧威儀」。雖然，現在是處於「像法時期（佛教有正法、像法、末法三期之說）」，但是「魔強法弱」，已經是末法時期的趨勢。

清涼文益論說：「且如天下叢林至盛。禪社極多。聚眾不下半千。無法況無一二。其間或有抱道之士。潔行之人。肯暫徇於眾情。勉力紹於祖席。會十方之兄弟。建一處之道場。朝請暮參。匪憚勞苦。且欲續佛慧命。引道初機。非為治激聲名。貪婪利養。如鐘待扣。遇病與醫。澍法雨則大小無偏。振法雷則遠近咸應。其榮枯自異。動蟄差乖。固非選擇之情。行取捨之法。蓋有望風承嗣。竊位住持。便為我已得最上乘。超世間法。護己之短。毀人之長。誑惑於鄽鬧。咀嚼於屠販。聲張事勢。矜託辯才。以訐露為慈悲。以佚濫為德行。破佛禁戒。棄僧威儀。返凌鑠於二乘。倒排斥於三學。況不撿於大節。自許是其達人。然當像季之時。魔強法弱。假如來之法服。盜國王之恩威。口談解脫之因。心弄鬼神之事。既無愧恥。寧避罪愆。今乃歷敘此徒。須警來者。遇般若之緣非小。擇師資之道尤難。能自保任。

終成大器。強施瞑眩。甘受謗嫌。同道之人。幸宜助發。」。

（三）唯識唯心

清涼文益很喜歡佛教著名的教理「三界唯心，萬法唯識」，他在「地藏院」第一次遇見「地藏院」的方丈，也就是他後來的師父羅漢桂琛時，就是在談論「三界唯心，萬法唯識」的教理。

《金陵清涼院文益禪師語錄》：

頌三界唯心云。三界唯心。萬法唯識。唯識唯心。眼聲耳色。色不到耳。聲何觸眼。眼色耳聲。萬法成辦。萬法匪緣。豈觀如幻。山河大地。誰堅誰變。

「三界唯心」是說：三界（欲界、色界、無色界）所有現象，都是由一個心識（第八識「阿賴耶識」）所變現。即心（第八識「阿賴耶識」）為萬物的本體，此外別無他法，凡三界生死輪迴、十二因緣等諸法，其實都是第八識「阿賴耶識」所變現。

「萬法唯識」是說：當原本的「自性清淨心」處於迷惑的狀態時，它往下墮落就變成第八識「阿賴耶識」，就有生死輪迴，而萬物都是由第八識「阿賴耶識」所顯現。

「三界唯心，萬法唯識」就是將萬法收攝到一個心識（第八識「阿賴耶識」）之中，如果能夠悟到唯有這一個心識（第八識「阿賴耶識」）與萬法的關係，那麼就算是開悟的境界了。

清涼文益認為無論是外在的萬法，還是內在的所有的認知心理狀態，都不出一個心識（第八識「阿賴耶識」）之中，他所悟到的境界和見地，就是收攝萬法於一個心識（第八識「阿賴耶識」）裡。

清涼文益認為只有悟得和證得萬法不離一個心識（第八識「阿賴耶識」），萬法是一個心識（第八識「阿賴耶識」）的顯現，那麼就是禪門心法的開悟。

（四）法眼四機

清代「三山燈來」禪師撰《三山來禪師五家宗旨纂要》，旨在論述五家宗風：「臨濟宗」是全機大用、棒喝齊施；「曹洞宗」是君臣道合、正偏相資；「溈仰宗」是父子一家、師資唱和；「雲門宗」是出語高古、異尋常；「法眼宗」是聞聲悟道、見色明心，書中詳列禪宗各支派特有的法門。其中，對於「法眼宗」導學人所用的法門，認為有四種機法。

《三山來禪師五家宗旨纂要》：

又有四機。箭鋒相拄。機鋒相敵也。

三山來頌云。兩陣交鋒莫可當。彎弓架矢豈尋常。箭頭的相逢處。脫卻征衣笑一場。

泯絕有無。不存朕兆也。

三山來頌云。大用臨機不可窺。卷舒出沒妙相隨。竝無面目教人見。誰向虛空強畫眉。

就身拈出。當面直提也。

三山來頌云。自從闢破祖師關。掣電轟雷任往還。不識當機拈弄處。低頭已隔萬重山。

隨流得妙。即境設施。

三山來頌云。祖意明明百草頭。相逢到處逞風流。隨家待客無豐儉。把筋拈匙一笑休。

「法眼四機」詳述如下：

（一）箭鋒相拄：禪師渡化學人，必須針對學人上中下等各種根機資質來因材施教，機鋒要相當，渡化與領受的雙方，要緊密相契，沒有間隙。

（二）泯絕有無：要讓學人超越「有」和「無」二元對立的分別見解。

（三）就身拈出：「佛性真如」原本就顯現於世間各種現象界之中，禪師就藉此顯現於眾人眼前的現成佛性，信手拈來，皆可隨緣點化。

（四）隨流得妙：禪師依學人的根器，靈巧運用接化的機法，而讓學人體會到佛性的奧妙。

四、「法眼宗」的法脈傳承

「法眼宗」的法脈相傳，從「清涼文益」開始，傳承「天台德韶」和「永明延壽」共三世，興盛於唐末、五代和宋初時期，之後逐漸衰微，到了宋代的中期，「法眼宗」的法脈就斷絕，其間大約一百年。

另外，永明延壽與「淨土宗」的關係匪淺，後世的「淨土宗」推崇永明延壽為「淨土宗」的八祖。永明延壽有一本重要的著作《宗鏡錄》一百卷，綜合了「禪宗」、「天台宗」、「華嚴宗」和「法相宗」等四家學說，融合隋、唐兩代的佛學，是一部非常重要的佛學著作。

民國二十一年，「虛雲老和尚」又應福建長汀八寶山「青持明湛和尚」的邀請，遙接了「法眼宗」的法脈，為「法眼宗」第八世。

五家七宗之「黃龍派」

一、「黃龍派」簡介

「黃龍派」是禪宗「臨濟宗」分出的一個支派，禪宗「五家七」宗之一，又稱為「黃龍宗」。「黃龍派」的開創者為「黃龍慧南」，為「臨濟宗」第七祖石霜楚圓的門下，在隆興（今江西省南昌市）黃龍山舉揚一家的宗風，後世就稱為「黃龍派」。

「黃龍派」的法脈傳承：

(1)六祖惠能→(2)南嶽懷讓→(3)馬祖道一→(4)百丈懷海→(5)黃蘗希運→(6)臨濟義玄（臨濟宗初祖）→(7)石霜楚圓→(8)黃龍慧南

二、「黃龍慧南」的生平

《五燈會元》卷第十七翻譯：

隆興府黃龍慧南禪師

「黃龍慧南」是宋代信州玉山（江西）人氏，俗姓章，依「泐（ㄌㄜˋ）潭懷澄」禪師學習「雲門禪」。泐潭懷澄分座席之半與黃龍慧南並坐，一起處理事物，表示黃龍慧南與自己有同等之地位。因此，黃龍慧南聲名大噪，名震四方。

黃龍慧南碰巧遇到「雲峰文悅」禪師，兩人結伴一起遊西山，晚上黃龍慧南對雲峰文悅談論師父泐潭懷澄所傳授的「雲門宗」法道。

雲峰文悅說：「澄公雖然是雲門宗的後人。但是法道不同。」

黃龍慧南詢問不同在哪裡？

雲峰文悅說：「雲門宗就好像是『九轉丹砂（道教煉丹術，丹藥需經九次提煉，服之能成仙。）』點鐵可以變成金。澄公所傳授的法道，就好像汞銀的藥石一般，只能玩賞。一入煉丹爐去熔煅，就流失了。」

黃龍慧南一聽大怒，以為雲峰文悅在貶損他的師父泐潭懷澄，就用枕頭丟雲峰文悅。

第二天，雲峰文悅向黃龍慧南賠不是。接著又說：「雲門宗的胸襟氣度就如同王一般，看似美好，但卻是等級低的死法。澄公有道法傳授他人，此道法卻是死法。死法能讓人活嗎？說完便要離開。

黃龍慧南一聽，覺得雲峰文悅的話中有話，大有深意，便挽留雲峰文悅說：「假如事情如你所說，那麼誰的道法，可以如你所說的，不是死法呢？」

雲峰文悅說：「『石霜楚圓』禪師的教導方法是最好的，你應該去見他，不可以摒棄。」

黃龍慧南心中默想：「雲峰文悅拜師於『翠巖永明』禪師，他卻讓我去見『石霜楚圓』禪師，假使我去拜見石霜楚圓禪師。這對他有什麼好處呢？」

於是，黃龍慧南便前往參拜石霜楚圓禪師。途中，黃龍慧南聽人說「慈明（「石霜楚圓」字「慈明」）」平時不管事，輕忽各方的小寺院道場。於是，心生悔意，就改道登上南嶽衡山，投靠「福嚴寺（『福嚴寺』創建於南朝陳光大元年，原名『般若寺』，由『慧思法師』創建，弘揚法華。北宋大中祥符元年，『福嚴法師』曾增修寺院，改為『福嚴寺』。）」，拜見「福嚴賢和尚」，福嚴賢和尚便任命黃龍慧南擔任書記（寺院裡專門負責文案工作的出家人）。

不久之後，福嚴賢和尚圓寂了。當地的郡守（舊時知府的別稱）便請「慈明（「石霜楚圓」字「慈明」））替補「福嚴寺」住持的位子。

石霜楚圓到「福嚴寺」之後，黃龍慧南目睹了石霜楚圓批評禪宗諸家之說，將禪宗諸家的種種教法責罵是邪說。從前黃龍慧南的師父泐潭懷澄所傳授的法道，也在被批駁之中，黃龍慧南的心裡頓時感到委靡氣餒，於是便入室請益，拜訪石霜楚圓，請求指教。

石霜楚圓說：「書記你帶領徒眾雲遊四方，假如有疑問，可坐下商討。」黃龍慧南一再哀請「石霜楚圓」為他開示。

石霜楚圓說：「你學『雲門禪』，必定熟悉『雲門禪』的要旨。『雲門宗』有個公案，『洞山守初』在參訪『雲門文偃』禪師時，『雲門文偃』禪師要打他三頓棒，這三頓棒是該打？還是不該打？」

黃龍慧南說：「該打。」

石霜楚圓一聽，神情嚴肅，板起臉孔說：「那麼你從早到晚，聽鵲鳥鼓噪，烏鴉爭鳴，也應該要挨棒嗎？」

三、「洞山三頓棒」的典故

這裡要先說明一下，「洞山三頓棒」的典故。

《景德傳燈錄》卷第二十三原文：

襄州洞山守初崇慧大師。初參雲門。雲門問。近離什麼處。師曰。楂渡。門曰。夏在甚處。師曰。湖南報慈。曰甚時離彼。師曰。八月二十五。門曰。放汝三頓棒。師至明日卻上問訊。曰昨日蒙和尚放三頓棒。不知過在什麼處。門曰。飯袋子。江西湖南便與麼師於言下大悟。

《景德傳燈錄》卷第二十三翻譯：

江西襄州的「洞山守初」禪師第一次參訪「雲門文偃」禪師時，雲門文偃問他說：「你從什麼地方來？」

洞山守初回答：「我從楂渡來。」

雲門文偃接著問：「你在何處安居？」

洞山守初回答：「在湖南報慈寺。」

雲門文偃又問：「那你是什麼時候離開的？」

洞山守初回答：「我是在八月二十五日離開的。」

雲門文偃大聲一喝：「給你三頓棒打！」

洞山守初困惑不解，隔天在法堂上，再次請問雲門文偃說：「昨天承蒙和尚您三頓棒賜教，不知道我的過錯在何處？」

雲門文偃又喝斥說：「飯袋子！江西湖南，就這樣去？」

洞山守初當下大悟。

這段公案是怎麼回事呢？雲門文偃問山守初三個問題：「你從什麼地方來？」、「你在何處安居？」以及「那你是什麼時候離開的？」，洞山守初立即用他的第六識「意識」的分析判斷功能，一一對答。突然間，雲門文偃大聲一喝：「給你三頓棒打！」當下洞山守初愣住，他的第六識「意識」的分析判斷功能受阻，當時腦袋一片空白，不知所措；頓時，他的第七識「末那識」也剎那間停止了。

洞山守初困惑不解，隔天再次請問雲門文偃說：「昨天承蒙和尚您三頓棒賜教，不知道我的過錯在何處？」雲門文偃又喝斥說：「飯袋子！江西湖南，就這樣去？」這下子，洞山守初終於明瞭自己當下的心境，他的第七識「末那識」剎那間停止了，當下與自己的「自性」擦身而過，所以洞山守初立刻大悟。

了解了什麼是「洞山三頓棒」，我們再回到石霜楚圓問黃龍慧南的公案。

石霜楚圓問黃龍慧南說：「雲門宗有個公案，『洞山守初』在參訪『雲門文偃』禪師時，『雲門文偃』禪師要打他三頓棒，這三頓棒是該打？還是不該打？」

黃龍慧南說：「該打」

石霜楚圓一聽，神情嚴肅，板起臉孔說：「那麼你從早到晚，聽鵲鳥鼓噪，烏鴉爭鳴。也應該要挨棒嗎？」

黃龍慧南瞠目結舌，一時回答不出話來。

石霜楚圓立即端坐說：「我本來以為不能當你的老師，現在看來，當之無愧。還不拜師。」

黃龍慧南一聽完，趕緊焚香頂禮拜下。

石霜楚圓又講了一段公案，問黃龍慧南：「『趙州從諗』禪師說他勘破了五台山的婆子，『趙州從諗』到底從什麼地方勘破她呢？」

黃龍慧南被問得啞口無言，汗如雨下，無法回答。

四、「臺山婆子」的典故

這裡又要再說明一下，「臺山婆子」的典故。

《景德傳燈錄》卷十原文：

有僧遊五臺。問一婆子云。臺山路向什麼處去。婆子云。驀直恁麼去。僧便去。婆子云又恁麼去也。其僧舉似師（「趙州從諗」）。師云。待我去勘破遮婆子。師至明日便去問臺山路向什麼處去。婆子云。驀直恁麼去。師便去。婆子云。又恁麼去也。師歸院謂僧云。我為汝勘破遮婆子了也。

《景德傳燈錄》卷十翻譯：

有一僧人遊五臺山，問一位老太婆：「要去五臺山的路，要怎麼去？」

老太婆回答說：「一直向前走。」

僧人便照著老太婆指示的方向走去。

老太婆又說：「你就這樣走了。」

這位僧人把這件事告訴了「趙州從諗」禪師，趙州從諗說：「我去看透這位老太婆。」

第二天，趙州從諗便去五臺山，問那位老太婆：「要去五臺山的路，要怎麼去？」老太婆仍然回答說：「一直向前走。」

趙州從諗便照著老太婆指示的方向走去。

老太婆又說：「你就這樣走了。」

趙州從諗回到道院後，告訴那位僧人說：「我為你看透這位老太婆了。」

這段公案又是怎麼回事呢？僧人問這位老太婆：「要去五臺山的路，要怎麼去？」老太婆回答說：「一直向前走。」僧人便照著老太婆指示的方向走去。老太婆又說：「你就這樣走了。」。其實，這位老太婆是一個有道行的禪者，僧人問路，她回答說：「一直向前走。」是告訴這位僧人，走向禪道的方法是「驀直恁麼去」，意思是說：當下停止分別心，熄滅妄想，直悟自性。可惜這位僧人尚未悟道，不明白這位老太婆的意思，反而真的一直向前走去。於是，這位老太婆便又說：「又恁麼去也（你就這樣走了）」的感嘆，意思是說：你還沒有悟道。

這句「又恁麼去也」是一句雙關語，看似「一直向前走」，其實另外一個意思，就禪法而言，則是「不必思量，直截了當」。

這位僧人將這一段對答，說給趙州從諗禪師聽。趙州從諗一聽完，就領會這位老太婆的深意，但是他要前往勘驗一番她學禪功夫的虛實深淺。

於是，趙州從諗去找這位老太婆，兩人又有一段如出一轍的對答，雖然話語依舊，但是境界卻已經不同。因為，禪宗的明心見性，是活潑的，是方便的，是隨緣度化的，而不是一成不變的說「又恁麼去也（你就這樣走了）」。

雖然，這位老太婆有點禪宗的功夫，可是她只是一味的執著於一法，而不知變通，所以最後被趙州從諗看破了底細，這位老太婆執著於一法，離禪道還遠，還未真正悟道。

了解了什麼是「臺山婆子」，我們再度回到石霜楚圓問黃龍慧南的公案。

石霜楚圓又講了一段公案，問黃龍慧南：「『趙州從諗』禪師說他勘破了五台山的婆子，『趙州從諗』到底從什麼地方勘破她呢？」

黃龍慧南被問得啞口無言，汗如雨下，無法回答。

第二天，黃龍慧南又入室請益，石霜楚圓一見到黃龍慧南到來，便罵個不停。

黃龍慧南大惑不解，問道：「難道責罵就是師父您慈悲的教導方法嗎？」

石霜楚圓反問他說：「你認為這是責罵嗎？」

黃龍慧南一聽，恍然大悟。

立即作了一首偈頌，呈給石霜楚圓：「傑出叢林是趙州。老婆勘破沒來由。而今四海清如鏡。行人莫與路為讎。」

石霜楚圓一看偈頌，知道黃龍慧南這次真正徹悟了，就點頭印可。

石霜楚圓的一句：「你作罵會那（你認為這是責罵嗎？）」黃龍慧南當下恍然大悟。

因為，對黃龍慧南的第七識「末那識」而言，石霜楚圓的「責罵」，無庸置疑就是「責罵」；但是，對黃龍慧南的第六識「意識」而言，石霜楚圓的「責罵」，就不是「責罵」了，而是讓第七識「末那識」停止作用的禪宗教育特殊方法。

黃龍慧南一聽到石霜楚圓的反問，心中如同石破天驚一般，驚覺這是師父石霜楚圓的教導方式，所以他當下恍然大悟。

五、黃龍慧南的核心思想

黃龍慧南禪法的核心思想是「黃龍三關」、「一念常寂」、「融合佛道二家」、「自家寶藏」和「轉身一路」等。

（一）黃龍三關

黃龍慧南喜歡用「生緣」、「佛手」、「驢腳」三個問題，來接化學禪者，被稱為「黃龍三關」。

這三個問題是黃龍慧南用來消除學禪者對於「分別對待相」的迷惑執著：

(1)「生緣」意指人人都有「受生轉世的因緣」，但是人人都不知道自己的第七識「末那識」是「假我」；

(2)「佛手」意指人的心性與佛相同，人人都可以修道成佛；

(3)「驢腳」意指人和其他眾生，在本質上都一樣，能夠輪迴六道，也能夠覺悟成佛。

但是，最重要的用意是，黃龍慧南一連串連珠炮似的提出問題，打亂學禪者的思緒，對這三個問題，都無法當下立即做出分析判斷來回答，當下只是目瞪口呆，頭腦一片空白。此時，學禪者正好是處於第六識「意識」停止分析判斷的功能，第七識「末那識」停止作用的時候。

《五燈會元》卷第十七原文：

師室中常問僧曰。人人盡有生緣。上座生緣在何處。正當問答交鋒。卻復伸手曰。我手何似佛手。

又問。諸方參請。宗師所得。卻復垂腳曰。我腳何似驢腳。三十餘年。示此三問。學者莫有契其旨。脫有酬者。師未嘗可否。叢林目之為黃龍三關。師自頌曰。生緣有語人皆識。水母何曾離得蝦。但見日頭東畔上。誰能更喫趙州茶。我手佛手兼舉。禪人直下薦取。不動干戈道出。當處超佛越祖。我腳驢腳竝行。步步踏著無生。會得雲收日卷。方知此道縱橫。總頌曰。生緣斷處伸驢腳。驢腳伸時佛手開。為報五湖參學者。三關一一透將來。

《五燈會元》卷第十七翻譯：

黃龍慧南在禪房中，時常問僧人說：「人人盡有『生緣』。上座『生緣』在何處。」（人人都有「受生轉世的因緣」，你的「受生轉世的因緣」在何處。）。正當僧人要回答問題時。黃龍慧南卻又伸手說：「我手何似『佛手』。（你看我這雙手，跟佛陀的雙手，哪裡不同？）」，然後接著又問僧人說：「諸方參請。宗師所得。（說一說你遊方參學的心得？）」。不等僧人開口回答，黃龍慧南卻又伸出腳問僧人說：「我腳何似『驢腳』。（你看我的腳多麼像驢的腳？）」

三十多年來，黃龍慧南都以這三個問題來詢問學禪者。結果沒有一個學禪者了解這三問是什麼意思？有人嘗試要解答這三問，黃龍慧南卻都沒有表示對或錯，當時的各寺院道場，把這三問稱為「黃龍三關」。

對於這三問，黃龍慧南自己作了一首偈頌：

「生緣有語人皆識。水母何曾離得蝦。但見日頭東畔上。誰能更喫趙州茶。」

●詩偈的大意是說：

人人都有「受生轉世的因緣」，但是人人都不知道自己的第七識「末那識」是「假我」，這就好像是海蝦依附在水母之下生活，但是海蝦不知道水母是空幻的棲息之處一樣。只要你能夠開悟、明心見性，就如同看見太陽從東邊升上來一樣，那麼就不用去參「趙州茶」這個禪門公案。

先解釋一下「趙州茶」，這個禪門公案。

《五燈會元》卷四原文：

師問新到。曾到此間麼。曰。曾到。師曰。喫茶去。又問僧。僧曰。不曾到。師曰。喫茶去。後院主問曰。為甚麼曾到也云喫茶去。不曾到也云喫茶去。師召院主。主應喏。師曰。喫茶去。

《五燈會元》卷四翻譯：

「趙州從諗」禪師問一位新到訪的僧人說：「你以前來過嗎？」

僧人回答說：「曾經來過。」

趙州從諗說：「喝茶去。」

趙州從諗又問另一位僧人說：「你以前來過嗎？」

這位僧人說：「不曾來過。」

趙州從諗也說：「喝茶去。」

後來，寺廟的住持問趙州從諗說：「為什麼曾經來過的僧人，你叫他喝茶去，不曾來過的僧人，你也叫他喝茶去呢？」

趙州從諗呼喚住持，住持回答：「什麼事？」

趙州從諗說：「喝茶去。」

趙州從諗回答二位和寺廟住持的問題，都是「喝茶去。」。不同的問題，卻是相同的答案，一般人都會絞盡腦汁，想要知道原因。殊不知這是趙州從諗故意讓人摸不著頭緒的禪門教育方法。一個人摸不著頭緒時，心中一堆問號：「為什麼會這樣？」，這時候他的第六識「意識」的分析判斷功能就會短暫「當機」，因為無法分析判斷；同時，第七識「末那識」也會短暫停止作用。

對於上等根基的人，此時會短暫與自己的「自性」擦身而過，因而恍然大悟，原來這就是「見性」；對於一般的人，此時只會拼命的想用自己的第六識「意識」，去做分析判斷，想要找出答案。

再回到原文，繼續看下一首偈頌：

「我手佛手兼舉。禪人直下薦取。不動干戈道出。當處超佛越祖。」

●詩偈的大意是說：

當我問，我的手和佛陀的手，哪裡不同時，學禪者當下就用思維去推測，去妄想分別，產生分別心的知見。其實，只要內心不動思慮干戈，不去作分析判斷，一念不生。當下就能夠超過佛陀，越過祖師，也就是「見性」。

接著，看下一首偈頌：

「我腳驢腳竝行。步步踏著無生。會得雲收日卷。方知此道縱橫。」

●詩偈的大意是說：

無論是我的腳，或者是驢的腳，都是一樣的，每一步都是踏上領悟「無生」之路。只要懂得把天上的雲霧和太陽都收藏起來的道理，才會知道真正的佛道是縱橫自在，無所罣礙。

「無生」是指「諸法的實相都無生滅」，所有存在的諸法都無實體，都是因緣合和而生，都是

「空」，故無生滅變化可言。可是，凡夫卻不明白此「無生」的道理，內心生起「生滅」的煩惱，故流轉生死，不斷的在六道中輪迴。

最後，看結論的總頌：

「總頌曰。生緣斷處伸驢腳。驢腳伸時佛手開。為報五湖參學者。三關一一透將來。」

●詩偈的大意是說：

結論這首偈頌：一問「生緣」，立即伸出「驢腳」，伸出「驢腳」時，立即展開「佛手」。為了教導各地的參學者，「生緣、驢腳、佛手」這三關一一顯露學禪的方法。

（二）一念常寂

《黃龍慧南禪師語錄》原文：

一念普觀無量劫。無去無來亦無住。既絕去來。有何新舊。既非新舊。又何須拜賀。特地往來。但能「一念常寂」。自然三際杳忘。何去來之可拘。何新舊之可問。故云。如是了知三世事。超諸方便成十力。

《黃龍慧南禪師語錄》翻譯：

佛經上說，天地從生成到毀滅為一劫。「無量劫」是說天地的生成到毀滅，已經重複了不計其數，無法估算。只要我們一個念頭，普遍觀察「無量劫」。其實時間是無去無來，也沒有停止。既然沒有「去來」的概念，哪來「新舊」的觀念。既然沒有「新舊」的觀念，過年時又何必彼此拜年祝賀，各行往來之禮。只要能夠「一念常寂」，念頭時常清靜，自然能達到「三際杳（一幺ˇ，形容渺茫沉寂）忘」的境界，也就是忘了有「過去、現在、未來」這「三際」的時間概念。哪來「去來」的拘束，哪來「新舊」的分別。所以說，如此便了解知道三世（前世、今世、來世）的事情，超越時空，就能成就「十力」。「十力」是佛陀特有的十種能力，一是「處非處智力」；二是「業異熟智力」；三是「靜慮、解脫、等持、等至智力」；四是「根上下智力」；五是「種種勝解智力」；六是「種種界智力」；七是「遍趣行智力」；八是「宿住隨念智力」；九是「死生智力」；十是「漏盡智力」。

黃龍慧南教導學禪者，要「一念常寂」，念頭時常清靜，自然能達到「三際杳（一ㄠˇ）忘」的境界，也就是忘了有「過去、現在、未來」這「三際」的時間概念，這就是《金剛經》中所說「過去心不可得、現在心不可得、未來心不可得」的「無念而念」的境界。

學禪者只要把「一念常寂」這種認知，運用在生活上，沒有「新舊、去來、生滅」的區別，就能夠逐漸達到「無念」的境界，認識到天地萬物都是「真如常寂」，明白「萬法圓融」的道理，最後達到佛的境界。

那要如何做到「一念常寂」呢？黃龍慧南的教導方法就是「息心」，就是以「般若智慧」來觀照，止息除去執著妄念的心。

《黃龍慧南禪師語錄》原文：

道不假修。但莫汙染。禪不假學貴在息心。心息故心心無慮。不修故步步道場。無慮則無三界可出。不修則無菩提可求。

《黃龍慧南禪師語錄》翻譯：

道不需要刻意持戒修行，但是不可以汙染。禪不需要刻意學習，重點在「止息心識（指第六識「意識」心）」。心識（第六識「意識」心）止了，所以第六識「意識心王（心識的本體）」和「心所（與

「心王」相應的心理狀態）」）都停止思考的功能。所以，道不需要刻意持戒修行，但是每一步都是道場，生活中處處就是修行。既然，思考的功能停止，那麼就沒有所謂的跳出「三界（生死輪迴的世界有三：欲界、色界和無色界）」這件事，不刻意持戒修行，就沒有「菩提（意思是「覺悟」，了解事物的本質，指不昧生死輪迴，從而導致涅槃的覺悟與智慧。）」可以追求。

為什麼說「道不需要刻意持戒修行」呢？因為，「修道」是為了「見自性」，而「自性」卻是人人本來就具有的東西。那你為什麼找不到呢？因為，被你的第七識「末那識」所生起的「妄想執著」所蒙蔽。所以，黃龍慧南才會說不可以汙染「自性」。

黃龍慧南進一步解釋，如何「息心」？

《黃龍慧南禪師語錄》原文：擬心即差。動念即乖。不擬不動。土木無殊。

《黃龍慧南禪師語錄》翻譯：

心識（指第六識「意識」心）產生揣測、估計、衡量的想法，就是偏差；心識動了念頭，就違背了「息心」的意思。要「息心」，必須做到心識不揣測、不估計、不衡量的想法，以及心不動念頭，和土石、樹木沒有兩樣。

學禪者的心識，只要一起心動念，就染著妄想分別，就不是「息心」。所以，要消除學禪者的妄想分別，只有達到無分別心的心理狀態，才能隨緣任運。而要達到無分別心的心理狀態，只有讓第六識「意識」的分析判斷功能停止。

黃龍慧南更進一步說明，要如何「息心」？

《黃龍慧南禪師語錄》原文：

心王不妄動。六國一時通。罷拈三尺劍。休弄一張弓。

《黃龍慧南禪師語錄》翻譯：

八識心王（八個心識）不任意亂動，一時間六根就會相通。停止拿起三尺劍，不要把玩一張弓。

八個心識（眼識、耳識、鼻識、舌識、身識、意識、末那識、阿賴耶識）的識體自身稱為「心王」，所以有八個「心王」，「心王」是「精神作用的主體」。

「六國」指「六根」，「根」為認識器官的意思。「六根」是六種感覺器官，即「眼根（視覺器官與視覺能力）」、「耳根（聽覺器官及其能力）」、「鼻根（嗅覺器官及其能力）」、「舌根（味覺器官及其能力）」、「身根（觸覺器官及其能力）」和「意（思惟器官及其能力）」。

只要八識心王「息心」，六根就會同時相通，因為「息心」就是停止八個心識，沒有「心識」的作用，就沒有「六根」的存在，「六根」清淨方為道。

「停止拿起三尺劍（古劍長三尺），不要把玩一張弓。」是說心裡不要想著拿劍玩弓，也就是「不要起心動念」的意思。

黃龍慧南再詳細說明，要如何「息心」？

《黃龍慧南禪師語錄》原文：

智海無風。因覺妄以成凡。覺妄元虛。即凡心而見佛。

《黃龍慧南禪師語錄》翻譯：

「智海無風」是說「智海（自性）」本來「無風（清淨）」，眾生本來都有先天的本有「自性」，其心體本性是本來清淨的覺體，稱為「本覺」。卻因為「本覺」被「妄想執著」所蒙蔽，所以一直沒有發現這個「本覺（自性）」，而變成凡夫。「本覺」被「妄想執著」所欺騙迷惑（「元虛」本指道家玄妙虛無的道理，後藉指用以欺騙迷惑別人的手段，類似「花招」的意思。），所以修道別無他法，只要息滅妄念執著，使凡心不動，心常寂靜，便可以在當下凡心之中，體悟「自性」，見其清淨，而見性成佛。

眾生的「自性」本來是清淨的，卻被「妄想執著」所蒙蔽，所以一直沒有發現這個「自性」，而變成凡夫。所以，修道的方法，只要從第六識「意識」下手，息滅妄念執著，使凡心不動，便可以在當下體悟「自性」，而見性成佛。

黃龍慧南提示「息心」的重點：「截斷兩頭」。

《黃龍慧南禪師語錄》原文：

夫出家者。須稟大丈夫決烈之志。截斷兩頭。歸家穩坐。然後大開門戶。運出自己家財。

《黃龍慧南禪師語錄》翻譯：

要出家的人，必須承受大丈夫決裂的意志，不落兩邊，截斷分別心，返本（歸家）見性，然後「見性成佛（大開門戶）」，弘法利生（運出自己家財）。

黃龍慧南認為，學禪無須外求，重要的能做到使我們的第六識「意識」不要生起「妄想分別心」，斷除我們眾生的「攀緣心」，也就是「息心」。

黃龍慧南的思想，是以「性空論」和「緣起論」為基礎：

(1)「性空論」是說：一切諸法都是因緣所生，其性本空，都沒有「真我」。

(2)「緣起論」是說：一切有為諸法，都是因種種因緣和合而成立。

黃龍慧南的這些思想，與六祖惠能在《六祖壇經》裡的一首偈頌：「菩提只向心覓，何勞向外求玄。聽說依此修行，西方只在目前。」是一致的。這四句偈頌告訴我們，所謂修行，並不是在形式上的作為，重要的是在日常生活中去實踐佛法、體悟佛法，才能與道相應。

（三）融合佛道二家

黃龍慧南對「道」的定義，有三種：

(1)「道」是一種恆常不變的存在。

《禪林寶訓》原文：

黃龍曰。古之天地日月。猶今之天地日月。古之萬物性情。猶今之萬物性情。天地日月固無易也。萬物性情固無變也。道胡為而獨變乎。

《禪林寶訓》翻譯：

黃龍慧南說：「古代的天地日月，仍舊是現在的天地日月。古代萬物的稟性和氣質，仍舊是現在萬物的稟性和氣質。天地日月堅固沒有變易，萬物的稟性和氣質，也是堅固沒有變易，那『道』為什麼會獨自變易呢？」。

《黃龍慧南禪師語錄》原文：

日從東邊出。月向西邊沒。一出一沒。從古至今。汝等諸人。盡知盡見。毘盧遮那。無邊無際。日用千差。隨緣自在。汝等諸人。為甚不見。蓋為情存數量。見在果因。未能逾越聖情。超諸影迹。若明一念緣起無生。等日月之照臨。同乾坤而覆載。若也不見。牢度大神惡發把爾腦一擊粉碎。

《黃龍慧南禪師語錄》翻譯：

太陽從東邊出來，月亮向西邊沒落，一出來一沒落，從古代到現在，你們這些人都知道，也都看見。「毘盧遮那（為佛之報身或法身，意譯遍一切處、遍照、光明遍照、大日遍照。）」沒有邊際範圍，每天都在作用，差別卻很大，隨緣自在。你們這些人為什麼看不見「毘盧遮那」，是因為執著情識，陷在因果輪迴裡，不能超過聖情，超過所有的影迹。假如明白一念是起源於無生，就等同於日月的照射，等同於乾坤和天地。假如不明白這個道理，看守兜率天宮內院的「牢度跋提大神」會動怒把你的腦袋一擊粉碎。

黃龍慧南把古人所看見的日月升落，和當時人們所看見的日月，來比喻「自性」的不變。黃龍慧南說明「毘盧遮那（法身，自性）」的光明，和日月的光芒一樣，遍照一切大地萬物，無邊無際。雖然說日用千差，但是亙古不變，隨緣自在。眾生看不見「毘盧遮那（法身，自性）」的原因，就是因為執著情識，不能超過聖情，超過所有的影迹。如果能做到一念緣起無生的境界，就等同於日月的照射，等同於乾坤和覆載。

(2)「道」是無始無終的，是不可以用言語來表達的。

《黃龍慧南禪師語錄》原文：道無疑滯。法本隨緣。事豈強為。

《黃龍慧南禪師語錄》翻譯：

道是無始無終的，萬法原來是隨緣而成的，事情難道可以勉強作為的嗎？

黃龍慧南認為「道無疑滯」，意思是說，「道」是無始無終，無前無後，無形無狀。

《黃龍慧南禪師語錄》原文：

大道無中。復誰前後。長空絕迹。何用量之。空既如是。道豈言哉。

《黃龍慧南禪師語錄》翻譯：

「大道」無內無外，無前無後。遼闊的天空，斷絕蹤跡，不用測量它。遼闊的天空既然不可測量，「大道」難道可以用言語來表達嗎？

黃龍慧南認為「道」是無內無外，無前無後，像「空」一樣，沒有界限，沒有踪跡，所以沒有辦法測量。眾生沒有體悟到「道」的存在，所以很難用語言來描述。

(3)黃龍慧南所說的「道」，很接近老莊思想的「道」。

黃龍慧南所說的「大道」，雖然是指「佛性」，但是卻與老子和莊子的思想很接近。

老子和莊子思想的核心是「道」，認為「道」是天地萬物的法則，「道」是天地萬物之母，「道」是宇宙萬物存在的自然規律。

老子《道德經》原文：

有物混成，先天地生。寂兮寥兮，獨立而不改，周行而不殆，可以為天下母。吾不知其名，字之曰道。

老子《道德經》翻譯：

有一個渾然一體，自然形成的東西，在天地形成之前就生出。寂靜啊，冷清啊，它獨自永恒存在，卻從來不曾改變；它不停的循環運行，而不會疲乏；它可以說是天下萬物的根源，可以做為養育天地萬物的母親。我不知到它的名字，把它叫做「道」。

《莊子》大宗師原文：

夫道，有情有信，無為無形；可傳而不可受，可得而不可見；自本自根，未有天地，自古以固存；

神鬼神帝，生天生地；在太極之先而不為高，在六極之下而不為深；先天地生而不為久，長於上古而不為老。

《莊子》大宗師翻譯：

「道」是真實又確實可信的，它又是無為和無形的；「道」是可以傳承，卻不可以口授；「道」是可以領悟，卻不可以看見；「道」的本自身就是本、就是根。自遠古還未出現天地的時候，「道」就已經存在；「道」生出神鬼和神帝，生出天地；「道」在太極之前，卻不算高；「道」在六極之下，卻不算深；「道」先於天地存在，卻不算久；「道」長於上古，卻還不算老。

在黃龍慧南思想中的「佛性」，和道家老莊思想的「自然本體」很接近。因此，黃龍慧南融合佛道二家的思想，這是黃龍慧南思想中的一個特點。

（四）自家寶藏

黃龍慧南為了引導眾生能領悟「自性」，引用越州「大珠慧海」參見「馬祖道一」的公案，來進一步的說明如何悟到「自性」。

《黃龍慧南禪師語錄》原文：

舉越州大珠和尚。昔日參見馬祖。祖問爾來作什麼。珠云。來求佛法。祖云。爾為什麼。拋家失業。何不迴頭認取自家寶藏。珠云。如何是自家寶藏。祖云。祇如今問者是。爾若迴頭。一切具足。受用不盡。更無欠少。珠於是求心頓息。坐大道場。師云。汝等諸人。各有自家寶藏。為什麼不得其用。祇為不迴頭。擊禪床。

《黃龍慧南禪師語錄》翻譯：

越州「大珠慧海」禪師（洪州宗馬祖道一的門下弟子）過去曾經來參見「馬祖道一」禪師。

馬祖道一問道：「你來作什麼？」

大珠慧海回答：「來求佛法。」

馬祖道一說道：「你為什麼要拋棄家庭，失去事業呢？何不回頭認識取用你自己的寶藏。」

大珠慧海回答：「什麼是自家寶藏？」

馬祖道一說道：「你現在問我的，就是你的寶藏。你如果懂得回頭，一切都具足，受用無窮盡，更無欠缺少了什麼。」

於是馬祖道一教導大珠慧海禪坐，把心念暫時停止，坐於大道場之中。

馬祖道一說道：「你們這些人，各自有自己的寶藏，為什麼自己得不到呢？只因為不回頭的緣故。」

馬祖道一說完，就敲擊禪床，大珠慧海當下頓悟。

馬祖道一所說的「自家寶藏」，就是指眾生的「自性」。雖然人人都有「自性（佛性）」，但是為什麼凡夫眾生不能在「自性（佛性）」上起作用呢？

馬祖道一告訴大珠慧海，因為凡夫眾生都向外尋求「自性（佛性）」，大家都不肯回頭。如果凡夫眾生能夠回心返照「自家寶藏（自性）」，就會發現原來自己一切具足，而且受用不盡。

馬祖道一說：「爾若迴頭。一切具足。受用不盡。更無欠少。」這一句話和六祖惠能開悟後所說的偈語一樣。

《六祖壇經》原文：

惠能言下大悟，一切萬法，不離自性。遂啟祖言：「何期自性，本自清淨；何期自性，本不生滅；何期自性，本自具足；何期自性，本無動搖；何期自性，能生萬法。」

《六祖壇經》翻譯：

五祖弘忍為六祖惠能解說《金剛經》，當講解到「應無所住而生其心」時，六祖惠能當下大悟，原來一切萬法，都不離「自性」。就對五祖弘忍說：「我真沒想到，這個自性，本來是不垢不淨的，本來就是清淨的；我真沒想到，自己本性，原來是不生不滅的；我真沒想到，這個自性原來就是具足，無欠無缺的；我真沒想到，眾生的自性，都是不動不搖的；我真沒想到，自性能夠生出萬法來。」

黃龍慧南引用馬祖道一和大珠慧海的這則公案，目的是要勸導學禪者，只要能夠回心返照，就能享受自家的寶藏（自性）。

那要如何做，才能夠做到馬祖道一所說的「爾若迴頭」呢？在公案裡，馬祖道一教導大珠慧海禪坐，把心念暫時停止。然後，馬祖道一說道：「你們這些人，各自有自己的寶藏，為什麼自己得不到呢？只因為不回頭的緣故。」話一說完，就敲擊禪床，大珠慧海當下頓悟。

這個過程和六祖惠能渡化惠明的過程是一樣的：

《六祖壇經》原文：

惠明作禮云：「望行者為我說法。」惠能云：「汝既為法而來，可屏息諸緣，勿生一念，吾為汝說。」明良久，惠能云：「不思善，不思惡，正與麼時，哪個是明上座本來面目？」惠明言下大悟。

《六祖壇經》翻譯：

惠明向六祖惠能行禮說：「請行者為我解說佛法。」六祖惠能說：「你既然是為佛法而來，你可以排除一切的俗緣心念，不要產生一點俗念，我就為你講說佛法。」惠明靜坐沉思了很久，六祖惠能對他說：「不思想善，也不思想惡，此時此刻，哪個是惠明上座的本來面目呢？」惠明一聽完話，立刻覺悟。

大珠慧海和惠明兩個人，大珠慧海是「求心頓息」；惠明是「屏息諸緣，勿生一念。」，這兩個動作的目的，都是讓第六識「意識」的「分析判斷」功能停止。

馬祖道一對大珠慧海說：「汝等諸人。各有自家寶藏。為什麼不得其用。祇為不迴頭。」並且做一個敲擊禪床的動作；六祖惠能對惠明說：「不思善，不思惡，正與麼時，哪個是明上座本來面目？」。

這兩個動作的目的，都是讓第七識「末那識」停止作用，短暫見到「自性」。

（五）轉身一路

《黃龍慧南禪師語錄》原文：

摩尼在掌。隨眾色以分輝。寶月當空。逐千江而現影。諸仁者。一問一答。一棒一喝。是光影。一明一暗。一擒一縱。是光影。山河大地是光影。日月星辰是光影。三世諸佛一大藏教。乃至諸大祖師。天下老和尚。門庭敲磕。千差萬別。俱為光影。且道何者是珠。何者是月。若也不識珠之與月。念言念句。認光認影。猶如入海算沙。磨磚作鏡。希其數而欲其明。萬不可得。豈不見道。若也廣尋文義。猶如鏡裡求形。更乃息念觀空。大似水中捉月。衲僧到此。須有「轉身一路」。若也轉得。列開捏聚。無非大事現前。七縱八橫。更無少剩之法。若轉不得。布袋裡老鴉。雖活如死。

《黃龍慧南禪師語錄》翻譯：

「摩尼珠（自性）」握在手掌中，它會隨著所對應物體的顏色，而顯現它的顏色。明月在天空，跟隨著千江河而顯現光影。各位弟子！一問一答，一棒一喝，都是光影；一明一暗，一擒一縱，都是光影；山河大地是光影，日月星辰是光影，三世諸佛一大藏教，甚至所有的大祖師，天下的老和尚，禪宗派別的推敲琢磨，雖然差別很大，各不相同，但都同樣是光影。

何況認為哪個是「摩尼珠」呢？哪個是「明月」呢？假如不知道「摩尼珠」和「明月」的意義，只會執著在文字語言上，去分別判斷哪個是「光」？哪個是「影」，這就好像是進入海中去計算海沙的數量，徒勞無功；好像是要把磚石磨成鏡子，這是不可能的事情。渴望從佛經的經文中，去明白「佛性（自性）」是什麼？這是絕對不可能的事情，絕對不可能明白「道」的內涵。假如到處尋找解釋「道」的文章講義，這就好像是想求得鏡子裡的東西一樣。

更有人用「止息念頭觀空」的方法，這就好像是在「水中捉月」一般。學禪者到這個時候，必須懂得「轉身一路」的方法，假如懂得「轉身」，能夠化一為無量，化無量為一，不外是脫離生死的大事顯現在眼前，收放自如，更沒有其他的法門；假如不懂得「轉身」，就好像裝在布袋裡的老鴉，雖然還活著，卻如同死去一般。

「摩尼珠」又稱為「如意寶珠」，是佛教和印度教經典中所記載的，能如自己的意願變化出物品的珍寶，而且有除病、去苦等功德的寶珠。

「摩尼珠」有個特色，它沒有自己的顏色，它會隨著所對應物體的顏色，而顯現它的顏色。這個特性被用來比喻「佛性（自性）」本來是空，隨緣顯現諸相。

黃龍慧南用「摩尼珠」來比喻「自性」，指導學禪者認識本體。黃龍慧南把「自性」比喻為「摩尼珠」，「萬物現像」比喻為「影」。「摩尼珠」沒有自己的顏色，而是隨萬物而顯現顏色。如天上的

「明月」一樣，是隨的「千江」而顯現影子。

這是說明，「自性」本體與「萬物」顯現，是很難區分的，是唯一不二的關係。如果學禪者不明白「自性」和「道」，就如同不明白什麼是「摩尼珠」和「明月」一樣。那樣只是執著佛教的言教，就如「入海算沙，磨磚為境」，是徒勞無功的。

釋迦牟尼佛和歷代祖師們的千言萬語，都是為了讓眾生認識「自性」和「道」，學禪者千萬不要執著在經文和言論中，不要被萬物的假相所迷惑。

另外，黃龍慧南提到「轉身一路」的禪修方法，什麼是「轉身一路」？他有另做詳細說明。

《黃龍慧南禪師語錄》原文：

擬心即差。動念即乖。不擬不動。土木無殊。行腳人。須得「轉身一路」。遂拈拂子云。遮箇是山僧拂子。汝等諸人。作麼生轉。若也轉得。一為無量。無量為一。若轉不得。布袋裡老鴉。雖活如死。

《黃龍慧南禪師語錄》翻譯：

內心有揣度、估量的心念就錯了，心中動了念頭，就違背禪定的目的。但是，內心不揣度、估量，不動念頭，就和土石、木頭一樣。所以，學禪者還必須要懂得「轉身一路」的方法。此時，黃龍慧南就拿起拂塵繼續說法，這個是山僧的拂塵，你們這些人要懂得「轉身一路」的方法。假如懂得「轉身」，就會明白「自性」之中，能夠化一為無量，化無量為一；假如不懂得「轉身」，就好像裝在布袋裡的老鴉一樣，雖然是活著，卻如同死了一般。

「擬心即差。動念即乖。不擬不動。土木無殊。」這是黃龍慧南教導的禪定學理。然後他話鋒一轉說：「行腳人。須得轉身一路。」接著做了一個動作「遂拈拂子」接著說：「遮箇是山僧拂子。」這個動作和這句話，就是黃龍慧南教導弟子禪定的祕法。

黃龍慧南拿起拂塵說：「這個是山僧的拂塵。」這個動作和這句話，是很突兀的，莫名其妙的。我們想像一下當時的場景，黃龍慧南在場的弟子們，正在專心聽師父說禪法，突然間黃龍慧南拿起拂塵說：「這個是山僧的拂塵。」一定會頓時覺得迷惑。

殊不知，這個動作和這句話，是黃龍慧南故意的做法。目的正是要打斷眾弟子第六識「意識」的思維，停止分析判斷的功能，這就是「轉身一路」的祕法。

六、「黃龍派」的法脈傳承

黃龍慧南著有《黃龍慧南禪師語錄》、《語要》、《書尺集》及《黃龍慧南禪師語錄續補》各一卷行世。

黃龍慧南的門下傳承弟子有八十三人，其中「黃龍祖心」、「寶峰克文」和「東林常總」等人，門葉繁茂，法流最廣，形成了「黃龍」一派。宋版大藏經的成立，「黃龍派」出力最多。

「黃龍祖心」在「黃龍慧南」示寂後，繼任為住持，法嗣有四十七人，而以「黃龍悟心」、「靈源惟清」為上首。

其中，「靈源惟清」的法嗣為「長靈守卓」，再傳法嗣為「無示介諶」，三傳法嗣為「心聞曇賁」，四傳法嗣為「天童經瑾」，五傳法嗣為「虛庵懷敞」。「虛庵懷敞」住於天台「萬年寺」，傳法於日本臨濟宗之祖，「建仁寺」的開山祖師「明庵榮西」。

「黃龍派」除了「黃龍祖心」系的「靈源惟清」，六傳於日本「明庵榮西」而傳到國外之外，「寶峰克文」系和「東林常總」系大多只傳一、二世就絕亡。「黃龍派」從興起到衰歇，只有一百七十年而已。

五家七宗之「楊岐派」

一、「楊岐派」簡介

「楊岐派」是禪宗五家七宗之一，是禪宗五家「臨濟宗」下面的一個支派，由於此派的創始人「楊岐方會」在袁州楊岐山「普通寺」（今江西省萍鄉市上栗縣楊岐山壽桃峰下）舉揚一宗家風，後世就稱其為「楊岐派」。「楊岐派」後傳到南宋「大慧宗杲」，大倡「話頭禪」，成為禪宗主流。

「楊岐派」和「黃龍派」同時興起，後來「黃龍派」法脈斷絕，「楊岐派」恢復了「臨濟宗」的名稱。中國禪宗後期的歷史，可以說是「臨濟宗」的歷史，而「臨濟宗」後期的歷史，也可以說是「楊岐派」的歷史。

「楊岐派」的禪法在宋、元兩代傳入日本，在日本鎌倉時代，日本禪宗二十四派中，有二十派都出自於「楊岐派」法系。

「楊岐派」的法脈傳承：

(1)六祖惠能→(2)南嶽懷讓→(3)馬祖道一→(4)百丈懷海→(5)黃蘗希運→(6)臨濟義玄（臨濟宗初祖）→(7)石霜楚圓→(8)楊岐方會

二、楊岐方會的生平

《五燈會元》卷第十九翻譯：

「楊岐方會」是袁州宜春（今屬江西）人，俗姓冷，年少時機靈聰敏。到了成年，不喜歡從事著述寫作。後來幫人掌管稅務，卻失職要受處罰，就連夜潛逃到瑞州（今江西上高縣徐家渡鎮）的九峰山。楊岐方會感覺好像曾經來過此地，留戀不忍離去，於是就落髮為僧人。每次讀佛經，能夠心神融會貫通，領悟明白。楊岐方會能屈己禮賢，拜見高僧。

「慈明（即「臨濟宗」的「石霜楚圓」，一名慈明。）」自「南源（今福建省建甌市東峰鎮南源村）」遷移到「道吾（今湖南省長沙市瀏陽市城北）」的石霜山，楊岐方會參拜慈明，都在旁輔助，總管寺院的所有事情。雖然楊岐方會隨侍在慈明的身旁很久，但是都沒有開悟。楊岐方會每次參見慈明，慈明都說：「管理財務的人事情繁忙，你暫時去忙。」改天楊岐方會又參見，慈明說：「寺院中掌管事務工作的人，從前兒孫到處都是，為何要這麼忙呢？」

有一天，慈明恰巧外出，忽然下起雨來。楊岐方會在小路上暗中跟著慈明，楊岐方會看到慈明，便上前扭住說：「你這老漢今日必須對我說清楚禪法，不說就打你。」

慈明說：「監寺（寺院中掌管事務工作的僧侶）想知道這個（自性），卻執著流連在這件事上，應該立即停止想知道這個（自性）的念頭。」

慈明話還沒說完，楊岐方會就恍然大悟，當下立即跪在泥濘的山路上禮拜慈明。

楊岐方會問道：「和仇人相遇時（比喻煩惱來時），要如何處置？」

慈明回答說：「你暫時躲避，煩惱來時，就任煩惱去。」楊歧方會於是獨自回到寺院。

三、楊歧方會的核心思想

楊歧方會禪法的核心思想是「腳跟下」、「不可執著言語文字」、「心法雙忘」和「立處即真」等。

（一）腳跟下

在《楊歧方會和尚語錄》裡，提到十一次的「腳跟下」。

《楊歧方會和尚語錄》原文：

(1)師乃云。霧鎖長空風生大野。百草樹木作大師子吼。演說摩訶大般若。三世諸佛在爾諸人「腳跟下」轉大法輪。若也會得。功不浪施。若也不會。莫道楊歧山勢嶮。前頭更有最高峰。

(2)進云。未審作麼生看。師云。「腳跟下」。

(3)師問僧。敗葉堆雲朝離何處。僧云觀音。師云。觀音「腳跟下」一句作麼生道。僧云。適來已相見了也。師云。相見底事作麼生。僧無語。

(4)僧問。如何是佛。師云。賊是人做。師乃云。萬法是心光。諸緣惟性曉。本無迷悟人。只要今日了。山河大地。有什麼過。山河大地。目前諸法。總在諸人「腳跟下」。自是諸人不信。可謂古釋迦不前。今彌勒不後。楊歧與麼。可謂買帽相頭。

(5)復云。天堂地獄。罩卻汝頭。釋迦老子。在爾「腳跟下」。
(6)進云。一句已蒙師指示。今日得聞於未聞。師云。「腳跟下」一句。作麼生道。
(7)僧云。拈卻佛殿。去卻案山。「腳跟下」。去西天有多少。師云。楊歧被爾問倒。
(8)彌勒向諸人「腳跟下」。助爾諸人說般若。若也知得。去拈鼻孔。向缽盂裡。道將一句來。如無。山僧失利。
(9)璉云。齋後離南源。師云。「腳跟下」一句。作麼生道。
(10)僧云。和尚幸是大人。師云。「腳跟下」一句。作麼生道。
(11)僧云。齋後離南源。師云。「腳跟下」一句。作麼生道。

楊歧方會所說的「腳跟下」，是說：悟「道（自性）」無他法，「道（自性）」在自己的身內，「悟」要從自己心內做起；也就是停止自己第六識「意識」分析判斷的功能。

楊歧方會的一句「腳跟下」，就讓弟子當下「愕然、愕住、困惑」，目的就是在停止弟子第六識「意識」分析判斷的功能。

（二）不可執著言語文字

《楊歧方會和尚語錄》原文：

上堂云。百丈把火開田說大義。是何言歟。楊歧雨日種禾。亦有箇奇特語。乃云。達磨大師無當門齒。

上堂。楊歧一要。千聖同妙。布施大眾。拍禪床一下云。果然失照。

上堂。楊歧一言。隨方就圓。若也擬議。十萬八千。下座。

上堂。楊歧一語。呵佛叱祖。明眼人前。不得錯舉。下座。

上堂。楊歧一句。急著眼覷。長連床上。拈匙把箸。下座。

《楊歧方會和尚語錄》翻譯：

上課，楊歧方會說：「『百丈惟政』要弟子開闢田地，他就說佛法大義，這個典故是什麼意思呢？我楊歧兩天種植穀類，也有一個奇特的言語。」於是說：「『達磨大師』沒有門牙。」。

這一段話包含二個典故：「百丈開田」和「達磨無門齒」。

首先，說明「百丈開田」的典故，在歷史上，有三位禪師，同號「百丈」，因為時代很接近，常常被混為一談。第一位是「百丈懷海」，第二位是「百丈懷海」的師兄「百丈惟政」，第三位是「百丈懷海」的弟子「百丈法政」。在這個「百丈開田」典故裡的「百丈」，是指「百丈惟政」。「百丈惟政」為「馬祖道一」的門下弟子，因「野鴨子」而開悟。

《景德傳燈錄》卷第九原文：

洪州百丈山惟政禪師

一日謂僧曰。汝與我開田了。我為汝說大義。僧開田了。歸請師說大義。師乃展開兩手。

《景德傳燈錄》卷第九翻譯：

洪州百丈山惟政禪師

有一天百丈惟政告訴僧人說：「你替我開闢田地，我就為你解說佛法大義。」

僧人開闢好田地，回來請百丈惟政解說佛法大義，百丈惟政卻伸出兩手。

百丈惟政要解說佛法大義，卻伸出兩手，什麼話都沒說。想想這位可憐的僧人，滿心期待要聽師父解說佛法大義，卻只看到師父伸出兩手。當下這位僧人一定滿腦子的問號，愣在那邊。

殊不知，百丈惟政真的是在解說佛法大義，他在截斷這位僧人的思維，也就是停止這位僧人的第六識「意識」的分析判斷功能，讓他的第七識「末那識」停止作用。

接著，說明「達磨無門齒」的典故，

《達摩寶傳》上卷原文：

卻說老祖（達摩祖師）歌畢。不免去到金陵。王舍城中。黃花山。神光（二祖慧可）在此講經說法四十九年。人天百萬聽講。老祖到此。果見講的天花亂墜。地湧金蓮。泥牛過海。木馬嘶風。

神光偶然見得新來一位和尚。不免問他一問。老僧從何而來。祖曰。不遠而來。神光曰。既然不遠。往日未見來此。祖曰。不得空閒。一要上山採靈藥又要下海取寶珍。修造無縫塔一座。只因功果未完成。今日偷閒來到此。聽爾慈悲講經文。

神光聽這和尚說。要聽講經。即將經卷。展開細說。祖曰。你說的是甚麼。神光曰。我說的是法。祖曰。法在那裡。曰。法在經書上。祖曰。黑的是字。白的是紙。如何有法。你既說紙上有法。我且畫一紙餅。與你充飢。神光曰。紙餅如何充飢。祖曰。既然紙餅不能充飢。你說的紙上佛法。怎能了得生死。本屬無益。與我拿去燒了。神光曰。我講經說法。度人無量。怎說無益。你豈不是輕賤佛法。罪莫大焉。祖曰。我非輕賤佛法。乃你自己輕賤佛法。全不究佛之心印真法。執著經書說法。可謂不明佛法也。

神光曰。我既不明。請你來登台說法。祖曰。無法可說。單言一字耳。我西來有一個字。要須彌山為筆。四海水磨墨。天下為紙。難寫得下我這一個字。更難畫得下我這個形像。看又看不見。描又描不成。有人識得這一字。寫得這圖形。並絲毫不掛。方能超生死。本來無形象。四季放光明。有人識得玄中妙。便是龍華會上人。偈曰：達摩原來天外天。不講佛法也成仙。萬卷經書都不用。單提生死一毫端。神光原來好講經。智慧聰明廣傳人。今朝不遇達摩度。難超三界了死生。達摩西來一字無。全憑心意用功夫。若要紙上尋佛法。筆尖蘸乾洞庭湖。

神光聽畢。心中大怒。手執鐵索珠。迎面打來。遂打落老祖門牙二個。祖欲吐出。不忍此地要遭三載大旱。祖欲吞下腹內。又恐破了五臟之戒。只得忍耐。口含齒血。往西而去。

故事的最後一段是說：神光一聽完，心中大怒，就用鐵製的念珠向達摩祖師的臉上打去。達摩祖師被打掉兩顆門牙，達摩祖師本來想要把兩顆門牙吐出來。因為達摩祖師是修成正果的聖人，吐出聖人的牙齒，那裡就會有三年大旱。達摩祖師不忍心此地要遭三年大旱，又想要吞下肚內，卻又恐怕破了葷戒，只好忍耐，口含牙齒和血水，往西而去。

了解「百丈開田」和「達磨無門齒」這二個典故之後，我們再回到楊歧方會所說的話。

楊歧方會說：「百丈惟政要弟子開闢田地，他就說佛法大義，這個典故是什麼意思呢？我楊歧兩天種植穀類，也有一個奇特的言語。」於是說：「達磨大師沒有門牙。」」。

這句「達磨大師無當門齒」的意思是說：達磨大師傳承下來的禪法宗旨，是不執著在言語上的。「沒有門齒」，說話就會口齒不清。

這句話主要是針對當時流行的「文字禪」和「公案禪」，學禪者大多在言語文字上思考琢磨。楊歧方會要求學禪者不可執著在言語文字上，應該直透心源，悟徹本心

再繼續下一段的翻譯。

上課，楊岐方會說：「『楊岐一要』，我傳授的這個訣竅要門，與千個聖人傳授的的要門，同樣奧妙。可是，要把這個訣竅要門傳授給你們。」楊岐方會拍禪床一下，繼續說道：「結果和我所預料的一樣，就必然要失真。」

上課，楊岐方會說：「『楊岐一言』，雖然我所說的話，都是順應形勢和情況去變化。假如你們一直在揣測討論我所說的話，那就和我傳授的這個訣竅要門，差距很大，下課。」

上課，楊岐方會說：「『楊岐一語』，雖然我平時說話，怒聲責罵佛，大聲斥責祖師，目的是要除去一般人對外境的攀緣執著。但是，在了解禪法的人的面前，就不能這樣做了，下課。」

上課，楊岐方會說：「『楊岐一句』，如果你要來領悟我所說的語句，那麼你急著用眼睛來偷看，我正在床上，用手指拿著湯匙，握住筷子吃飯呢。『禪法』就是那麼平淡又奧妙，下課。」

楊岐方會的這五堂課，都是叫弟子要當下直接體會，不可以用思維去揣測分別。因為，「禪法」是必須要親自去體會悟證的，「如人飲水，冷暖自知。」假如你還沒有悟道，那麼禪師對於禪境怎麼解說都不對；一旦你開悟了，那麼所見之處，到處都是「禪法」。

（三）心法雙忘

《楊岐方會和尚語錄》原文：

心是根。法是塵。兩種猶如鏡上痕。痕垢盡時光始現。心法雙忘性即真。

《楊岐方會和尚語錄》翻譯：

「心」是根，「法」是塵，兩種就好像鏡子上的痕跡，只有當痕垢除盡時，「自性光」才會開始顯現，只有「心」和「法」都忘卻，「自性」才會顯現，回到「真如」的狀態。

「心」即第八識「阿賴耶識」，既可集諸法種子，又可生起諸法；「法」即第六識「意識」所能思及的一切；「真如」即一切萬法都是因緣而生起，故無獨立的自性，故是空，這是諸法的本質。

「心法雙忘」即是「真如」，只有「心」和「法」都消失，「自性」才會顯現，回到「真如」的狀態。

楊歧方會說明學禪者不可執著於「心」和「法」，「心法雙忘」的「忘」，不是我們常說的「忘記」，而是讓我們的「心」處於不執著、不分別對待的狀態，恢復本有的本性。

(四)立處即真

「立處即真」意思是：在任何情況下，行為處事都要符合真性之理。

《楊歧方會和尚語錄》原文：

諸供養中法供養最勝。若據祖宗令下。祖佛潛蹤天下黯黑。豈容諸人在者裡立地。更待山僧開兩片皮。雖然如是。且向第二機中。說些葛藤繁興大用。舉步全真既立名。真非離真而立。「立處即真」。者裡須會。當處發生隨處解脫。此喚作鬧市裡上竿子。是人總見。

《楊歧方會和尚語錄》翻譯：

在所有「供養」中，「法供養」最好。假如根據祖師們的法令，釋迦牟尼佛沒有傳佛法，那天下將是一片黯黑，哪裡能允許眾人在這裡站著，哪裡能等待山僧開闢兩塊農地。雖然是如此，暫且朝向「第二機」中，說一些葛藤繁多興盛的重要用處。為了說明天然的「自性」，取名為「真」，「真(自性)」不是因為有「真」這個名相而存在，而是「立處即真(在任何情況下，行為處事都要符合真性之理。）」。眾人必須領會這個道理，當下發生，隨處解脫。這叫做「鬧市裡上竿子」，這個人終究會看見。

「第一機」是佛法的第一義「真如本體」，是絕對不可言說的。但是，為了讓學禪者理解領悟，只好在「第二機」中，用語言的解說，來描述「真如本體」。

當我們看到事相時，能夠了解它是緣起緣滅，無真實體性。因此，內心不會生起妄想、執著、分別，不因流言蜚語而困惑，不隨煩惱而困擾，在任何情況下，行為處事都要符合真性之理，這就叫做「立處即真」。

四、「楊歧派」的法脈傳承

「楊歧派」的法脈傳承：

⑴六祖惠能→⑵南嶽懷讓→⑶馬祖道一→⑷百丈懷海→⑸黃蘗希運→⑹臨濟義玄（臨濟宗初祖）→⑺石霜楚圓→⑻黃龍慧南

「楊歧方會」著有《楊歧方會和尚語錄》、《楊歧方會和尚後錄》各一卷。嗣法弟子有十二人，以「白雲守端」、「保寧仁勇」為上首，後有再傳弟子「五祖法演」及其弟子「佛果克勤」等。

「楊歧派」後代的傳承如下：

「楊歧方會」為楊歧一世，

二世為「白雲守端」

三世為「五祖法演」
四世為「佛果克勤、佛鑑慧勤、佛眼清遠」
五世為「大慧宗杲、虎丘紹隆」
六世為「西禪鼎需、育王德光、應庵曇華」
七世為「密庵咸傑、靈隱之善、北澗居簡」
八世為「靈隱崇岳、破庵祖先」
九世為「雲峰妙高、晦機元熙、元叟行端、無準師範」
十世為「雪巖祖欽、斷橋妙倫」
以上為北宋到元初，「楊歧派」傳承的概略。

楊歧方會在世之時，法脈並不廣。到了四傳，有「三佛」美譽的「佛果克勤、佛鑑慧勤、佛眼清遠」時期，宗風才大振，是「臨濟宗」的全盛時期，那時為北宋末年。

到了五傳，「佛果克勤」有二大弟子「大慧宗杲」和「虎丘紹隆」，成為傳承「楊歧」法脈的主力，二人大力推動「楊歧派」，使「楊歧派」廣被天下，當時為南宋初期。

南宋之後，「臨濟宗」的傳承與弘揚，便由「楊歧派」來承擔。此時的「溈仰宗」和「法眼宗」，早已絕傳，只剩存「曹洞宗」、「雲門宗」和「臨濟宗」弘揚於世。當時「臨濟宗」的代表為「楊歧派」，它的影響力遠超過「曹洞宗」和「雲門宗」，成為當代禪宗的主流。

到後來，代表「臨濟宗」的「楊歧派」氣勢如宏，其餘「溈仰宗」、「曹洞宗」、「雲門宗」和「法眼宗」四家的法脈傳承，逐漸沒落。後世談論禪宗，其實大多以「楊歧派」作為「臨濟宗」或「禪宗」的正脈代表。

另外，值得特別介紹二位有名的禪師，「楊岐派」第四世「佛果克勤」有徒弟「大慧宗杲」和徒孫「道濟（即「濟公」）」，二人對後世影響很大，在此特別詳細介紹。

五、介紹「大慧宗杲」

首先，介紹「大慧宗杲」。「大慧宗杲」，俗姓奚，字曇晦，號妙喜，又號雲門，謚號普覺禪師。宣州寧國（今屬安徽）人，南宋著名禪宗大師。大慧宗杲是「佛果克勤」禪師的弟子，為臨濟宗「楊歧」派第五代傳人，提倡「看話禪」，是南宋前期對金朝（女真人）主戰派的代表人物。

大慧宗杲極力鼓吹「話頭禪（又稱「看話禪」）」，與「曹洞宗」的「宏智正覺」所提倡的「默照禪」針鋒相對。

大慧宗杲提倡的「話頭禪（又稱「看話禪」）」，是要人參「趙州從諗（ㄕㄣˇ）」禪師的「無」字話頭，他鼓勵學禪者「起疑情」，以疑情參究公案，時機成熟就可開悟。

「曹洞宗」門下的「宏智正覺」，有鑑於「臨濟宗」的「楊歧派」叫人「看話頭、看公案」，流於空洞，所以提倡「只管打坐」，以靜坐為主的「默照禪」。

「默照禪」是「曹洞宗」的代表性修行法門，它的來源很早，源自於「般若學」與「止觀」。「宏智正覺」著作《默照銘》和《坐禪箴》來介紹這種禪修方法。「默」是指「不受自己內心以及環境的影響，讓心保持安定的狀態」；「照」是指「清楚的覺知自己內心與周遭一切的變化。」。

大慧宗杲認為，修行必須在日常生活之中，反對遠離塵世，獨自修行。因此，他大力排斥當時流行的「默照禪」，並稱其為「默照邪禪」。慧宗杲」認為「默照禪」會造成學禪者整天只知道靜坐，這是在「斷佛慧命」、「墮在黑山下鬼窟裡」，有默無照，所以是「邪禪」。但是他與「默照禪」的主要倡導者宏智正覺卻是好朋友。

大慧宗杲把禪宗的「楊歧派」推到最高峰，他的「話頭禪」禪法，對後世禪宗造成深遠的影響，南宋的「理學」也深受他的影響。

六、介紹道濟（即「濟公」）

接下來，介紹道濟（即「濟公」）。在中國民間傳說中，家喻戶曉的「濟公和尚、濟公活佛」是歷史上的真實人物，在《續燈正統》和《濟顛道濟禪師語錄》裡，都有記載「濟公」的生平和事蹟。

《續燈正統》卷六原文：

杭州府淨慈濟顛道濟禪師

出家靈隱。性不稽。嘗與市井浮沉。喜打筋斗。不著褌。形媟露。人姍笑。自視夷然。與明顛同時。師為尤甚飲酒。居常為寺僧唾罵笞逐。走居淨慈。為人誦經下火。得酒食便赴。有詩曰。何須林景勝瀟湘。只願西湖化為酒。和身臥倒西湖邊。一浪來時呑一口。時從市。喜息人之諍。救人之死。戲謔笑談。神出鬼沒。人罕有能測之者。年七十三而沒。一日。與明顛。偶識於朱涇。明目之曰咦濟顛。乃贈以詩。詩曰。青箬笠前天地闊。碧蓑衣底水雲寬。不言不語知何事。只把人心不自瞞。

《濟顛道濟禪師語錄》第一卷原文：

修元稱羨好景不已。但見許多和尚。隨長老逕進寺去。惟一僧在後。修元急向前施禮曰。適此長老從何而來。和尚曰。是本寺新住持遠瞎堂長老。因徑山寺印別峰西歸。請去下火方回。元曰。學生欲見長老。敢煩引進。和尚向前覆長老。長老令請進。元乃進見。行禮畢。長老曰。秀才何來。元曰。弟子從天台山特來。系出李駙馬之裔。贊善之子。小字修元。不幸父母雙亡。一意出家。近聞我師飛錫。特來拜投。乞希清目。長老曰。若未知出家容易坐禪難。彼處天台山。三百餘寺。何為捨近而趨遠。元曰。幼奉國清長老遺言。故特投禮。長老曰。若後侍者誰也。元曰。弟子家中取帶賤僕。長老曰。人家各有大小。急可遣還。元乃取出所帶之鈔若干。納付長老。以為設齋請度牒常住公用等費。餘者付僕人作路資。僕人曰。某等隨侍官人抵此。滿望衣錦還鄉。豈期於此寺出家。元曰。你只合遠回。傳覆我舅氏言。我在杭州靈隱寺出家。二僕汪然流涕。不忍而別。且說長老在方丈中。令侍者焚香點燭。危坐禪椅。入定半晌。乃曰。善哉善哉。此種姻緣卻在斯乎。遂揀吉日。修齋請度牒。齋完鳴鐘擊鼓。會眾于法堂。長老令元跪在法座下曰。出家容易還俗難。汝知之乎。元曰。弟子誠然心悅。非勉強也。是時遂披剃。將髮分綰五丫髻。長老曰。此五髮。前是天堂。後是地獄。左為父。右為母。中者本命元辰也。元曰。弟子已理會矣。方落髮畢。長老摩頂受記。名為道濟。

「濟公」的法號「道濟」，又稱「濟癲和尚、濟公活佛、濟公禪師」，俗名「李修緣」，是浙江台州人（今浙江省台州市天台縣赤城街道永寧村），當時天台臨海都尉李文和的遠房孫，生於南宋紹興十八年，圓寂於嘉定二年。

濟公的父親李茂春和母親王氏，住在天台北門外永寧村。李家世代信佛，李茂春年近四旬，膝下無嗣，虔誠拜佛終得一子。濟公出生後，「國清寺」住持為他取名為「修緣」，從此便與佛門結下佛緣。

「李修緣」在弱冠之年皈依佛門，先入「國清寺」，拜「法空一本」為師。最後到臨安（今杭州）投奔「靈隱寺」，在「瞎堂慧遠（宋朝佛教臨濟宗「楊歧派」的禪師，「佛果克勤」的弟子，奉敕主持「靈隱寺」。）」的門下，受具足戒，取名「道濟」，嗣其法衣。

濟公以不死守佛教戒律，不戒酒肉，語言詼諧，穿著破衣破帽，手持破扇，親民語言，神通廣大的「顛僧」形象聞名。濟公的醫術精湛，常常救助百姓，扶危濟困、除暴安良、彰善罰惡等，深受百姓愛戴，被百姓尊稱為「濟公活佛」。

因為「靈隱寺」的眾僧，認為他的行為不檢點，告到住持「瞎堂慧遠」面前，「瞎堂慧遠」說：「佛門之大，豈不容一癲僧！」所以「濟公」又被稱做「濟癲」。

濟公的師父是「瞎堂慧遠」，「瞎堂慧遠」是「楊歧派」的第五代傳人，師承「楊歧派」的第四世「佛果克勤」。所以，傳說「濟公」也被列為「禪宗」第五十代祖，「楊歧派」的第六祖。但是，在正式的文獻上並沒有記載。

在南宋時，濟公的故事就在浙江台州一帶盛傳。到了明清之際，民間的說書人開始以「濟公」為主角，逐漸發展出情節生動的說書故事。

後來，清代文人「郭小亭」把有關「濟公」的民間傳說，加上《高僧傳》裡諸多高僧的神通事蹟，綜合寫成一部章回體的小說《濟公全傳》。這部長篇的神魔小說，主要是講述「濟公」是「西天金身降龍羅漢降世，奉佛法旨，為度世而來。」在人間遊走天下，遇到種種不平之事，懲惡揚善、扶弱濟貧的故事。書中以「飛來峰」、「鬥蟋蟀」、「八魔煉濟顛」等故事最為著名。

自從《濟公全傳》問世以來，濟公的形象深入人心，在融入民間信仰之後，逐漸變成一位帶有佛、道兩家特色的傳奇人物。

「一貫道」就以「濟公活佛」做為他們所崇敬禮拜的仙佛之一，認為第十八代祖師「張天然」是「濟公活佛」分靈倒裝降世，又稱為「濟公老師」。「張天然」祖師逝世之後，證得果位號「天然古佛」。

七、「楊歧派」傳入日本

「楊歧派」的禪法，在宋、元兩代傳入日本，創行別派，在日本「鎌倉時代」，禪宗二十四派中，有二十派皆出於「楊歧法系」。

「楊歧派」向外傳播到日本，有二個時期，一個是日僧「俊芿」，另一個是中國僧人「蘭溪道隆」。

首先把「楊歧派」傳播到日本的是日僧「俊芿」，他的法脈溯源於「佛眼清遠」。「楊歧派」第四世傳人之一的「佛眼清遠」，傳法給「雪堂道行」，「雪堂道行」傳法給「晦庵慧光」，「晦庵慧光」傳法給「蒙庵元聰」。日僧「俊芿」曾經受學於「蒙庵元聰」，「俊芿」返國後，開日本「楊歧禪」之開端，在日本禪宗二十四流中，有二十流源自這個法系。

稍後把「楊歧派」傳播到日本的是中國僧人「蘭溪道隆」，他的法脈溯源於「虎丘紹隆」。「楊歧派」第五世傳人之一的「虎丘紹隆」，傳法給「應庵曇華」，「應庵曇華」傳法給「密庵咸傑」，

「密庵咸傑」傳法給「松源崇岳」，「松源崇岳」傳法給「無明慧性」，「無明慧性」傳法給「蘭溪道隆」。

公元一二四六年，中國僧人「蘭溪道隆」將「楊岐派」傳入日本，開創日本禪宗「大覺派」，至今為日本佛教大宗之一，信徒超過百萬以上。

「楊岐派」傳到日本，日本著名的「一休和尚」，就是「楊岐派」的弟子。「一休和尚」法名「宗純」，號「一休」，通稱「一休宗純」，是日本「室町」時代，禪宗臨濟宗「楊岐派」的著名奇僧，也是著名的詩人、書法家和畫家。

國家圖書館出版品預行編目資料

看懂禪機（中）／呂冬倪著. --初版.--臺中市：
白象文化事業有限公司，2021.10
面； 公分
ISBN 978-626-7018-21-7（平裝）
1.禪宗 2.佛教修持
226.65 110011408

看懂禪機（中）

作　　者　呂冬倪
校　　對　呂冬倪
專案主編　陳逸儒
出版編印　林榮威、陳逸儒、黃麗穎、水邊、陳媁婷、李婕
設計創意　張禮南、何佳諠
經銷推廣　李莉吟、莊博亞、劉育姍、李如玉
經紀企劃　張輝潭、徐錦淳、廖書湘、黃姿虹
營運管理　林金郎、曾千熏
發 行 人　張輝潭
出版發行　白象文化事業有限公司
412台中市大里區科技路1號8樓之2（台中軟體園區）
出版專線：（04）2496-5995　傳真：（04）2496-9901
401台中市東區和平街228巷44號（經銷部）
購書專線：（04）2220-8589　傳真：（04）2220-8505
印　　刷　基盛印刷工場
初版一刷　2021年10月
定　　價　每套1500元（上、中、下三冊合售）